© Dieter Eikelpoth

Milda Drüke, Jahrgang 1949, verbrachte nach ihrer kaufmännischen Ausbildung ein Jahr in den USA, arbeitete in der Werbung, gründete 1982 die Firma Photo Management, segelte von 1986 bis 1990 um die Welt und lebt heute als Autorin und Fotografin in Düsseldorf. *Solomon Blue* ist ihr drittes Buch.

Ebenfalls bei Frederking & Thaler erschienen:
Ratu Pedanda
Die Gabe der Seenomaden

Bibliografische Information der Deutschen Bibliothek
Die Deutsche Bibliothek verzeichnet diese Publikation in der Deutschen Nationalbibliografie; detaillierte bibliografische Daten sind im Internet über http://dnb.d-nb.de abrufbar.

NATIONAL GEOGRAPHIC ADVENTURE PRESS
Reisen · Menschen · Abenteuer
Die Taschenbuch-Reihe von
National Geographic und Frederking & Thaler

1. Auflage Juli 2008, erstmals im Taschenbuch

Text und Fotos: Milda Drüke, Düsseldorf
Umschlaggestaltung: Dorkenwald Grafik-Design, München
Herstellung: Büro Sieveking, München
Druck und Bindung: CPI - Clausen & Bosse, Leck
Printed in Germany

ISBN 978-3-89405-851-7
www.frederking-thaler.de

Das Papier wurde aus chlorfrei gebleichtem Zellstoff hergestellt.

MILDA DRÜKE

SOLOMON BLUE

Bei den Inselbewohnern Papua-Neuguineas

NATIONAL GEOGRAPHIC
FREDERKING & THALER

Es ist besser, der Mensch ist erlebnisfähig,
als dass er sich viel Gedanken macht.

Joseph Conrad

Eins

Das Meer.

Nur Meer.

Tage. Nächte. Wochen. Als mein Anker fiel, dümpelte vor dem Saum des Tuamoto-Atolls eine Yacht. Ein Mann und eine Frau aus Hamburg lebten darauf. Wie ich waren auch sie auf der Reise um die Welt. Für ein paar Monate segelten wir gemeinsam durch Polynesien; dann nahmen unsere Schiffe wieder eigene Kurse.

Es war auf dem Weg nach Australien, als ich im Schatten einer Nacht an der Insel der Kanubäume vorbeiglitt; glitt vorüber und wusste nichts vom rätselhaften Kanubaum. Ich ahnte nicht, dass ich mich dieser Insel vor Papua-Neuguinea noch einmal nähern, ja, sie wenige Monde darauf sogar betreten und bleiben würde.

Wer weiß schon, wann ein Zufall beginnt und warum.

Zehn Jahre später war mein Schiff bereits verkauft – und damit das bedeutsamste Zuhause, das ich je hatte. Durchdrungen vom Meer lebte ich wieder an Land. Draußen sprangen Hagelkörner von den Scheiben. Ihr Prasseln und das Läuten des Telefons holten mich aus dem Schlaf.

»Komm doch«, hörte ich in ozeanischer Ferne die Hamburger Freunde sagen.

Komm, sagte das Meer.

Sogleich spürte ich mich dort, wo ich am liebsten bin. Über mein Gesicht strich salzig der Wind. Wellenberge schimmerten im strömenden Licht. Ich war umfangen vom unerreichbaren Horizont, von der flirrenden Leere des Pazifischen Ozeans.

Die Freunde lockten: »Wo willst du uns besuchen?«

Komm, lockte das Meer.

Einen Moment noch blieb ich berauscht, dann wünschte ich mir, sie da wiedersehen zu können, wo ihnen die Welt am unberührtesten in Erinnerung war. Wir verabredeten uns für den Sommer. Sie würden mit ihrer Yacht im Inseluniversum zwischen Papua-Neuguinea und den Salomon Inseln auf mich warten.

Zwei

Ich reise durch die Luft an.

Im Himmel über dem Golf von Papua erinnert mich das Brummen der Fokker daran, wie klein das Gefährt ist, in dem ich sitze, und wie allein ich hier oben bin und wie sehr ich das liebe. Überall klappert es, der Sitz ist hart. Die wenigen anderen Plätze sind leer, bis auf einen; auf ihm schnarcht in sich zusammengesunken ein Mann. Hinter seinem Ohr zittert eine rote Hibiskusblüte. Durch einen Spalt neben der Tür strömt es kalt über meine Haut. Diese sinnliche Nähe zum Luftraum, zum bodenlosen Draußen, erfüllt mich mit einer verrückten, einer kindlichen Freude an der Sensation, die das Fliegen ist. Weit unter mir streichen die Schatten runder Wölkchen über ein glattes Meer, aus dessen Tiefe Riffe wie die Iris geheimnisvoller Tiere leuchten. Einmal, vor zehn Jahren, zog meine Yacht in den Gewässern dort unten einen schäumenden Streifen Kielwasser in entgegengesetzter Richtung hinter sich her.

Aus diesen Erinnerungen holt mich abrupt der Pilot. Mit einem lauten »*Yeah!*« hat er sich augenzwinkernd zu seinen Passagieren umgedreht. Jetzt legt er das Flugzeug auf die Seite, fliegt einen Bogen über der Insel Massim, gleitet über Regenwald, Palmen, dann tief über eine Mangrovenbucht und direkt hinweg über den Mast einer einsam ankernden Yacht.

Das sind sie, die Hamburger Freunde.

Lutz wartet am Rollfeld auf mich. Er trägt meerblaue Shorts, ein korallenrotes Hemd und die Bräune von achtzehn Jahren Leben auf den Ozeanen. Hanna, unverändert schön, sonnenblond und ebenso lange hochseeerfahren, empfängt uns auf der Yacht mit Champagner:

»Willkommen an Bord! Willkommen in Papua-Neuguinea.«

Wie gut es mir tut, wieder auf einem schwankenden Schiff zu stehen.

Am nächsten Morgen steuert Hanna die Yacht vorbei an Mangroven, weg von den Mücken, den Salzwasserkrokodilen, hinaus aus der Enge der Bucht in die Weite.

Da ist es.

Das Meer.

Sein Horizont. Und dahinter Meer.

Sonderbar, wie sich beim Anblick seiner ungeheuren Ausdehnung das Gefühl von Zuhausesein einstellt. Wie das Kreisen der Gedanken zu einem Halt kommt. Alles, was war, was ist, relativiert sich, fällt aus dem Bewusstsein. Das Kleinliche. Das Begrenzte. Das Ängstliche. Das unfassbare Meer ruft fassbar empfundenes Wissen hervor und sagt:

Hier ist der Anfang. Alles ist möglich.

Und das Schiff bewegt sich und nimmt Kurs auf Korallenbänke, zweihundert Seemeilen vor der Festlandinsel Papua-Neuguineas gelegen. Nun beginnt für mich ein anderes, immer noch vertrautes Leben: ein Leben weiter Himmel und voller Achtsamkeit dem Schiff, dem Meer, dem Wetter und den Menschen gegenüber. Auch sich selbst.

Wind und Sonne haben an uns gezehrt, als Hanna die achtzehn Meter lange Yacht durch die brandungumtoste Fahrrinne eines Riffs fährt. Es gleitet tief in die Lagune, wo der Anker fällt. Mit Süßwasser spülen wir uns das Salz von der Haut. Eine Weile ruhen wir an Deck, erfrischt und ermattet zugleich. Am Rumpf höre ich Wellen murmeln. Es dunkelt, als Lutz und ich Windlichter anzünden und den Tisch im Cockpit eindecken. Die Samtschwärze der Luft nimmt unsere Stimmen auf und den Duft der Limonen-Sahne-Sauce, das Klappern von Besteck, Geschirr, das Klirren von Gläsern; später die leisen Akkorde der Gitarre des Freundes. Einmal hat mir jemand, der Instrumente baut, von den Tönen gesagt: »Der wandernde Klang durchmisst den Raum.« Jetzt, umgeben von pazifischer Leere, erlebe ich seine Worte in der nächtlichen Finsternis.

Wer die Tropen kennt, erzählt, dort würde es schlagartig dunkel und schlagartig hell. Ich habe die Wechsel von Tag und Nacht nie so abrupt erlebt, denn lange bevor die Sonne aufgeht und die Hitze bringt, kommt das Licht. Und diese Zeit liebe ich. Deshalb gehe ich jetzt leise über das Deck, setze mich und schaue auf die Stille der See.

Mehr nicht.

In dieses windlose Bild dringt langsam ein Geräusch. Ich drehe mich um: Delfine. Wie Träume des Friedens ziehen sie durch das vollkommen glatte, noch bleifarbene Meer; vorbei an dem ankernden Schiff, auf dem verzaubert ein Mensch sitzt. Zuerst verebbt ihr Prusten, dann verwischt sich das Auf und Ab ihrer glänzenden Finnen in der Ferne.

Um all dies andauern zu lassen, rühre ich mich nicht und atme tief und in feierlichem Glücksgefühl die Brise, die sich jetzt zusammen mit der Sonne erhebt. In diesem Moment bemerke ich eine Bewegung am Horizont:

Schnell gleitende Segel.

Man muss wissen, in der Einsamkeit eines Ozeans weckt jede Bewegung, und insbesondere jedes andere Schiff, unfehlbar die Neugier des seefahrenden Menschen. Die Segel dort können nur zu einheimischen Booten gehören. Doch sie bleiben auf der Höhe zweier Atolle im Westen, und ich kann keinen wirklichen Eindruck von ihnen gewinnen. Gleichwohl lassen meine Augen nicht ab von ihren lautlosen Bahnen. Erst als mir der Duft frisch gebackenen Brotes in die Nase steigt und die Freunde rufen, wache ich auf aus aufmerksamer Versunkenheit und setze mich zu ihnen.

»Was sind das für Boote?«, frage ich, und sie erzählen von großen Kanus, die eigentlich keine Kanus sind.

Lutz sagt: »Sobald wir bewohnte Inseln anlaufen, wirst du sicher eins aus der Nähe zu sehen bekommen.«

Nach dem Frühstück fahren wir mit dem Beiboot der Yacht zum Schnorcheln. Die Hände des Freundes umfassen die Lenkung, und der starke Motor treibt uns über die Glätte der Lagune dem schäumenden Saum des Außenriffs entgegen. Ich kann mich nicht sattsehen am weiten Rund des Horizonts, wo sich nichts bewegt, nur klein dort hinten das schaukelnde Schiff der Freunde und vor uns der heranrollende Ozean.

Hier sein zu dürfen. Im Entlegenen.

So hatte ich es mir gewünscht. Ich sehe zu, wie Hanna den kleinen Anker wirft und durch das klare Wasser taucht, um ihn zu sichern. Sonnenreflexe zucken über ihren Körper, über den Sand, über Korallenköpfe. Als Nächster rutscht Lutz vom Bootsrand in die schwappenden Wellen. Ich blicke noch einmal auf das Vertraute *über* dem Meeresspiegel, dann sinke auch ich in die andere Welt darunter.

Und schwebe.

In tosender Stille.

In den Bann gezogen von der Langsamkeit des Seins mir fremder Geschöpfe.

Achtsame Augen sehen uns an, keine ängstlichen.

Aus tiefen Schatten lösen sich blaugelb die Umrisse von Napoleonfischen – vier, sechs, neun, ein jeder größer, als ich es bin. Sie ziehen vorüber, majestätisch, und verschwinden in der Dichte eines anderen Schattens. Eine Schildkröte sinkt vom lichten Wasserblau ins Bodenlose. Büffelkopf-Papageifische knabbern an Korallen. Sie beißen ganze Stücke ab und zermalmen sie mit Gebissen, die Schnäbeln gleichen, zu Staub. Wie Dunstwolken bleibt er hinter ihren mächtigen Leibern hängen.

Sich schwerelos fühlen. Selbstvergessen.

Später, als wir ins Beiboot klettern, sehe ich sie wieder: Segel, flügelgleich am Horizont.

Wie mag es aussehen, dieses Kanu, das kein Kanu ist?

Das magische Bild fügt sich in unseren Alltag wie die Schnorchelausflüge, die ausgedehnten Mahlzeiten und die Pflege des Schiffes. Bis uns das Bedürfnis überkommt, wieder einmal Menschen zu treffen und über eine Insel zu gehen. Wir lichten den Anker.

Da ist er wieder, dieser dumpfe Stoß der ersten Welle, die der Bug des Schiffes durchschneidet, bevor es Fahrt aufnimmt. Keine andere Art des Aufbruchs kann mich mit mehr Freude erfüllen. Keine Art der Fortbewegung, nur die mit einem Schiff. Einem kleinen Schiff.

Nur auf dem Meer stelle ich mir vor, wo ich bin: auf einem kreisenden Planeten, im All. Ich sehe die blaue Erdkugel vor mir und auf ihrer Krümmung, ein paar Grad unterhalb des Äquators, unser Schiff, wie es kopfüber am dunklen Abgrund segelt. Schaue ich dann wieder um mich herum, ist das Meer eine Scheibe.

Die Yacht und ich sind ihr Zentrum.

Wie das Label auf einer überdimensionalen Schallplatte.

Manchmal steht man vor einer Sache, die so groß ist, dass man nicht weiß, wie man sie begreifen soll.

Unser Verbündeter, der Wind, bringt uns zu einem Inselchen bedeckt mit Regenwald, so dicht, dass man sich fragt, wann denn der größere Teil der Insel verschwunden ist und wohin. Ich zähle sechs Hütten, während wir langsam an dem Stückchen Strand vorbeisegeln, und weiter, bis zu einer nahe gelegenen zweiten Insel. Inmitten leuchtender Nuancen der Farbe Blau finden wir einen sicheren Ankergrund. Eine kurze Fahrt mit dem Beiboot, dann knirschen Kiesel unter unseren Fußsohlen; und als wir um die sandige Spitze der Insel gegangen sind, sehen wir gerade noch zwei Männer aus einem Kanu springen und es an Land hieven.

»So klein sind die Boote?« frage ich überrascht, vielleicht enttäuscht.

»Nein«, sagen die Freunde, »die, die du suchst, sind viel größer.«

Und tatsächlich gleichen die Boote, die sie beschreiben, in Nichts dem Einbaumkanu mit seinem flatternden Segel, auf das wir zugehen. Als wir dort ankommen, haben die Männer das rote Tuch eingerollt und verzurrt. Kaum sind die ersten Worte gewechselt, dämpfen wir unsere Stimmen und sprechen leiser – ganz von selbst passen wir sie denen unserer Gastgeber an.

»Habt ihr Angelhaken?«, möchten sie wissen.

Lutz bejaht, und weil wir schon lange ohne frische Vorräte sind, erkundigen wir uns nach Bananen oder Papayas. Die Männer nicken. Sie versprechen: »Morgen bringen wir euch Früchte zur Yacht, im Tausch gegen Angelhaken.«

Erst jetzt bemerke ich unter den Palmen zwei Hütten. Aus ihrem Schatten schlendern Frauen, Kinder springen ihnen nach. Ich frage, ob es einen besonderen Grund gibt, warum die beiden Familien nicht zusammen mit ihrem Clan auf der Nachbarinsel leben.

»Oh«, antwortet die jüngere der beiden Frauen und schaut hinüber zu den im Abendlicht glühenden sechs Hütten, »oh, da ist es viel zu voll. Hier haben wir Ruhe.«

Die englische Sprache hilft uns, einander zu verstehen. Papua-Neuguinea war englische, dann australische Kolonie. Englisch lernen die Kinder in den Dorfschulen vom ersten Tag an. Untereinander reden die vier in ihrer Stammessprache: einer von 867 eigenständigen Sprachen des Inselstaates.

Zwei Tage später sitze ich an Deck der Yacht. Im flirrenden Licht zwischen den Inseln entdecke ich das Einbaumkanu. Ich sehe, wie sich seine Spitze in unsere Richtung dreht, Paddel werden ins glatte Meer getaucht, Kinderhände ziehen durchs Wasser. Das Inselland, in dem diese Menschen leben, ist seit 1975 eine parlamentarische

Monarchie. Während sie sich nähern, dann längsseits gehen, uns Bananen und Papayas heraufreichen, scheint es mir absurd, dass ihr Staatsoberhaupt eine britische Königin ist.

»Ich dachte schon, ihr habt uns vergessen«, scherzt Lutz.

Die Männer lassen uns wissen, dass ihre Gärten sich nicht auf derselben Insel befinden wie ihre Hütten. Sie weisen auf ein anderes, größeres Eiland in der Ferne.

»Dort sind unsere Gärten«, sagt der eine, »weil es da Wasser gibt und keine Schweine, die sich durch jeden Zaun beißen.«

Ich frage: »Warum wohnt ihr hier und nicht da, wo Wasser und eure Gärten sind?«

Er antwortet: »Hier sieht es schöner aus«, und sein Lächeln lässt keinen Zweifel aufkommen, dass er meint, was er sagt. Während er Angelhaken auswählt, frage ich nach den großen Kanus. Beide Männer zeigen auf eine Insel im Süden und berichten: »Dort hat es einen Todesfall gegeben. Gewiss werden Angehörige in einem solchen Kanu zur Totenfeier anreisen.«

Zwar hat der nächtliche Regen, den der Südost-Monsun in Böen über das Meer getrieben hat, am Morgen aufgehört, nicht aber das Wolkenjagen. Wir frühstücken ausgiebig; und in dem unvergleichlich luxuriösen Gefühl, über Zeit und Tun frei verfügen zu können, wählen wir unser nächstes Ziel und holen den Anker ein. Schnell gewinnt die Yacht an Fahrt. Das Deck schwankt, und der weise Körper hält Balance. Ich blinzele in das Licht über dem rauen Meer, und plötzlich glaube ich, inmitten der Helle ein Segel zu sehen. Dann bin ich sicher: Zwischen Wellenbergen und Gischt gleitet ein Boot auf uns zu.

Lutz ruft: »Da ist ein großes Kanu!«

Verblüfft mache ich einen ungewöhnlich hohen Bootskörper aus.

Und da ist diese Plattform an der einen Seite.

Wie ein fliegendes Floß überbrückt sie ein Stück Meer und endet auf einem Stamm, dem »Ausleger«. Er stabilisiert das Kanu. Manchmal pflügen Kanurumpf und Ausleger gleichzeitig durch das Wasser. Aber wenn der Wind härter ins Segel fällt, hebt sich der Ausleger triefend in die Luft. Dann segelt das Kanu in atemberaubender Schräglage.

So rauscht es an uns vorbei; nahe genug, dass wir winkende Männer und Frauen erkennen. Und Schweine. Seite an Seite liegen sie festgebunden auf der Plattform. Das Letzte, was ich sehe, ist ein Mann, der mit einem Bein auf dem äußersten Ende des Kanus in der mächtigen Heckwelle steht. Mit beiden Armen hält er das Ruderblatt ins Wasser. Lachend verlieren wir uns aus den Augen.

»Mit so einem Kanu möchte ich mal segeln!«, rufe ich den Freunden zu, worauf sie nicken und schmunzeln. Warum sie schmunzeln, das wollen sie mir nicht erklären.

Meile für Meile zieht ihre Yacht durch die Wogenkämme. Wenn wir ankern, fahren wir mit dem Beiboot über die nassen Weidegründe der unsichtbar bleibenden Einheimischen. Einmal, an einem Tag ohne Wind, schweifen wir über die vollkommen glatte Haut des Meeres; blicken hinunter in Korallengärten, die an einer Felswand enden: eine rechteckige Scheibe, quer, mitten im Meer. Kahle zwanzig Meter ragt sie in das tiefe Blau des Himmels. Ganz oben hat Buschwerk Wurzeln geschlagen. Darüber kreisen Seeadler.

Leise steuern wir das Beiboot an der Wand entlang auf die andere Seite. Zu meiner Überraschung blendet uns dort ein Strand von ungeheurem Ausmaß. Bald sitzen Hanna und ich bis zum Hals im lauwarmen Meer und massieren uns, bis der ganze Körper prickelt, mit zu feinstem Sand verschliffenen Muscheln und Korallen.

Einen solchen Strand, mitten im Ozean, über den muss man gehen und sich umschauen und ganz tief ins Bewusstsein eindringen lassen, wo man ist. Hier ist gegenwärtig, wie die Natur ohne den Eingriff des Menschen aussieht. Zu dritt schlendern wir über das Ende der Felswand hinaus; wir wollen das Ende der Sandbank erreichen. Manchmal klettern wir über angeschwemmte Teakholzstämme. Bleich und riesig liegen sie im gleißenden Licht. Spuren, die aus dem Meer kommen, führen uns zu Schildkröteneiern.

Das Entlegene.

Wie sehr mich das Entlegene anzieht.

Es spricht mich an, etwas meldet sich, gibt sich zu erkennen. Haben Natur und Mensch eine gemeinsame Sprache? Ich stehe da. Nehme wahr mit äußeren und inneren Augen – die Sandbank, den Ozean. Die Abwesenheit von Zeit. Den ewigen Anfang. Wieder verstehe ich: Alles ist möglich.

Vertraue, sagt das Meer.

Als wir an diesen besonderen Ort zurückkehren, entdecken wir an der Stelle, wo die Schildkröten ihre Eier abgelegt hatten, fremde Fußabdrücke. Die Gelege sind ausgenommen. Nicht ganz. Die Räuber haben in jedem Nest ein paar Eier zurückgelassen. Viele liegen geöffnet und leer im Sand. Wir sind betroffen. Und wir kritisieren. Doch im Schelten entsinne ich mich einer Passage in dem Buch *Wasserspiele*, das ich gerade lese. Später suche ich nach den Zeilen des englischen Autors James Hamilton-Paterson, der lange auf einer thailändischen Insel gelebt hat und anlässlich schonungsloser Praktiken ansässiger Fischer vermerkt:

Wenn ich mir im Übrigen die redlichen feinen Damen und Herren Europas anhöre ... Wahrscheinlich denken sie nicht daran, dass riesige Fabrikschiffe quer durch den Ozean breite Bahnen mit ihren Schleppnetzen abfischen, die Wege praktisch von allen lebendigen Geschöpfen sauber fegen und lange, leere Korridore zurücklassen. Sicher vermuten sie auch nicht, dass diese Geschöpfe erst erstickt und zu Tode gefroren, dann zu Brei verarbeitet, vermengt und zu gefälligen Produkten gefertigt werden, von Fischmehl bis hin zu Filets.

Segel habe ich in letzter Zeit selten am Horizont gesehen. Überall nur dieses Licht, dieses Leuchten. Diesen salzigen Wind in den eilenden Wellenkämmen. Ein flaches Inselchen hier, ein anderes da. Unbewohnt. Niedrig bewachsen mit Buschwerk, Palmen. Davor die Riffe. Jetzt, bei Ebbe, ruhen sie ganz dicht unter dem Wasserspiegel; manchmal im Hin und Her des Meeres für Augenblicke bloß gelegt. Achtsam umfahren wir sie mit dem Beiboot und landen, verblüfft über das Wirrwarr von Fußspuren, auf einem schattigen Strand.

Wieso ist uns entgangen, dass hier Menschen leben?

Unter einem Brotfruchtbaum liegen zwei Einbaumkanus. Halb verborgen zwischen Palmen stehen ein paar Hütten auf Stelzen. Im Sand davor sitzen abwartend die Bewohner. Sie sind keineswegs überrascht, uns zu sehen. Dass wir in der Region sind, ist ihnen längst bekannt. Insgeheim staune ich, wie offen die Menschen Fremden begegnen, und wundere mich darüber, wie selbstverständlich wir davon ausgehen, überall willkommen zu sein.

Auf dem Boden, gegen einen Stamm gelehnt, erzählt ruhig, als ginge es um nichts, ein sehr alter Mann. Seine sparsamen Handbewegungen weisen in Richtung Meer, zu Inseln, wo die meisten der Jüngeren Schildkröteneier sammeln. Die Eiablage, sagt er, sei eine besondere, eine Hochzeit für ihre Ernährung. Anfangs würden sie die Gelege fast ausräumen und die Eier heißhungrig vor Ort aufessen. Wenn dann ganze Nächte hindurch Schildkröten zur Eiablage an Land kriechen, lassen die Insulaner viele Gelege unberührt.

Der Alte nickt freundlich und sagt: »Mögen die *tuneatu*, die schon unseren Ahnen ihre Eier brachten, auch in Zukunft ihren Weg zu uns finden.«

Entlang den Seiten des Beibootes strömen die Wellen in blasigen Strudeln. Lutz fährt mit gedrosseltem Motor zurück zur Yacht. Nachdenklich erinnern wir uns unserer Kritik an denen, die hier zu Hause sind.

Zwischen den Bewohnern der Insel und uns entfaltet sich ein Tauschhandel, der alle zutiefst befriedigt: Die einen schicken Langusten und Früchte im Kanu über das Meer, die anderen senden Zucker, Trockenmilch, Bonbons, Angelhaken, Schreibhefte und Bleistifte zurück.

Ich habe die Annäherung an eine Insel per Schiff immer geliebt. Die Fantasie eilt voraus, und da ist Zeit, sich mit ihr vertraut zu machen. Verwischte Umrisse werden zu Konturen, aber noch lange danach bleibt die Insel still und geheimnisvoll. Auch die flache dort, vor uns. Keine Seele regt sich am Rande des Regenwaldes, obwohl wir mit bloßem Auge einen Menschen schon erkennen könnten. Doch jetzt sehe ich, aufgeregt, hoch auf dem Strand ein großes Kanu liegen. Die Freunde lachen:

»Unsere Überraschung. Mit diesem Kanu werden wir segeln.«

Lutz lenkt das Beiboot langsam in die Ruhe der Insel. Stimmen verborgener Vögel dringen aus dem Regenwald, sonst ist nichts zu hören und niemand zu sehen. Die Ebbe hat ihren tiefsten Stand erreicht. Flach und breit liegt die sandige Spitze der Insel in der Sonne. Hier ziehen wir das Beiboot an Land. An einer Wäscheleine zwischen Stelzen im Sand flattert in hohem Bogen Kleidung im Wind. Die einzige Hütte steht unter blühenden Bäumen.

»Das ist Abel«, sagt Lutz.

Der Mann kommt uns mit einer grünen Kokosnuss und einer Machete entgegen. Hanna und Lutz kennen ihn seit Langem. Wenn sie ihn besuchen, bringen sie Dinge mit, an denen es ihm mangelt. Dieses Mal ist es Material für einen Behälter zum Auffangen von Regen. Abels Frau gesellt sich zu uns. Auf dem Kopf trägt sie einen Eimer mit Wäsche. Drei aufgeregte, flüsternde Kinder sehen uns zu, wie wir abwechselnd das Wasser aus der Kokosnuss trinken, die Abel mit der Machete für uns geöffnet hat. Nichts löscht den Durst besser in den Tropen. Und tatsächlich füllt Wasser die Nuss und nicht Milch. Die wird gewonnen durch das Ausdrücken von mit Trinkwasser gemischten Kokosflocken.

Den Segeltörn mit Abels Kanu hatten die Freunde vor meiner Ankunft mit ihm abgesprochen. In ein paar Tagen, sobald der Wasserbehälter installiert ist und weitere zum Segeln erforderliche Männer eingetroffen sind, wollen wir starten. Davon reden wir unter den Brotfruchtbäumen, den Palmen, während unsere Füße mit jedem Schritt im weichen Sand versinken. Bis wir den kühlen festen Strand erreichen. Erwartungsvoll gehe ich auf das Kanu zu.

Was ich nur beweglich im Wasser kenne, ruht schwer an Land. Der Kiel, das ist ein Einbaumkanu! Und auf die Ränder dieses Einbaums sind Planken gesetzt. Deshalb also sind die Seitenwände so ungewöhnlich hoch und formen einen Rumpf, der weniger an ein Kanu als an ein Boot denken lässt. Die seitliche Plattform am Rumpf besteht aus dicht aneinandergelegten, dünnen Stämmen. Sie endet auf Stäben, die in einem Baumstamm stecken, und der trägt die Plattform. »Ausleger« heißt der Stamm. Er hält das Kanu stabil. Abel sagt, ohne ihn würde das große Kanu im Wasser umkippen. In der Mitte steht der Mast. Darunter – eingerollt – das blau-weiß gestreifte Kunststoffsegel. Sonne und Salz haben alle Farbe aus dem Holz des Gefährts gesogen. Bewegungslos daliegend, erzählt das Kanu von Kraft. Von schnellen, wendigen Fahrten über das Meer. Doch ich muss auf meine Fahrt noch warten; zwei, vielleicht drei Tage. Bis dahin segeln wir mit der Yacht durch zerfließendes Licht zu Sandbänken, wo Lutz eine lose Verabredung hat.

Palmenhaine bedecken die kleinen Flächen, über denen Seevögel schweben. In den Hainen leben in Symbiose mit den Palmen Landkrebse; die größten ihrer Art: Zehnfußkrebse. Tagsüber verkriechen sie sich in Löchern, nachts klettern sie in die Kronen und knacken Kokosnüsse. Etwas anderes als deren weißes Fleisch und das von Papayas essen sie nicht. Dadurch schmeckt ihr eigenes unvergleichlich aromatisch.

Aus diesem Grund hat Lutz sich hier verabredet.

Als wäre ein Bann gebrochen, bekomme ich nun häufiger ein Kanu zu sehen. Dort, wo wir mit dem Beiboot landen, liegt wieder eines. Wir betreten die Sandbank mit zwei Kanistern Kerosin und beugen uns gegen den Wind, gehen durch gleißende Helle und staubige Hitze. Mit zusammengekniffenen Augen sehe ich Gestrüpp, blattlos und zerzaust. Daneben hocken drei Frauen und drei Männer im Schatten von geflochtenen Matten: schräg aufgestellten Windschilden. Wir setzen uns zu ihnen in den Sand. Nicht dass sie hier zu Hause wären, nein, das sind sie nicht. Stellen wie diese suchen sie vorübergehend auf. Von hier aus tauchen sie in umliegenden Gewässern nach Muscheln, Schnecken und Seegurken. Über längere Zeiträume, manchmal für Monate, leben sie dann im Provisorium. Ohne Hütten. Wasser muss von entfernten Inseln geholt werden, und ihre Ernährung besteht – neben mitgebrachten Yamswurzeln – aus Fisch, Muscheln und Schnecken: roh, gekocht, getrocknet.

Zweihundert Seemeilen entfernt, auf dem Inselfestland Papua-Neuguineas, warten Händler auf die Schalen von Muscheln und Schnecken und auf getrocknete Seegurken. Auch die Männer, die hier sitzen, bringen ihnen von der begehrten Ware, so viel sie finden können. Mit dem großen Kanu, das hinter uns verwittert, aber seetüchtig auf der Sandbank liegt. Von der Küste gelangen die Souvenirs in die Hauptstadt und andere von Touristen besuchte Gegenden. Die Seegurken nicht.

Sie werden in Gebiete verfrachtet, in denen Chinesen ansässig sind; nach chinesischer Überzeugung stimuliert ihr Genuss die Potenz. Und anders als bei den Schildkröteneiern verführt hier das Verlangen von Menschen, die anderswo zu Hause sind, die Einheimischen, das Meer zu plündern. Gegen Geld.

Unsere Gastgeber nehmen das Kerosin mit einem Lächeln entgegen und füllen sogleich die leere Kammer in der einzigen Lampe auf. Beiläufig erwähnen sie, schon eine Weile ohne Brennstoff zu sein. Wir verlassen das Camp, folgen den drei Männern, treten aus dem Licht und dem Wind in den Schatten des Palmenhains und damit in die Domäne der Landkrebse. Nicht dass sich einer rühren würde. Doch allein zu wissen, sie sind da, macht den Hain geheimnisvoll.

Als sie stehen bleiben, sagen die Männer:

»Hier wohnt ein Landkrebs«, und zeigen auf das gähnende Loch zwischen den Wurzeln einer Palme. Der mitgebrachte Stock verschwindet zur Hälfte darin, wird hin und her gestochert, während sich die Männer mit gedämpften Lauten Hinweise geben. Plötzlich bewegt sich etwas in der gerade noch schwarzen Leere.

Kaum ist auszumachen, was geschieht, denn ungeheuer schnell bewegen sich die Männer, immer bemüht, nicht in die Reichweite der nach vorn und oben in die Luft greifenden Scheren zu geraten. Was diese mächtigen Werkzeuge zu packen bekommen, lassen sie nicht wieder los.

Zack.

Eine Hand drückt den Hinterleib des Krebses auf den Stamm, über den das große Tier nach oben zu entwischen sucht. Zwei rasche Handbewegungen – dann liegt der Zehnfußkrebs reglos auf dem Boden. Wie schön die Zeichnung seiner Schale ist. Rote, schwarze, weiße, cremefarbene Striche und Punkte scheinen darauf zu schweben und zu tanzen. Schon heben die Männer ihn auf und stecken ihn in den Sack, den Lutz für sie offen hält. Ein Krebs im Tausch für Kerosin.

Die warme Nacht verbirgt die Menschen und die Dinge. Drüben auf der Sandbank sehen wir den Schein einer Lampe. Er bewegt sich hierhin, dahin. Wir knacken große Krebsscheren und genießen sie. Am Himmel verglühen Sternschnuppen; Dutzende.

Als wir bei Abel eintreffen, liegen auf dem Strand nicht ein, sondern zwei Kanus im grellen Licht. Verwandte sind angekommen. Wir warten auf einen günstigen Stand der Flut. Gemeinsam schieben wir beide Kanus ins Wasser. Hanna und Lutz klettern auf das eine, ich auf das andere. Mit kindlichem Vergnügen und akrobatischen Einlagen ziehen unsere Gastgeber die blau-weißen Segel hoch.

Das Kanu nimmt Fahrt auf. Kaum habe ich das Gefühl, sicher zu sitzen, zucke ich zusammen. Es ist, als dehnten und spannten sich Muskelstränge unter mir. Meine Hände tasten über die Plattform, suchen Halt. Das Kanu bewegt sich in sich.

»Das Kanu fühlt sich lebendig an«, sage ich erschrocken, denn der merkwürdige Eindruck bewirkt, dass ich dem Gefährt keine Meile weit über das Meer traue.

»Das Kanu ist lebendig«, antwortet Abel.

Verblüfft sehe ich in sein ernstes Gesicht.

»Wie meinst du das?«, frage ich und rutsche näher zu ihm hin.

Wir segeln schnell bei halbem Wind. Die Insel bleibt hinter uns zurück, und der Strand, auf dem die Kinder noch immer versammelt sind, rückt endgültig in die Ferne. Das schäumende Meer gleitet rechts und links vorbei, und manchmal, wenn die Männer das Kanu härter am Wind segeln, machen wir Lage. Dann hebt sich der Ausleger aus dem Wasser, eine Kanuseite ragt in die Luft, und die Männer brechen in Jubelschreie aus.

Alle. Außer Abel.

Der hat begonnen, mir vom Kanubaum zu erzählen. Von dessen Ursprung als Samenkorn im Schoß einer schwangeren Frau, deren Name Bebeta war. Weit zurück in der Zeit liege das, höre ich ihn durch das Rauschen von Meer und Fahrtwind sagen. Aber noch heute zeuge jeder gefällte Kanubaum vom Blut Bebetas, das bei der Geburt geflossen sei wie bei der eines Menschenkinds.

Abel sagt: »Das klaffende Holz ist rot wie die Muskeln im menschlichen Leib« und »anders als gewöhnliche Bäume wächst dieser nicht gerade gen Himmel, sondern gebogen wie der neue Mond – eben genauso, wie der Kiel eines Kanus sein muss.«

Abel zeichnet einen Bogen in die Luft und fährt fort:

»Das Ungewöhnliche ist, seine Ableger schlagen keine Wurzeln, jeder Kanubaum sprießt aus einem Samenkorn wie ein Mensch. Sie wachsen auf einer kleinen Insel, Panyata heißt sie.«

Übermütige Rufe lenken uns ab. Ich sehe einen der Männer oben auf der zwei Zentimeter breiten Bordkante stehen, sich in Bewegung setzen. Mit beiden Händen zieht er an einer Spitze des Segels und läuft damit von einem Ende des Kanus zum anderen. Auch der Steuermann, das Ruderblatt unter dem Arm, wechselt die Seiten. Wir segeln zurück.

Während sich bei westlichen Segelschiffen das Vorne und das Hinten gewöhnlich klar unterscheiden, sind bei diesem großen Kanu Bug und Heck identisch. Nicht das Kanu, das Segel wird gewendet, um die Richtung zu wechseln. Der Ausleger bleibt unverändert auf der Seite, von wo der Wind einfällt.

»Das muss so sein«, sagt Abel, »denn der kleinste von der auslegerlosen Seite kommende Windhauch würde die Plattform mit dem Ausleger ins Wasser drücken. Das Kanu würde sofort sinken.«

Licht strömt über das Meer, über uns. Es glitzert in Gischtfontänen, die sich in sprühenden Dunstschleiern auf das Holz des Kanus legen. Drei Urwaldriesen stecken in dem Boot, hat Abel gesagt, und etwa vierzig kleinere Stämme unterschiedlicher Art, jeder auf seine Weise biegsam und damit unentbehrlich. So unentbehrlich wie die Rituale und Zaubersprüche, die den Bau des Kanus begleiten.

Meine Fantasie sucht nach Bildern. Innen so rot wie Blut? Wie er wohl aussieht, der Kanubaum. Gebogen wie der neue Mond. Wer sind die Menschen, die ein solches Kanu zu bauen wissen? Gedankenverloren sitze ich da. Der Wind drückt sich auf meine Haut, der Ausleger hebt sich erneut aus dem Wasser, und plötzlich spüre ich einen Impuls, eine Neugier, die mich ganz erfüllt:

Ich möchte erleben, wie aus einem Kanubaum ein Kanu wird.

Seit ich mich einmal entschlossen habe, alles zu verkaufen, um die Welt zu umsegeln, weiß ich, dass ich meinen Impulsen vertrauen kann. Auch denen, die verrückt zu sein scheinen. Trotzdem drängen sich jetzt Gedanken in den Vordergrund, die mir nahelegen, meinen Wunsch als verrückte Idee zu verwerfen. Doch zwischen den rationalen Überlegungen hält sich hartnäckig diese Gewissheit, dass Impulse eine Anregung zum Handeln sind.

»Abel, ich möchte gern zusehen, wie aus einem Kanubaum ein Kanu wird. Ist das möglich?«

Abel schaut vor sich hin. Dann spricht er von einem Bruder auf Panyata, der mich sicher aufnehmen würde. Am besten sei es, nach Panyata zu segeln, um dort mit dem Bruder und einem Kanubaumeister zu reden.

Doch wie?

Morgen werden wir auslaufen, um rechtzeitig die Insel Massim zu erreichen, von wo aus ich die Rückreise nach Europa antrete. Wir verabreden es so: Sobald ich weiß, wann ich eintreffen kann, schicke ich Abel einen Brief, adressiert an die »Bäckerei« in Massim. Dort wird man ihn einem Fischer oder jemand anderem mitgeben, der in Abels Richtung segelt. Und Abel wird mir dann schreiben, was er in die Wege geleitet hat. Ich könne auf seine und seines Bruders Hilfe zählen, sagt Abel.

Am letzten Abend auf der Yacht berichten mir die Freunde von einer australischen Minengesellschaft auf Massim. Sie schreiben mir die Telefonnummer von Jim auf, einem Abteilungsleiter dort, für den Fall, dass ich einmal Hilfe brauche.

Eine weise Voraussicht.

Nach achtzehn Jahren sind Hanna und Lutz dabei, die Welt ein zweites Mal zu umrunden. Unendlich viel Zeit lassen sie sich, um die Natur von Meeren und Menschen zu erfahren. Den Wunsch, an Land zu leben, kennen sie nicht. Dort, so erzählen sie, gerate man durch subtil geweckte Bedürfnisse in eine ungewollte Abhängigkeit von käuflichen Dingen.

»Auf See«, sagt der Freund, »setzen wir uns auseinander mit dem Schiff und dem Wetter. Wir sind aufeinander angewiesen, improvisieren, machen alles selbst. Wir fühlen uns unabhängig und herausgefordert und dadurch lebendig und zufrieden.«

Ich weiß, dass es so ist.

Drei

Zu Hause beginne ich sogleich mit den Vorbereitungen. Schreibe Abel. Nehme Kontakt auf zu einem Verantwortlichen des australischen Unternehmens in Massim – und warte. Nicht auf eine Antwort aus Massim, die erreicht mich umgehend. Ich warte sechs Monate auf Nachricht von Abel.

Es kommt keine. Ich warte vier weitere Wochen – nichts.

Die Freunde, die ihn kurz nach meiner Abreise noch einmal gesehen haben, schreiben, er rechne mit mir. Warum höre ich nichts von ihm? Lenke ich meine Aufmerksamkeit weg von den äußeren Umständen und prüfe meinen ursprünglichen Wunsch auf seine Nachhaltigkeit, finde ich denselben klaren Impuls zu handeln, den ich auf Abels Kanu spürte. Keine Unruhe. Keine Zweifel. Dafür Neugier und Freude. Ich beschließe, auf gut Glück zu fliegen.

Ende Mai lande ich in Port Moresby, der Hauptstadt von Papua-Neuguinea. Über staubige Straßen werde ich vom Flughafen zum Hotel gebracht und gerate durch eine streng bewachte Einfahrt *hinter Gitter.* Das gesamte Gelände ist durch einen mehrere Meter hohen Zaun gesichert. Lobby und Unterkünfte trennt ein zweiter. Um ins Restaurant zu gelangen, muss ich zwei Eisentüren aufschließen. Vom australischen Management wird mir nahegelegt, das Hotel bis zum Weiterflug möglichst nicht zu verlassen. Mittellose aus den Dörfern des Inselfestlandes, gestrandet auf der Suche nach Arbeit, seien ein Risikofaktor auf den Straßen.

Ich gehe durch die fremde Stadt zur Einwanderungsbehörde. Sollte ich auf Panyata beim Bau eines Kanus zusehen dürfen, wird die bei meiner Einreise bewilligte, gesetzlich beschränkte Aufenthaltsdauer kaum ausreichen. Um meinen Plan zu verwirklichen, brauche ich eine Verlängerung. Der Beamte hinter dem Schalter wirkt angespannt. Sachlich und kühl verschließt er sich meiner Bitte.

»Die Aufenthaltsdauer um das Doppelte verlängern? Das ist gegen die Vorschrift«, sagt er.

Ich zeige ihm ein Foto von Abels segelndem Kanu. Erkläre. Gewiss, er hört zu, aber mir stellt sich die Frage, ob er wirklich zuhört oder nur darauf wartet, dass ich endlich begreife, wie aussichtslos meine Bitte ist. Er ist Melanesier, aber der Ausdruck auf seinem Gesicht gleicht dem eines australischen, amerikanischen oder europäischen Beamten. Doch hinter der professionellen Fassade scheint nun etwas zu meinen Gunsten vorzugehen. Warum sonst würde er meinen Pass kopieren? Das Ticket für den Langstreckenflug? Warum mehrmals telefonieren? Zwar in einer Sprache, die ich nicht verstehe, dabei aber zweimal »Panyata« wiederholend? Mehr noch. Als sollte ich jetzt für die Zeit entschädigt werden, in der ich schon fast verzagen wollte, sagt er zu mir:

»Sie brauchen ein Rückflugticket mit neuen Daten von Port Moresby nach Massim. Wenn Sie mir das vorlegen, sehen wir weiter. Geben Sie diesen Umschlag der Dame im Büro von Air Niugini.«

Ich frage mich durch bis dorthin, umgehe trockene, erdige Schlaglöcher, komme vorbei an verlassenen sonnenverbrannten Plätzen, an gelangweilten Männern, die am Rande kaum befahrener Straßen hocken. Air Niugini finde ich in einer Flucht moderner Bürogebäude an asphaltierten, leeren Gehwegen. Der Lift bringt mich in das klimatisierte Büro der staatlichen Fluggesellschaft. Vor einer Wand dunkel getönter Scheiben sitzt eine füllige, gepflegte junge Dame hinter ihrem Schreibtisch. Lächelnd bucht sie meinen Flug um; reserviert mit verschwörerischem Zwinkern genau die Plätze, die ich für die Anschlussflüge zurück nach Deutschland wünsche. Sie sichert mir ihre Hilfe zu, sollte ich sie benötigen. Mit geschmeidig rollenden Schritten begleitet sie mich zur Tür.

Der Beamte in der Einwanderungsbehörde lächelt nicht. Er konzentriert sich auf die neuen Daten, stempelt Papier, macht Vermerke und reicht mir meine Unterlagen mit den Worten:

»Egal, was passiert. Es ist ausgeschlossen, noch eine Verlängerung zu erreichen. Und denken Sie daran, verspätetes Ausreisen zieht in Papua-Neuguinea nicht nur hohe Geldstrafen nach sich, Sie könnten auch ein paar Tage hier festgehalten werden.«

Er wendet sich ab. Ich sehe ihn zwischen mit Akten beladenen Schreibtischen und diskutierenden Kollegen auf eine Tür zugehen und dahinter verschwinden. Was mag ihn bewogen haben, mir zu helfen? Was immer es war, ich bin ihm dankbar.

Dieses Mal ist die Fokker mit acht Passagieren und einem Huhn besetzt. Aus den Höhen des pazifischen Himmels sinkt sie herab zu einer holprigen Zwischenlandung. Auftanken. Die Fluggäste werden in einen Warteraum gebeten. Da sitzen wir dann in Stuhlreihen vor einer Scheibe und können zusehen, wie emsige Monteure Teile des kleinen Fliegers abschrauben, anschrauben und – nichts Gutes verheißend – erneut lösen. Wir sehen sie den Kopf schütteln, mit den Schultern zucken und ihre Arme bedauernd in die Luft heben. Wir sitzen fest.

Mit melanesischer Gelassenheit richten sich die Menschen um mich herum auf ihren Stühlen ein. Auch ich versuche, es mir bequem zu machen. Ich beginne ein Gespräch mit der jungen Frau neben mir. Sie ist verheiratet mit einem englischen Piloten und lebt in England. Bevor sich die beiden zum ersten Mal allein treffen durften, musste er ihren Eltern eine Mitgift zahlen. Jetzt ist sie auf dem Weg in ihr Dorf, um ihnen den vier Monate alten Sohn vorzustellen.

»Ich habe Heimweh«, sagt sie, »in England gibt es nichts zu tun für mich. Die Partys sind zu wild, die Leute trinken zu viel. Ich bin das nicht gewohnt.« Ihr Kind wurde durch einen Kaiserschnitt zur Welt gebracht. »Der Arzt wollte nicht warten. Ich habe ihm gesagt: ›Warte. Es wird von allein kommen. Ich fühle es.‹ Aber er kennt unsere Kultur nicht.«

Auf dem nahen Rollfeld landet die Maschine einer privaten Fluggesellschaft. Sie rollt direkt vor der großen Scheibe aus und parkt hinter dem defekten Flugzeug der Air Niugini. Fünf einheimische Fluggäste klettern gemächlich heraus. Der junge weiße Pilot springt mit Schwung auf den Boden. Gleich umringen ihn die glücklosen Monteure und reden auf ihn ein. Es dauert nicht lange, und wir gerade noch gestrandeten Passagiere werden ganz unbürokratisch in das startbereite Flugzeug gewinkt. Bevor die Leute sich auf ihren Plätzen zurechtgerückt haben, setzt sich der australische Flugkapitän neben mich; er streckt die Arme in die Luft und erzählt, wie müde er eigentlich sei. Eben noch habe er sich gefreut, nach einem besonders langen Tag endlich schlafen gehen zu dürfen. Aber wenn Hilfe gebraucht werde ... Er lacht, klatscht in die Hände und geht die wenigen Schritte bis ins Cockpit. Dort dreht er sich noch einmal um und wendet sich an die einheimischen Passagiere, die das Kauen von Betelnüssen gewohnt sind:

»Wir starten jetzt. Bitte schnallen Sie sich an. Und – wir kauen und spucken nicht an Bord!«

Als er über dem Dschungel, über der Bucht von Massim einen Bogen fliegt, denke ich an Hanna und Lutz und an Jim von der australischen Mine. Ich habe mich Jim durch ein Fax bekannt gemacht und ihm von meinem Wunsch, ein Kanu entstehen zu sehen, geschrieben. Jim hat mir seine Unterstützung angeboten, sollte ich sie benötigen.

Zum zweiten Mal in meinem Leben lande ich auf Massim. Dieses Mal ohne zu wissen, wie es weitergeht.

Vier

Am Rollfeld warten Verwandte meiner Mitreisenden im Wind. Redselig greifen sie nach verschnürten Kartons und zugebundenen Säcken, die der Pilot aus der Maschine zerrt. Ob ich abgeholt werde, möchten sie wissen. Ich verneine. Sogleich bemächtigen sie sich meiner Taschen. Mitkommen soll ich. Es werde sich schon Platz für mich in ihrem Wagen finden. Ein anderes Gefährt sei nicht zu erwarten. Sie quetschen mich auf die Fahrerbank eines Lieferwagens. Das Land bewegt sich und gleitet vorbei. Staubwände schweben im grellen Licht über angrenzende Zuckerrohrfelder. Auf der glühenden Straße knirschen und springen Sandkörner unter den sich drehenden Rädern. Gerade als ich vor uns ein schimmerndes Stück vom Meer erkenne, hält der Pick-up vor Massims einzigem Gästehaus. Über Rasen gehe ich bis zu einer weiß gestrichenen Tür, öffne sie und befinde mich in einem zementierten Raum; ein Pooltisch und ein paar Stühle stehen verlassen darin.

Durch die klimpernden Schnüre eines Perlenvorhangs tritt eine Frau. Auf ihrem Kleid prangen Goldknöpfe, und ihr runder Körper versperrt den Durchgang. Langsam, sehr langsam geht sie auf mich zu:

»Jim hat mir gesagt, dass du kommst.«

Durch den Perlenvorhang führt sie mich zu einer Bank zwischen Empfang und Küche. Wir nehmen Platz. Sie möchte wissen, ob ich im Parterre oder oben wohnen will. Ich entscheide mich für die erste Etage.

»Dort befindet sich unser schönstes Zimmer«, sagt sie. »Das gebe ich dir. Übrigens, ich heiße Deli.«

Ich weiß den Eckraum zu schätzen. Er ist hell, groß und hat ein Doppelbett. Durch drei Fenster sehe ich Frangipani-Bäume blühen. Das flache Gebäude auf der anderen Straßenseite ist die Polizeistation. Hinter Palmen üben Kinder auf einer Grasfläche Tänze ein.

»Für den Besuch der Gouverneurin«, erklärt Deli, als ich mich zur festgesetzten Zeit zum Essen einfinde. Die Politikerin, so erfahre ich, stammt aus Massim und ist auf Wahlkampfreise. Nächste Woche wird sie hier eintreffen.

Im kleinen Speiseraum zähle ich so viele Tische, wie es Zimmer im Gästehaus gibt – sechs. Fünf sind eingedeckt. Auf einer resopalbeschichteten Anrichte stehen Thermoskannen mit Kaffee und Tee, ein Schälchen mit Tütenzucker, eines mit portionierter Milch und eine Karaffe mit Wasser. Durch den Vorhang aus Perlenschnüren kommt eine Frau, dünn wie ein Strich.

»Ich bin Lia«, sagt sie, »ich koche hier.«

Unendlich langsam senkt sie den Teller, den sie in Brusthöhe hält, gewährt mir einen Blick auf gekochte Yamswurzeln und gebratene Bananen. Sie stellt den Teller ab und legt demonstrativ ihre Hand auf die Deckel zweier Ketchupflaschen. Ein liebenswürdiges Nicken, und der klimpernde Vorhang schließt sich hinter ihr.

Und geht gleich wieder auf.

Fünf Männer treten in den fensterlosen Raum. Zwei schwache Glühbirnen beleuchten ihren freundlichen Gruß. Deli serviert Yamswurzeln und Bananen, später Obstsalat aus der Dose in Glasschälchen. Als die geleert sind, beginnen die Männer sich zögernd und höflich nach meinem Woher und Wohin zu erkundigen: ein Schulinspektor, der aus der Hauptstadt gekommen ist, um die Kinder auf ihren Tanzauftritt vorzubereiten, ein Regierungsbeamter, der für einen reibungslosen Ablauf des Blitzbesuches der Gouverneurin sorgen soll, und drei Männer von der Telekom Papua-Neuguinea. Seit Tagen sind im Camp der Minengesellschaft die Leitungen tot.

Sie erzählen vom Leben in der Hauptstadt und davon, was ihnen dort fehlt: die Gemeinschaft in ihren Dörfern, wo jeder seinen Platz kennt, jeder jedem hilft und wichtige Arbeiten gemeinsam erledigt werden. Dort mache das Leben Spaß, sagen sie. Wann immer sie können, kehren sie für ein paar Tage in ihr Dorf zurück. Sie schätzen die größere Freiheit in der Stadt und auch das bisschen mehr Wohlstand und Komfort dort. Doch sie beobachten auch, dass mit dem technischen Fortschritt ökologische, gesellschaftliche und seelische Schäden einhergehen.

Einig sind sie sich darin: »Du bist aus einem zivilisierten Land, wir dagegen sind noch immer unterentwickelt.«

Ich erzähle ihnen von Menschen in meiner Heimat, die dafür bezahlen, eine gewisse Zeit auf sich gestellt in einem Wald zu verbringen.

»Warum tun sie das?«

»Sie wollen lernen, unzivilisiert in der Natur zu überleben.«

Darüber müssen die Männer lachen und gelangen zu dem Schluss, in Papua-Neuguinea zahle man Schulgeld für das Gegenteil.

Ich verlasse das Gästehaus, biege links ab in die staubige Straße zum Meer und finde die Bäckerei, an die ich meinen Brief für Abel adressiert hatte. Vor einem Schiebefenster warten Leute darauf, bedient zu werden. Ich stelle mich an. Beim Näherrücken sehe ich immer dieselbe Sorte weicher Brötchen in Tüten verschwinden. Dann bin ich dran.

Ich erfahre, niemand sei mit Post von mir zu Abels Insel gesegelt, denn Post von mir sei in der Bäckerei nie eingetroffen. Und genau das hat die freundliche Frau hinter der Durchreiche zwei Tage zuvor auch Abel und seinem Bruder aus Panyata gesagt, als die beiden sich zum wiederholten Mal nach einem Brief von mir erkundigten. Nun sind sie abgereist, nach Port Moresby. Wie lange sie dort bleiben werden, weiß die Frau nicht zu sagen.

Um mich nicht wie gelähmt zu fühlen, zeige ich auf eins der weichen Brötchen und kaufe es. Die Finger bleiben daran kleben. Wie viele Tage habe ich gebraucht, um Massim zu erreichen? Fünf? Sechs? Ich beschließe, ein zweites Mal auf gut Glück nach Panyata zu fahren.

Der Tag hat gerade angefangen und ist schon jetzt erdrückend. Am liebsten würde ich keinen Schritt mehr machen. Der einzige Gedanke, den mein träges Hirn zustande bringt, ist der, Jim in seinem Büro aufzusuchen. Ich gehe zurück in Richtung Gästehaus, dann schräg über die Erdstraße zu einem Bürocontainer an der Seite im Gras. Ich klopfe. Mehrfach. Endlich öffnet jemand die Tür.

Der blasse Mann sagt: »Da bist du ja. Tritt ein. Ich bin Jim.«

Er schließt rasch die Tür hinter mir. Sein rotblonder Bart bedeckt das halbe Gesicht.

Außer der Klimaanlage brummen die Neonröhren.

Jim stellt mir seine jüngeren einheimischen Mitarbeiter vor: »Mission und Thelma.«

In der offenen Küche macht er mir einen Nescafé.

»Und du willst wirklich nach Panyata?«

»Ja«, antworte ich und ignoriere bewusst den Impuls, nachzufragen, ob ich Bedenken aus seiner Stimme herausgehört habe. Der Gedanke, ich könnte, kaum angekommen, auf Gründe stoßen, wieder zurückzufliegen, macht mich ganz schwindelig.

»Hm«, ist alles, was ich von Jim höre.

Hinter ihren Schreibtischen lassen mich die zierliche Thelma und der stämmige Mission nicht aus den Augen. Bis Jim mir einen Platz anbietet, der ihren Blicken entzogen ist. Vom Küchenschrank abgeschirmt, sitzen wir in einer Nische.

Jim fragt: »Was kann ich für dich tun?«

»Vorübergehend Filme lagern?«

Als er hört, wie viele es sind, schüttelt er den Kopf.

»So viel Kapazität hat mein Kühlschrank nicht.«

»Dein ganzes Büro ist ein Eisfach.«

Er lacht, streicht sich über den kurzen Bart und zeigt auf ein Regal: »Das mache ich für dich leer.«

Ich erzähle ihm von Abel und dessen Bruder, auf deren Hilfe ich gebaut hatte und die nun unerreichbar sind. Ich sage ihm auch, dass ich erst aufgebe, wenn die Bewohner von Panyata mit mir und meinem Wunsch nichts anfangen können.

»Weißt du, wie ich auf die Insel komme?«

Jim zögert.

Er fasst an seine Brille. Täusche ich mich, oder sieht er besorgt aus? Doch da antwortet er schon:

»Ich werde jemanden fragen. Einen Mann von den Inseln, der im Hafen lebt. Wahrscheinlich ist er übermorgen wieder hier.«

Ich packe meine Filme in das frei geräumte Regal; und als Jim mich fragt, ob ich Lust hätte, ihn auf einer Kontrollfahrt zu begleiten, sage ich ja. Auf dem holprigen Grasplatz vor dem Container klettern wir in einen Geländewagen. Über die Staubstraße schaukeln wir zur Mine. Drei Sicherheitskontrollen nicken uns durch; jemand gibt mir einen Helm. Wir fahren vorbei an Halden ausgewaschenen Erdreichs, an überdimensionalen Caterpillars.

»Was hier abgebaut wird, ist nur noch minderwertiges Gold«, erklärt mir Jim.

Er kurvt um Arbeiter, abgestellte Pick-ups, Materialstapel, Lagerhäuser und Bürogebäude; dann versinkt der Komplex hinter uns im Staub. Vor uns unterteilen schnurgerade Straßen eine Grünfläche. Rechteckige Bauten stehen darauf, alle weiß, alle gleich, alle flach: die Unterkünfte der australischen Firmenangehörigen. Zwei Wochen Arbeit in der Mine, zwei Wochen zu Hause in Australien. Das ist der Rhythmus, in dem sie leben. Ein kleiner Charterjet holt und bringt sie an zwei festgelegten Tagen in der Woche.

Jim sagt: »Wenn du magst, lade ich dich zum Essen in die Kantine ein.«

Ich nehme gern an.

Als sollten die draußen vorherrschenden Farben von Himmel und Meer, von Pflanzen, aufgewühlter Erde und Staub in dieser Kantine für immer vergessen werden, umfängt uns beim Eintritt tiefbraune Kunststoffatmosphäre. Hell ist nur die Durchreiche zur Küche hinter dem warmen Büfett; unter einer Neonröhre wartet das kalte.

Die Kantine füllt sich mit Männern, die direkt von der Arbeit hierher kommen. Sie essen, ohne etwas zu trinken; nicht einmal Wasser. Dies ist nicht der Ort, an dem sie lange verweilen.

Schon bald führt mich Jim durch die ständig schwingende Tür in die Bar. Hinter Wänden aus dunkel getöntem Glas leuchtet ein Pool in die hereingebrochene Nacht. Spielautomaten scheppern und blinken. Dartpfeile fliegen. Jim stellt mich seinen Kollegen vor und erzählt ihnen von meiner bevorstehenden Abreise nach Panyata. Merkwürdig, dieser Name scheint bei den Männern Überraschung auszulösen. Skeptische Überraschung?

Es ist noch nicht halb acht, als wir uns verabschieden. Jims Arbeitstag beginnt früh um vier. Wir treten aus der Kälte der Bar in die zirpende Nacht. Der Weg führt an dem dampfenden Pool vorbei; im Flutlicht schlagen zwei Männer hinter Palmen Tennisbälle über den roten Platz. Eine unwirkliche Szenerie im nächtlichen Schwarz. Jim fährt mich zum lichtlosen Gästehaus.

»Wenn du irgendetwas brauchst, du weißt, wo du mich findest«, verabschiedet er sich.

Ich bin dankbar, jemanden wie ihn getroffen zu haben. Mühsam versuche ich mich wach zu halten; zehn Stunden noch bis Sonnenaufgang. Doch im Licht der trüben Birne will das Lesen nicht gelingen. Zerschlagen wache ich gegen sechs Uhr auf. Schon jetzt lastet die Hitze auf mir. In der Dusche, die ich mit den übrigen Gästen teile, taumeln aufgeschreckte Mücken um mich herum.

Im Speiseraum serviert Lia gekochte Yamswurzeln und gebratene Bananen. Nahrhafte Kost, die ich esse, weil ich bei Kräften bleiben muss, die ich aber zu dieser frühen Stunde kaum schlucken kann, so trocken ist sie im Mund. Deli tritt durch den Perlenvorhang. Lächelnd bleibt sie vor meinem Tisch stehen und erkundigt sich:

»Hast du jemanden gefunden, der dich nach Panyata bringt?«

»Noch nicht.«

»Dann bist du also übermorgen hier?«

»Ich glaube schon.«

Sie beugt sich zu mir herunter. Die Goldknöpfe auf ihrem Kleid fallen schwer nach vorn, als sie ihren runden Körper gegen die Tischkante lehnt. Beiläufig fragt sie:

»Würde es dir etwas ausmachen, dein Zimmer mit der Gouverneurin zu teilen?«

»Meinst du das wirklich ernst?«

»Die Telekom-Leute sind nicht abgereist, du hast das schönste Zimmer und bist die einzige Frau. Die Gouverneurin ist nett. Sie stammt von hier. Ich erlasse dir den halben Preis.«

»Bitte Deli, finde eine andere Lösung.«

Zwei Tage später gehen Jim und ich Seite an Seite die leere Straße hinunter zum Meer. Sie endet wie abgeschnitten über dem Wasser der Bucht, in der einmal Hanna und Lutz auf mich gewartet haben. Ein paar Männer hocken in der Glutsonne. Ihr Blick ist auf etwas Fernes gerichtet, das es nicht gibt. Jim geht eilig auf ein Holzhaus zu, das auf Pfählen im Wasser steht; wir überqueren ein Brückchen zur Tür. Durch das Fenster sehen wir in den einzigen Raum.

Jim sagt: »Da sitzt Rothman«, und klopft an die blinde Scheibe. Der junge Mann auf dem Blechkanister winkt uns herein. Er hört zu, und wenn er nickt, wippen Kaskaden eng gedrehter Locken.

Er sagt: »Ja, ich bringe dich nach Panyata. In ein oder zwei Tagen. So lange werde ich brauchen, um ein Boot zu finden.«

Wir handeln einen Preis aus. Erleichtert trete ich auf die Straße. Jim schreitet rasch aus. Beinahe so, als fühlte er sich nicht wohl außerhalb des Camps. Im Vorbeigehen zeigt er auf zwei Läden, dann auf einen Container:

»Das ist die Bank.«

Leute stehen dort an vor einem vergitterten Fenster.

»Heute ist Zahltag«, weiß Jim. »Die einheimischen Minenarbeiter holen ihren Lohn ab.«

Er geht schnell in Richtung seines Bürocontainers davon. Ich beschließe, mir den Wellblechladen im Schatten des Brotfruchtbaumes anzusehen. Auf den Stufen zum Eingang rutschen ein paar Jungs zur Seite. Freundlich erwidern sie meinen Gruß. Den großen Raum füllen Regale, die an den Wänden bis unter die hohe Decke reichen. Stange an Stange hängen hier Altkleidersammlungen aus den westlichen Ländern der Welt. Bewohner des gesamten Archipels kaufen hier ein.

Was mich auf Panyata erwartet – ich weiß es nicht. Trotzdem zaudere ich nicht, meinem Impuls zu folgen, *jetzt* Vorräte einzukaufen. An der Kasse packen die halbwüchsigen Kinder des chinesischen Ladenbesitzers meine Kartons: Waschmittel, Zucker, Salz, Milchpulver, Kaffee und Tee. Kerosinkocher und Kerosin, Sturmlampe, Zigaretten, Streichhölzer und Angelhaken. Der Vater hat die Summe der schwindelerregenden Preise mit einem knappen Lächeln eingestrichen. Alle Waren kommen aus Übersee; leisten können sich diese Dinge nur Papuas, die für die Mine arbeiten oder Geld verdienen mit dem Verkauf von Muscheln und Schnecken.

Die verschnürten Kisten deponiere ich bis zu meiner Abreise im Laden. Wie gern würde ich jetzt etwas trinken, mich setzen und träge dem Geschehen auf dem Platz zusehen. Nur gibt es hier kein

Café, keine Trinkhalle und auch keine Imbissbude. Ich trotte über die verlassene Straße zurück zum Gästehaus. Dort stehen, das weiß ich, den ganzen Tag Thermoskannen.

Nicht ein Auto fährt mir entgegen; außer Jims Wagen und dem des Polizisten habe ich überhaupt noch keines gesehen. Schule, Kirche und Häuser sollen weiter im Inneren der Insel liegen. Dort hat heute die Wahlkampfveranstaltung der Gouverneurin stattgefunden.

Im Gästehaus ist die Bank zwischen Empfangstresen und Küche besetzt. Aus dem Speiseraum sind sämtliche Stühle herangerückt für plaudernde, lachende Frauen. Mittendrin sitzt eine, die strickt. Als sie mich sieht, steht sie auf und reicht mir strahlend die Hand:

»Entschuldige, ich habe mich noch nicht vorgestellt. Ich bin Dorothy.«

»Die Gouverneurin«, sagt Deli.

Jemand schiebt mir einen Stuhl hin, Deli einen Teller mit Bananen. Dann lausche auch ich den Geschichten Dorothys aus einer Zeit, bevor die Mine und mit ihr das elektrische Licht nach Massim kamen. Ich höre, wie viel besser heute alles sei. Insgeheim frage ich mich, ob ich in meinem Zimmer Dorothys Gepäck vorfinden werde.

Dorothy und ich stellen fest, dass unser beider Erfolg derzeit allein abhängig vom Wohlwollen ihrer Landsleute ist. Beim Abschied wünschen wir uns herzlich Glück. Ein Abschied für immer. Sie wird die Nacht im frei gewordenen Zimmer neben dem meinen verbringen. Am nächsten Morgen ist sie in aller Frühe abgereist.

Rothman hat ein Boot aufgetrieben, so klein, dass ich es erst sehe, als ich direkt an der Anlegestelle bin. Gut, es ist Ebbe, und bei dem niedrigen Wasserstand liegt es sehr tief; doch bei allem Respekt, ein wenig erinnert es mich an eine schwimmende Hundehütte. Wie ich es auch betrachte, es wirkt nicht vertrauenerweckend.

Rothman ist unbesorgt.

»Das Boot ist seetüchtig. Alles passt drauf und wir auch.«

Am Abend schreibt Jim mich noch einmal als sein Gast in die Kantine ein.

Er sagt: »Du wirst dich noch lange mit Sehnsucht an dieses Essen erinnern.«

Als ich zu früher Stunde meine Filme abhole, sitzt Jim seit vier Stunden am Schreibtisch. Er fasst an seine Brille, steht umständlich auf und sagt ernst:

»Pass auf dich auf.«

Wieder habe ich das Gefühl, etwas bleibt unausgesprochen.

Mission drückt mit seinen großen Händen meine kleineren.

»Wir sind hier«, sagt er. Will er mir Mut machen?

Die Jungs, die auch heute auf den Stufen vor dem Laden sitzen, helfen beim Tragen der Kartons. Rothman verstaut sie und zurrt über alle eine Plane. Wir sind startklar.

»Hast du Kautabak?« erkundigt er sich.

»Kautabak? Nein.«

»Den wirst du brauchen auf Panyata. Kauf besser gleich ein bisschen mehr davon.« Ich lerne Paradise Twist kennen: schwarze Quadrate, bestehend aus vierzig nebeneinanderliegenden Stangen Tabak. Doppellage. Sie sehen aus wie Lakritze. Auf der Verpackung leuchtet ein gelber Aufkleber: Palmenstrand, blaues Meer und davor, riesig, ein roter Paradiesvogel.

Rothman lässt den Motor an.

Er sieht mich an; er wartet. Ich schaue noch hinunter auf das weiße Bötchen: dicke Planken, vorne spitz, hinten breit, im Ganzen schmal. Im hinteren Drittel befindet sich ein Verschlag, der einem hockenden Menschen mit eingezogenem Kopf Schutz bieten könnte.

Als wir ablegen, knallt der Bug in die Wellen. Sie rollen uns entgegen. Automatisch klammere ich mich an den Verschlag und weiß, dass ich, sind wir erst auf Panyata angekommen, voll blauer Flecken sein werde. Seit gestern weht der Wind kräftiger; der Himmel hat dicht gemacht. Wolken und Meer leuchten im selben milchweißen Licht, in das sich mehr und mehr Violett drängt.

Rothman steht an der Pinne, einer, der das Meer kennt und sich selbst. Die unruhige See bringt sein Gesicht nicht aus der Ruhe, mit der er sie im Auge behält. Ich muss an den Fährmann denken, den Hermann Hesse in *Narziß und Goldmund* beschreibt, und an den ungewissen Ausgang meiner Überfahrt. Dann schweifen meine Gedanken anderswo hin und kehren zurück zu Rothman. Wieso heißt er wie eine Zigarettenmarke?

»Rothman, wie bist du zu deinem Namen gekommen?«

Ich rücke näher. Ohne den Blick vom Meer abzuwenden, wartet er, bis meine Hände neuen Halt gefunden haben. Dann sagt er:

»Ich habe sieben ältere Brüder. Mein Vater hat sie alle Jakob genannt. Als ich geboren wurde, fiel sein Blick auf seine Zigarettenschachtel.«

Der Wind hat zugenommen. Das Boot stampft in den höher werdenden Wellen. Unbeirrt sieht Rothman nach vorn, manchmal wischt er sich Wasser aus den Augen. Er steht einfach da und hält das Boot auf Kurs. Bisher sind wir im Schutz der Insel Massim gefahren; jetzt, da wir das offene Meer erreichen, wird die Fahrt rauer. Vom Wind getrieben, kommt eine schwarze Regenwand auf uns zu. Ihr Rauschen dringt an unsere Ohren, wird lauter. Als die Front uns erreicht, ist es, als fiele von oben ein zweites Meer auf uns herab.

Regen von solcher Wucht glättet die Wogen. Abertrillionen Tropfen zähmen die aufgewühlte Oberfläche des Ozeans und platzen auf ihr. Unserem Bötchen erleichtert das die Fahrt. Mich dagegen zwingt die Regenflut, immer schneller immer mehr knöcheltiefes Wasser aus der Bilge ins Meer zu schöpfen.

Panyata taucht auf hinter wabernden Dunstschleiern: eine Wölbung im Ozean; geheimnisvoll wie jede Insel, der man sich zum ersten Mal nähert. Wegen der vorgelagerten Riffe steuert Rothman das Boot eine Weile in großer Entfernung an ihr vorbei. Dann fährt er durch eine Passage direkt auf die Insel zu. Ich frage ihn nicht, wo um alles in der Welt er an dieser steilen, zerklüfteten Küste anlegen will; ich vertraue ihm einfach.

Rothman drosselt den Motor.

Das Boot schwappt der Wand aus Korallenstein entgegen. Oben an der Kante bewegen sich Leute und antworten auf Rothmans Rufe. Klatschnass stehen wir im schwankenden Boot, fassen nach Vorsprüngen im Gestein und klammern uns daran. Gleichzeitig müssen wir das Boot davor bewahren, gegen die Wand zu schlagen, und drücken es weg von ihr. Ich hoffe auf Hilfe, dringend, sehe nach oben und unter nackte, rissige Fußsohlen, die flink zu uns heruntersteigen. Männer springen an Deck. Es wird eng. Ich werde abgelöst. Hände greifen nach Planen, Taschen, Kisten, reichen sie weiter, höher, bis ich meine Kameraausrüstung endgültig aus den Augen verliere. Unter Zurufen klettere ich nach oben; suche mit den Füßen nach Absätzen und Nischen, greife nach sich mir entgegenstreckenden Händen; und dann, mit einem Ruck, stehe ich auf Panyata.

Fünf

Im Gras.
Im warmen Wind am Abgrund zum Meer.

Hinter mir höre ich, wie Rothman den Motor aufdreht. Er fährt das Boot zu einer sicheren Anlegestelle. Atemlos schaue ich in neugierige Gesichter. Gesichter von Frauen mit Kindern auf dem Arm und Kokosnüssen oder Holzbündeln auf dem Kopf. Gesichter von Männern mit Macheten.

Nachdem wir uns eine Weile unverwandt, doch wohlwollend betrachtet haben, entfernen wir uns vom Meer. Im Gänsemarsch. Gleich nach den ersten Schritten muss ich mich schwer zusammennehmen, um nicht dauernd »Autsch« zu sagen. Durch die Schuhe hindurch peinigt scharfkantiges Korallengestein meine Füße. Überall ragt es aus der festgetretenen Erde. Und nicht nur Korallensteine, auch Kriechwurzeln. Der Pfad zwingt mich, ständig nach unten zu sehen. So sind mir, während ich stolpere, die nackten Sohlen und der leichtfüßige Gang der Frau vor mir stets gegenwärtig. Als ich aufschaue, treten wir aus einem Palmenhain auf eine grasige Fläche mit Pfahlhütten an den Seiten. Unter balsamisch duftenden Frangipani-Bäumen gehen wir weiter bis zur letzten Hütte und steigen die Leiter hinauf. In der Mitte des leeren Raumes finde ich meine Taschen wieder.

Möglicherweise hatte Rothman vorhin den Leuten vom Boot aus zugerufen, weshalb ich hier bin. Ich selbst habe nicht daran gedacht, seit ich Panyata betreten habe. Zu intensiv waren die Eindrücke der Ankunft. Und auch jetzt teile ich mit den Menschen hier nur *eine* Neugier – wer ist der jeweils andere? Als richtungweisende Fügung empfinde ich, auf direktem Weg in diese leerstehende Hütte gelangt zu sein.

Rothman erscheint in Begleitung einiger Männer. Die Frauen und die Kinder ziehen sich in die Türöffnung zurück. Nach und nach kommen weitere Männer; ich schiebe mein Gepäck zur Seite. Zum Wechseln der nassen Kleidung bleibt mir keine Gelegenheit. Auch Rothman steckt noch in seinen vom Salzwasser klammen Hosen.

Jeder Mann ist mit einer unter den Arm geklemmten flachen Tasche eingetreten. Jetzt liegen die fein geflochtenen Behälter vor ihnen auf dem Boden, und ich kann sehen, was sie daraus hervorkramen: pflaumengroße Betelfrüchte, kleine mit Kalk gefüllte Behälter und frische Senfblätter. Ein vom Alter dünn und klein gewordener Mann will seinen Vorrat mit mir teilen. Mir ist bewusst, das ist eine Begrüßung, ein Zeichen der Gastfreundschaft. Das Teilen und das gemeinschaftliche Betelkauen sollen uns einander näherbringen und das Gespräch anregen. Ich bin unschlüssig, ob ich seine Geste zurückweisen darf. Aber dann erzähle ich dem Alten von Ariki Tofua, dem Häuptling von Tikopia, der nur wenige hundert Seemeilen von hier auf den Salomon Inseln gelebt hat. Bei ihm habe ich zum ersten und zum letzten Mal eine Betelnuss probiert. Ein winziges Stück brachte mein Herz zum Rasen, heiße und kalte Schweißausbrüche ließen mir fast die Sinne vergehen. Deshalb bitte ich den Alten, mir zu verzeihen, wenn ich nicht mit ihm kaue:

»Ich fürchte, mein Kreislauf hält den Genuss nicht aus.«

Er lächelt, beißt in die dicke, grüne Schale der Betelfrucht, löst den Kern heraus und sagt: »Wir sehen es der Nuss nicht an, ob sie stark oder schwach wirkt. Dein Körper ist nicht vertraut mit ihrer Kraft«, und er fügt hinzu: »Wir kennen nur wenige *dimdims*, die Betelnüsse kauen wie wir.«

»*Dimdim*? Was heißt das?«

»So nennen wir weiße Menschen.«

Inzwischen kauen alle in der Runde sitzenden Männer Betelbröckchen, die sie zuerst in ein Senfblatt gewickelt und dann in Kalk getaucht haben. Rote Gerbstoffe in der Nuss verfärben ihnen Zähne und Speichel, der dem einen oder anderen im Mundwinkel hinunterläuft. Ich frage mich, wieso es mich bei ihrem Anblick nicht schüttelt. Es kann nur an der Art liegen, wie die Männer den Priem zubereiten und genießen. Ihr Vorgehen ist nicht ungeschliffen. Sie zelebrieren ein Ritual, folgen Regeln, und dem wohnt eine Würde inne, die bewirkt, dass ich keinen Ekel empfinde; nur Distanz. Säßen wir draußen, sie würden die zerkauten Reste in die Landschaft spucken. Hier drinnen speit jeder den roten Brei in ein von Hand zu Hand gehendes Gefäß, das jetzt bei den Frauen in der Türöffnung angelangt ist. Mir fällt auf, dass die Frauen ihre Betelzutaten in gehäkelten Beuteln mit sich tragen. Während ich sie betrachte, höre ich jemanden sagen:

»*Dimdim sadua*.«

Andere schließen sich an, ihre Stimmen werden zum Raunen. Rothman, der dicht neben mir sitzt, klärt mich auf:

»Sie wollen Zigaretten haben.«

Natürlich hätte ich selbst daran denken und einen Karton als Gastgeschenk in die Mitte stellen sollen. Ich habe es vergessen, weil ich mich nicht fühle, wie ich mich bei einem Antrittsbesuch fühlen sollte. Meine Kleidung ist nass, auf der Haut klebt Salz, ich habe Durst, und mein Hirn hat Mühe, nicht vor der lähmenden Hitze zu kapitulieren. Rothman hilft mir, eine Kiste zu öffnen. Von Jim weiß ich, welche Sorte Zigaretten in dieser Region bevorzugt werden: Mutrus. Davon habe ich ein paar Kartons gekauft. Zum Aufreißen des ersten komme ich nicht. Der, den sie Soso genannt haben, nimmt ihn mir sanft aus der Hand.

Er sagt: »Ich mache das für dich. Der Karton könnte feucht werden an deiner Kleidung, und das wäre schade.«

Er öffnet ihn und stellt achtzig Zigaretten in die Runde gekreuzter Beine. Dann nickt er mir zu und verteilt die siebzehn Zentimeter langen Zigaretten, jede in weißes Papier gerollt, Papier, das dick ist und auf dem eng gedruckt lateinische Vokabeln zu lesen sind. Männer wie Frauen stecken sich die dünnen Zigaretten hinter die Ohren, in die krausen Haare, zwischen die Lippen. Rauch breitet sich im immer stickiger werdenden Raum aus – und eine tiefe Zufriedenheit auf allen Gesichtern. Die Frauen höre ich jetzt manchmal kichern. Die Männer palavern in ihrer Stammessprache, bis der Alte sich mir wieder zuwendet und auf Englisch erklärt, dass Rothman ihm von meinem Anliegen berichtet habe.

Er sagt: »Du bist uns willkommen und wir wollen dir helfen, aber niemand hat uns den Auftrag gegeben, jetzt ein Kanu zu bauen. Deshalb brauchen wir auch keinen Kanubaum zu fällen. Aber …«

Er spricht von Kanus, die in unterschiedlichen Bauphasen an mehreren Stellen auf der Insel stehen. Ich hätte die Möglichkeit, den Kanubauern mal hier und mal da bei ihrer Arbeit zuzusehen. Wobei aus Gründen, die sich mir nicht erschließen, niemand zu sagen weiß, ob und wann sie überhaupt daran arbeiten werden.

Der Kanubaum – innen so rot wie Blut.

Dieses Bild war Auslöser für meinen Entschluss, hierher zu reisen. Ich war beseelt von dem einen Wunsch, die allmähliche Verwandlung des Kanubaums in ein seetüchtiges Kanu mitzuerleben. Wie sollen aus dem Zusammenhang gerissene Bauphasen meinen Wissensdrang befriedigen? Die Technik interessiert mich nur eingebettet in den lebendigen Prozess.

Was soll ich tun? Sie bitten, ob ich, bevor ich die Heimreise antrete, zwei oder drei Wochen bei ihnen ausruhen darf? Ich wusste, ich reise ins Ungewisse, doch jetzt fühle ich, die Enttäuschung. Bis mich ein neuer Gedanke belebt. Was, wenn ich selbst ein Kanu in Auftrag gebe? Welche Mittel muss ich aufwenden?

Diese Fragen stelle ich den Männern und schaue ihnen zu, wie sie rauchen und reden und wie dabei niemals einer dem anderen ins Wort fällt. Dann sagt der Alte:

»Es ist Tradition, die Kanubauer für ihre Arbeit mit warmen Mahlzeiten zu bezahlen. Sie essen Fisch, Fleisch und Reis und möchten Tee trinken, Zigaretten rauchen und Kautabak kauen. Bist du bereit, all das gegen ihre Arbeit zu tauschen?«

Ich bin nicht in der Hoffnung hergekommen, auf Kosten meiner Gastgeber leben zu können. Ich bin darauf eingestellt, nicht nur zu nehmen, sondern auch zu geben. Nach meinen Erfahrungen und meinem Verständnis darf ein *dimdim* als Gast in einer Gesellschaft wie der auf Panyata nicht nur Hilfsbereitschaft erhoffen. Er sollte auch die an *ihn* gerichteten Erwartungen freigiebig erfüllen. Deshalb sage ich erleichtert:

»Ja, dafür will ich sorgen«, füge aber hinzu, dass ich weder angeln noch Wildschweine jagen kann und ganz sicher nicht kochen möchte, sondern beim Kanubau zusehen.

Das Raunen, das jetzt den Raum erfüllt, gibt meiner gerade erwachten Zuversicht einen Dämpfer. Doch die Antwort des Alten liegt außerhalb jeder Vorstellung. Er sagt:

»Kochen soll eine unserer Frauen. Aber als Bezahlung gilt bei den Kanubauern nur Fisch und Fleisch aus Konservendosen.«

»Aus Konservendosen?«

»Ja. Frische Fische und frisches Fleisch können wir immer haben. Konserven nicht. Sie sind wertvoller. Am liebsten essen wir Solomon Blue.«

»Solomon Blue?«

»Ja. Thunfisch von Solomon Blue.«

Bevor ich aus dem Staunen heraus bin, höre ich:

»Dimdim sadua.«

Diesmal geflüstert. Aber in einer Hütte am Pazifischen Ozean haben fünfundzwanzig oder dreißig Flüsterstimmen etwas latent Beunruhigendes. Fragend schaue ich Rothman an.

»Sie wollen Paradise Twist. Kautabak.«

Mit wenigen Sätzen informiert er mich über eine besondere Vorliebe meiner Gastgeber. Nach dem Kauen eines Betelpriems wollen sie nicht nur rauchen, sondern anschließend auch Kautabak. Soso reicht mir ein Messer. Als Einziger unter den Männern trägt er seine Haare kurz geschoren. Das betont seine hohen Wangenknochen und die flinken Augen, mit denen er zusieht, wie ich eine Palette Paradise Twist auspacke. Er nickt, als ich das Messer in der Mitte der zwanzig Zentimeter langen Tabakstangen ansetze und sie durchschneide. Sie sehen nicht nur aus wie Lakritze, sie fühlen sich auch so an.

Mit dem Verteilen der Stücke löse ich seliges Lächeln auf allen Gesichtern aus, bei den Frauen sogar kleine Begeisterungsrufe. Sie sind es, die den Tabak kauen, die Männer zerbröseln ihn. Und bitten mich um das australische Zeitungspapier, in das der Tabak eingewickelt war, reißen es in Streifen, drehen die Bröckchen hinein und rauchen. Das restliche Papier falten sie sorgfältig und stecken es in ihre Unterarmtaschen, als handele es sich um Blattgold.

Ich sehe ihnen zu, wie sie die überholten Nachrichten in Rauch aufgehen lassen. Höre sie reden und denke an frische Luft und eine Dusche. Auch an Konservendosen denke ich. Und an große rote Zackenbarsche, die ungefährdet vor der Küste schwimmen. Mir bleibt auch Zeit, mich zu fragen, was ich, sollte die Unterredung der Männer positiv für mich ausgehen, mit dem fertigen Kanu mache. Mitnehmen kann ich es nicht. Ich beschließe, es der Familie zu geben, in deren Hütte ich leben werde.

In diesem Augenblick nickt Soso dem Alten zu, dann wendet er sich an mich.

»Also«, fängt er an, »wir werden ein Kanu für dich bauen. Diese Hütte steht leer. Hier kannst du wohnen. Du wirst unsere Schwester sein, und mein Vater wird dich Tochter nennen. Wir werden alles teilen; wir mit dir, du mit uns.«

Noch bevor ich mich erleichtert fühle, sagt Soso:

»Da ist noch etwas.«

Ich warte.

»Wenn wir für einen von uns ein Kanu bauen, bestimmen wir nicht den Tag, an dem es fertig sein soll. Der Kanubau dauert, und man weiß nie, was so passieren kann. Ob wir Monate oder Jahre brauchen, ist nicht wichtig für uns. Es hängt von vielem ab, nicht nur davon, ob die Kanubauer ihre Mahlzeiten und ihren Tabak erhalten. Du aber musst nach Deutschland zurück und willst vorher mit dem Kanu segeln. Deshalb wollen wir dir einen Vorschlag machen.«

Soso genießt ein paar Züge Rauch und spricht weiter:

»Wir werden drei Kanubäume fällen, zwei davon für die Planken. Wenn wir die aus den beiden Stämmen gehauen haben, müssen sie ein paar Wochen im Meer liegen, damit das Salz die Poren schließt. So wird das Holz hart, und keine Bohrmuschel kann sich hineinfressen. Von den vier Planken, die das Kanu insgesamt hat, sind auf jeder Seite des Rumpfes zwei. Wir wollen für dein Kanu zwei Bretter verarbeiten, die schon im Wasser gelegen haben. Diese Planken gehören einem Freund; sie lagern seit Jahren unter seiner Hütte. Er wird sie dir geben, wenn wir ihn fragen. So kann das Kanu wahrscheinlich fertig werden, bevor du abreist.«

Alle sehen mich an und nicken. Soso raucht. Ich überlege nicht lange und antworte ihm:

»Ich nehme deinen Vorschlag an.«

Hinter wedelnden Palmen geht die Sonne unter. Meine Gastgeber nehmen ihre Unterarmtaschen und erheben sich. Einen Moment lang verharre ich reglos im Halbdunkel des nun leeren Raumes. Ich spüre, wie erschöpft ich bin. Der Boden ist übersät mit Asche. Die klamme Kleidung kratzt, ich fühle mich schmutzig und weiß nicht, wo oder wie ich mich waschen oder erleichtern kann. Mund und Hals sind trocken. Das letzte Glas Wasser habe ich am frühen Morgen getrunken. Und außerdem fühle ich mich plötzlich allein.

Draußen klopft jemand an die Leiter. Eine Frau fragt, ob sie heraufkommen kann. Leichte Schritte. Als ihr Gesicht in der Türöffnung erscheint, erinnere ich mich an sie. Vorhin, als ich mit einem Ruck auf Panyata stand, war ihr Gesicht das erste, in das ich sah. Ihre Sturmlampe setzt das Zimmer in dunkelgelbes, zuckendes Licht. Sie hat eine Schüssel gekochte Yamswurzeln mitgebracht.

»Du hast Durst?«, fragt sie.

»Ja, ich bin sehr durstig. Aber als Erstes bitte ich dich, sag mir, wo ich eine Toilette finde.«

»Komm«, sagt die junge Frau und nimmt mich an die Hand. Sie führt mich durch die Nacht zurück zur Klippe am Meer. Im Licht ihrer Lampe schimmert ein Wellblechverschlag. Er scheint über dem Meer zu schweben. Ich mache einen Schritt hinein. Durch die Lücken zwischen den Bodenbrettern sehe ich das schäumende Weiß der Brandungswellen; das Holz bebt unter meinen Füßen. Die junge Frau hält die Lampe über dicke Stücke Kokosbast in der Ecke und sie lacht:

»Unser Toilettenpapier. Reiß heraus, was du, brauchst.«

Sie setzt die Lampe neben mir ab und sagt:

»Ich bin Sosos jüngere Schwester. Ich heiße Lilian.«

Sie wendet sich zum Gehen. Schon hat die Nacht sie verschluckt. Unter mir höre ich das laute Meer; aber auf dem Weg zurück ist die warme Dunkelheit vor allem vom Zirpen der Grillen durchdrungen. Die Sterne des südlichen Himmels funkeln. Batzen aus Gold. In einem Gedicht schreibt Paul Celan von den Sternen: »Die hellen Steine gehen durch die Luft ...« Alle Hütten sind dunkel; nur dort, wo ich die meine wähne, sehe ich einen Lichtschein. Neben der Leiter, die in mein Zimmer führt, treffe ich Lilian wieder. Sie schöpft Regenwasser aus einer Tonne und reicht mir einen Becher.

»Besser, du trinkst es langsam«, mahnt sie, als ich große Schlucke nehme. Ein paar Schritte entfernt stellt sie einen gefüllten Eimer ins Gras, wo ich mich im Abglanz der Gestirne endlich waschen kann.

Als ich mein Zimmer betrete, liegt dort eine schmale Matratze. Der Boden ist gefegt; die beiden Fenster sind geöffnet. Eine Schüssel mit Reis steht bereit und zwei Teller. Ich habe mich gerade niedergelassen, um zuzulangen, da betritt ein Mann um die dreißig die Hütte. Er setzt sich. Seine Miene wirkt kritisch, zumindest ernst, und er bleibt, ohne ein Wort von sich zu geben. Da ich hungrig bin, möchte ich essen und biete ihm an, den Reis mit mir zu teilen.

Er antwortet: »Ich bin es nicht gewohnt, Reis ohne Fleisch zu essen.«

Der Mann erkundigt sich nach der Stadt, in der ich wohne, und möchte mehr über meinen Beruf erfahren. Als Lilian die Leiter hochkommt, verabschiedet er sich mürrisch.

»Was wollte er?«, fragt Lilian, und ich erzähle es ihr.

Ich erwähne auch, warum er keinen Reis essen wollte.

Lilian sagt: »Reis ohne Fleisch ist das, was wir jeden Tag essen.«

Ich frage: »Wer ist der Mann?«

»Sein Name ist Jack, er ist ein Assistent vom Bürgermeister.«

Nachdem wir gegessen haben, frage ich Lilian, ob ich sie mit einer Stange Paradise Twist erfreuen kann.

Sie lacht leise. Und anders als ihr Bruder Soso will sie nur einen von zwanzig Zentimetern Tabak annehmen. Sie schneidet ihn ab und sagt:

»Kautabak ist kostbar. Die kleine Menge reicht, wenn du mit uns teilst.«

Ihr Gesicht ist umrahmt von einer Masse Locken, die nach allen Seiten abstehen. Sie sind das Letzte, was ich von Lilian sehe, während sie über die Leiter nach unten steigt. Ich hänge mein Moskitonetz auf, entfalte das faustgroße Päckchen aus blauer Seide, einen Schlafsack, den mir eine Freundin mit auf die Reise gegeben hat, und falle in einen abgrundtiefen Schlaf. Träumend bin ich froh, auf Panyata einen Menschen wie Lilian in meiner Nähe zu wissen.

Bei Tagesanbruch sehe ich durch das Fenster auf verschlossene Pfahlhütten hinab. Unter der einen schlafen anthrazitfarbene Schweine. Sonne fließt über die fünf verwitterten Palmblattdächer, die Palmen, die Frangipani-Bäume, das Gras. Durch all das Grün gehe ich dem Meer entgegen, das viel näher ist, als es mir gestern schien. Und am Rande der Klippe sehe ich heute nicht ein, sondern zwei Klohäuschen in der Sonne glänzen. Zwanzig Meter voneinander entfernt ragen sie blechern in das Blau von Himmel und Meer. Zehn Meter unter ihnen schnappen Fische nach dem, was ihnen zufällt.

Bisher hatte ich immer nur an den Bau des Kanus gedacht. Jetzt spüre ich die Umstände, unter denen ich diesen Prozess erleben werde. Ich bin bereit, sie zu akzeptieren. Auch die Korallensteine und die Kriechwurzeln auf dem Weg, der mich zu meinem Zuhause zurückführt.

Ein paar Schritte noch, und ich trete aus dem kühlen Palmenhain auf die Lichtung und damit in den Duft der Blütenbäume. Inzwischen sind bei drei der Pfahlhütten die Matten entfernt worden, welche als Türen dienen. In den Öffnungen, anderthalb Meter über dem Boden, sehe ich ihre Bewohner sitzen, die Beine gekreuzt, eine bequeme Haltung, um die ich sie beneide. In der ersten Hütte, an der ich vorbeikomme, wohnt Sosos Bruder mit seiner Frau und seinem erwachsenen Sohn. Betelnuss kauend schauen sie gelassen in den Morgen. Auf der anderen Seite des Grasplatzes beginnt Soso den Tag auf die gleiche Weise. Seine Frau hält zwei Kinder im Zaum. Schräg gegenüber, in der Hütte vor meiner, kramen der Älteste und seine Frau nach Betelzutaten. Der Platz ist ein Idyll. Ich bin versucht, mich im Paradies zu wähnen, weiß aber, dass das, was paradiesisch aussieht, kein Paradies ist.

Lilian finde ich neben dem Küchenhaus. Am Saum ihres zeltförmigen, bis zu den Waden reichenden Kleides hängt weinend ein Mädchen, zwei Jahre alt vielleicht. Seine Mutter zerhackt Kokosnüsse: alte, hart gewordene, in denen keine Flüssigkeit mehr ist. Lilians Schläge mit der Machete machen es mir leicht, ihre Kräfte einzuschätzen.

Sie sammelt die Stücke und lockt die anthrazitfarbenen Schweine unter einen Baum.

»Ha, ha, ha!«, ruft Lilian, und die grunzenden Tiere stürzen sich ihr zu Füßen auf das Kokosfleisch. Ich gehe die wenigen Schritte weiter zu meiner Hütte, bis zu dem Eimer im Grünen, der jetzt mein Badezimmer ist. Jemand hat ihn mit Wasser gefüllt; sicher Lilian. Vielleicht aber auch einer von den Jungs dort unter den Palmen. Ich lasse die Kleider an und schöpfe mir Wasser über den Kopf. Es ist weich, so weich. Und während alles um mich herum seinen eigenen Gang geht, begreife ich mit jeder Faser meines Körpers, wie vollkommen angewiesen ich auf die Hilfe und das Wohlwollen meiner Gastgeber bin.

Erfrischt packe ich meine Sachen aus. Gerade bin ich dabei, Kerosin in den Tank des Kochers zu füllen, da klopft unten an der Leiter Lilian. Mit einem dampfenden Teekessel bleibt sie in der Türöffnung stehen und sagt:

»Ich habe meine jüngeren Brüder angewiesen, ein paar Matten um deinen Badeeimer aufzustellen. Wir wissen ja, wir sollten dir nicht zuschauen. Aber alle wollen sehen, wie sich ein *dimdim* wäscht.«

Ich mag ihre offene Art. Verwundert bemerke ich deshalb ihr Zögern, als ich sie auffordere, sich zu setzen. Steif lässt sie sich neben der Tür nieder. Tasse und Teebeutel nimmt sie verlegen entgegen. Ich setze mich an die Wand ihr gegenüber. Zwischen uns ist der harte Boden.

»Ich bin ein Kanake«, sagt sie mit fester Stimme.

»Genau wie ich«, antworte ich lachend.

»Du bist ein *dimdim!*«

Ich lasse Trockenmilch in meinen Tee rieseln und sage:

»Der Begriff Kanake stammt aus der Sprache der Hawaiianer. Er bedeutet: Mensch. Also sitzen hier zwei Kanaken beisammen.«

Sie sieht mich an, schweigend.

Dann: »Wir kennen einen anderen Sinn des Wortes.«

»Die Menschen auf Hawaii haben dem Wort nur eine einzige Bedeutung gegeben. Es gab Fremde, die haben es nicht verstanden und falsch in Umlauf gebracht.

Sie lächelt: »*Wam pagan i waisi hot, dimdim.*«

»Was heißt das?«

»Du nimmst gute Wege, weißer Mensch.«

»Für deine bildreiche Sprache werde ich mir ein Wörterbuch anlegen«, antworte ich ihr. Sie lacht.

»Lilian«, frage ich, »wie kann ich mich am besten bei deinen Brüdern für das Badezimmer bedanken? Mit Zigaretten und Kautabak? Oder soll ich sie fragen, wie viel Kina sie haben möchten?«

Lilian schaut mich ruhig an: »Du darfst niemals fragen, wie viel Geld jemand für eine Arbeit oder Sache möchte. Damit machst du ihn zum Bettler. Du gibst, was du willst oder hast. Es liegt ganz bei dir. Über Geld reden mag hier niemand. Wir sind vertrauter mit dem Tauschen von Dingen.«

Ihrem Gesicht sehe ich an, wie ernst die Angelegenheit ist. Ich gebe ihr noch einen Teebeutel und wechsle das Thema.

»Wie kommt es, dass ihr *dimdim* zu mir sagt? Warum nennt ihr mich nicht bei meinem Namen?«

Sie braucht Zeit, um eine Antwort zu formulieren. Habe ich schon wieder ein heikles Thema angesprochen? Lilian sieht in ihre Teetasse.

»Namen haben Magie«, sagt sie leise. »Schon eine einzige ihrer Silben ist mächtiger als jedes Wort. Wir rufen uns nicht mit unseren Namen, die sind geheim. Jeder von uns hat einen Spitznamen.«

Ich antworte: »Was, wenn ich noch zwei Namen habe, die außer meinen Eltern niemand kennt?«

Das bricht den Bann.

Wenn man gewohnt ist, die Dinge in die Hand zu nehmen, fällt es schwer, abwarten zu müssen, dass es andere für einen tun. Wo ich einfach nur zuschauen wollte, bin ich zur Auftraggeberin geworden, zur Investorin. Aber anders als in Europa werde ich mich hier aus dem Vorgehen heraushalten. Nicht zuletzt, um mir nicht selbst den Spaß an der Sache zu verderben. Lasse ich dem Bau des Kanus nicht seinen üblichen Lauf, betrüge ich mich um das, wofür ich hergekommen bin. Trotz dieser Einsicht bedrückt es mich, passiv zu sein.

Draußen entfaltet sich das Leuchten eines pazifischen Tages. Es vibriert zwischen den Palmen hinter der Lichtung. Überall zwischen den Hütten dieser Überfluss von Grün; glänzend und sinnlich. Die schwüle Hitze bringt mir eine Bereitschaft zur Trägheit ins Bewusstsein. Der Körper möchte sich nicht rühren. Nur die Gedanken sind beweglich, doch auch sie brauchen mehr Zeit als gewöhnlich, um eine Richtung zu finden. Wie geht es weiter? Wie komme ich an Konservendosen und Tabakvorräte? Wer wird das Kanu bauen? Wann werden wir anfangen, und wo unter allen Himmeln könnte das an dieser scharfkantigen Küste sein? Ich ertappe mich beim Selbstgespräch: »Sei geduldig. Bleib locker.«

Und halte Ausschau nach Soso.

Der nächste Mensch, den ich sehe, ist Lilian. Sie schenkt mir eine Papaya und freut sich über ein Stückchen Paradise Twist.

»Wer wird das Kanu bauen?«, erkundige ich mich.

So kann ich wenigstens über das, was mich am meisten beschäftigt, reden.

Lilian antwortet: »Soso und Tipol. Sie sind große Kanubaumeister. Tipol war Sosos Lehrer. Ein paar Verwandte werden ihnen helfen.«

Viel mehr bringe ich nicht in Erfahrung, denn unten schreit Lilians Tochter Lil. Kaum bin ich wieder allein, höre ich Soso auf der Leiter. Er setzt sich neben die Tür und sieht nicht glücklich aus.

»Ist etwas passiert?«, frage ich in Erwartung schlechter Nachrichten.

»Die Betelnüsse sind knapp. Einen Tag ohne Kauen beginnen zu müssen, ist hart.« Innerlich bringt er mich zum Schmunzeln. Er muss doch wissen, dass ich ihn beim Betelkauen gesehen habe. Darf er nicht direkt nach Kautabak fragen? Sollte ich teilen, ohne gefragt zu werden? Ich sage: »Betelnüsse habe ich keine, aber Paradise Twist.«

Er steckt den Tabak in die Brusttasche seines rosa karierten Hemdes. Er trägt es offen, und die Ärmel sind an den Schultern herausgeschnitten. Unter all den Gesichtern hier sehe ich nur in seinem Unruhe und nicht Gelassenheit. Vergeblich warte ich auf ein Wort über das Kanu. Um darüber zu sprechen, aber auch, um ihm zu zeigen, wie sehr ich seine Gastfreundschaft schätze, ergreife ich die Gelegenheit und sage:

»Zum Dank dafür, dass ich hier wohnen und essen kann, möchte ich deiner Familie, wenn ich abreise, das fertige Kanu überlassen.«

Ich hatte gedacht, er würde sich freuen. Stattdessen sieht er noch unglücklicher aus. Habe ich wieder an etwas Heikles gerührt?

Soso ignoriert mein Angebot. Er steht auf:

»Ich zeige dir, wo wir das Kanu bauen werden.«

Mit Zigaretten hinter beiden Ohren, einem extra Stück Kautabak und einer Seite australischer Tageszeitung in der Unterarmtasche verlässt Soso mit mir die Hütte. Wir nehmen den geraden Pfad bis zum Grasplatz vor den Klohäuschen, folgen einer Biegung und gehen parallel zum Meer nach Westen. Allmählich verliert sich der schroffe Teil der Küste. Sie wird flacher und zugänglicher, aber nie sanft. Auf einmal stehen, mal näher, mal ferner, auf beiden Seiten des Weges Pfahlhütten. In den Öffnungen über den Leitern sehe ich ihre Bewohner sitzen und lachend meinen Gruß erwidern. Andere halten draußen in ihrem Tun inne und betrachten mich mit heiterer Ruhe.

Jedes Lachen hat betelnussrote Zähne.

An einer winzigen Pfahlhütte biegen wir vom Weg ab. Unter Bäumen machen wir fünfzig Schritte hinunter zu einem Stückchen Strand.

»Hier wollen wir das Kanu bauen«, sagt Soso freudlos und führt mich zurück zu der Hütte, die so klein ist, dass sie mich an einen Hochsitz erinnert.

»Das ist Dindis Laden«, sagt er, und: »Dindi will dir die Planken für das Kanu überlassen.«

Als wir die Leiter hochgestiegen sind, sehe ich im Halbdunkel vor einem Regal einen Mann hinter der Theke sitzen. Beim Lächeln verzieht sich in seinem sanften Gesicht ein Oberlippenbärtchen. Mit einer Stimme so weich wie seine Züge sagt Dindi: »Ich habe kein Geld, um ein Kanu zu bauen. Du kannst meine Planken haben.«

Obwohl er das Wort Geld in den Mund genommen hat, frage ich vorsichtshalber nicht nach einem Preis. Über den werde ich später mit Soso sprechen. Außerdem löst sich gerade ein Problem für mich: Im Regal hinter Dindi stapeln sich Konserven; zwei Pyramiden aus je drei Dosen Solomon Blue. Auf vier Bretter verteilt liegen Streichhölzer, Tütchen mit Shampoo, Zucker, Reis, Kaffee, Tee. Eine offene Schachtel Mutrus – Zigaretten werden einzeln verkauft. Seife. Kekse. Kerosin. Auch Betelnüsse. Ein Kamm.

Wenigstens in Gedanken kann ich aktiv werden und die Nähe zwischen Kanubauplatz und Konservendosen als Vorteil schätzen. Dindi scheint meine Gedanken zu lesen, denn er deutet auf die andere Seite des Pfades. Dort, wo eine Wiese unter Palmen endet, sehe ich drei Hütten.

»Da wohne ich«, sagt Dindi leise. »Unter der mittleren Hütte lagern die Planken. Meine Frau wird den Kanubauern warme Mahlzeigen zubereiten.«

Ich wünschte, ich könnte mit ihm über Geld reden. Es ist leichter, die Gepflogenheiten einer anderen Kultur zu verstehen, als die eigenen abzulegen.

Auf einmal steht Rothman neben uns. Er will sich verabschieden. Zusammen gehen wir zum nahen Anlegesteg.

»Kannst du mich abholen, wenn das Kanu fertig ist?«, frage ich ihn.

»Ich werde da sein.«

Er klettert in sein Boot, wirft den Motor an und wird, sich noch einmal winkend umdrehend, immer kleiner vor der Weite von Himmel und Meer.

Soso und ich machen uns auf den Heimweg. Bei einem Blick über die Schulter zurück sehe ich Jack, den Mann, der Reis nicht ohne Fleisch isst, mit Dindi dessen Laden verlassen. Ich erkundige mich, wie meine Gegenleistung für Dindis Entgegenkommen aussehen sollte.

Soso druckst: »Sein Entgegenkommen macht ihn zum Miteigner des Kanus. Du schuldest ihm nichts.«

Er wirkt missmutig und spricht weiter:

»Hätte ich zwei Planken unter meiner Hütte liegen, und meine Frau würde kochen, könntest du das Kanu meiner Familie überlassen, so aber wird es Dindis Clan erhalten.«

Ohne Dindi zu nahe treten zu wollen, würde ich das Kanu lieber bei Sosos Familie sehen. Doch wenn ich ihn richtig verstehe, bin ich zum Bindeglied komplexer sozialer Verflechtungen geworden. Und der Kanubau selbst ist Teil eines komplizierten Tauschhandel-Systems. Ich bin in eine Gesellschaft geraten, in der das Leben auf ständigem materiellem Geben und Nehmen beruht. Ich werde eine Weile brauchen, um zu begreifen, wie das funktioniert. Soso wendet sich dem Praktischen zu:

»Morgen gehen wir in den Dschungel und fällen einen Kanubaum«, sagt er, und dass er deshalb noch etwas mit seinem Schwiegervater besprechen müsse. Ich gehe allein weiter.

Panyata ist eine harte Insel, denke ich auf dem Pfad parallel zum Meer. Erde, Wurzeln und blank getretene Korallensteine werfen die Hitze mit einer Intensität zurück, die mir den Atem raubt. Verwöhnt werden die Augen. Sie wandern hin und her zwischen dem Überfluss von Grün auf der einen Seite des Weges und den sich ständig verändernden Schattierungen der Farbe Blau auf der anderen. Eine Weile werde ich zwischen beiden Farbwelten mein Leben einrichten. An Land. Nicht auf dem Meer. Der Gedanke stimmt mich wehmütig. Er ist so nah, der Ozean. Und eine Insel, auf der ich mich für längere Zeit wohlfühle, diese Insel kann nur ein Schiff sein. Segelnd oder ankernd.

Ein halb fertiges Kanu am Weg bringt mich auf andere Gedanken. Es steht mit Palmzweigen bedeckt vor einer Hütte und macht den Eindruck, als hätte lange niemand daran gearbeitet. Im Schatten hockt ein Mann und kaut.

Ich frage ihn: »Warum werden Kanus so weit entfernt vom Strand gebaut? Wie sollen sie denn, wenn die Auslegerplattform angebracht ist, zwischen Büschen und Bäumen ans Meer gelangen?«

Er spuckt einen Betelpriem ins Gras.

»Wir lassen es über Rundhölzer bis zu einem Zugang zum Meer gleiten«, antwortet er. »Wer Platz hat, lässt sich sein Kanu vor der Hütte bauen. Da kann er sich am Fortschreiten der Arbeit erfreuen. Die Nähe macht auch das Versorgen der Kanubauer mit warmen Mahlzeiten einfach. Und wenn Männer von anderen Inseln ein Kanu in Auftrag geben, errichtet es der Meister vor seiner eigenen Hütte.«

»Ruht dein Kanu schon lange unter der Plane?«

Der Mann legt seine faltigen Hände auf die gekreuzten Beine.

Er antwortet: »Ich glaube, zwei Jahre. Die Arbeit geht weiter, sobald ich Geld für Konservendosen und Tabak habe. Mal reichen die Mittel für die Kanubauer einen Tag, mal für eine Woche.«

Zu Hause fällt mir sofort mein neues Badezimmer auf. Lilians Brüder haben um den Eimer im Gras geflochtene Matten aufgestellt. Der Verlockung, ein zweites Mal zu duschen, widerstehe ich. Die Regentonne ist halb voll, und am Himmel treibt kaum eine Wolke. Wenn kein Regen fließt, muss Lilian Wasser vom fernen Fluss auf dem Kopf hierher tragen. Von der Hitze matt, sitze ich auf dem Hüttenboden, strecke die Beine aus, ziehe sie an, strecke sie aus. Könnte ich nur die bequeme Haltung meiner Gastgeber einnehmen – die Beine kreuzen und so lassen.

Lilian bringt heißes Wasser und gekochte Yamswurzeln. Von ihr geht etwas Wahrhaftiges aus. Sie ist eine, die nichts anderes sein möchte, als sie ist. Weil ich weiß, dass sie mir nachsehen würde, wenn ich in ein Fettnäpfchen träte, frage ich:

»Welcher der Männer hier ist dein Mann?«

Sie schaut mich gelassen an: »Keiner.«

Da ich nichts sage, spricht sie weiter:

»Ich war auf einer anderen Insel verheiratet. Nicht lange genug für meinen Mann, um seinen Brautpreis entrichten zu können.« Sie streicht die Falten ihres Zeltkleides zwischen zwei Fingern aus.

Ich wage mich weiter: »Was für einen Brautpreis?«

»Ein Panyata-Kanu für meine Familie. Du hast meinen Sohn aus dieser Ehe noch nicht gesehen, er ist sechs. Meine Tochter Lil stammt von einem Mann auf Panyata. Wenn wir uns treffen, dann ist es zufällig.«

»Warst du mit ihm verheiratet?«

Lilian schüttelt den Kopf:

»Nein. Ich würde nie wieder heiraten. Ich will nie wieder herumgebosst werden.«

»Lebst du bei deinen Eltern?«

»Ja. Sie sind alt. Ich koche, wasche und putze für sie. Ich füttere die Schweine, arbeite im Garten; ich mache alles.«

Obwohl wir schon eine Weile beisammensitzen, kaut Lilian keine Betelnuss. Und das Stück Tabak, das ich ihr gegeben habe, steckt in ihrer Rocktasche, die Zigarette im Haar. Mir ist nicht entgangen, wie sehr sie diese Genüsse liebt.

Ich frage: »Magst du nicht rauchen oder kauen?«

»Nicht hier. Dein Körper würde nicht glücklich sein«, lächelt sie. Hinter ihr tauchen im Halbdunkel der Leiter Köpfe auf. Langsam rutschen Kinder, dann Frauen und Männer bis in die Mitte meiner Hütte. Die Kinder flüstern und schauen mich an, als könnten nur sie mich sehen. Was sie ausstrahlen, ist ein Paradoxon – sie sind in ruhiger Aufregung. Lange Zeit reden wir nicht. Wir betrachten einander. Was für ein Vergnügen es ist, unverhohlen seine Neugier zu stillen.

Später schiebt Lilian mit einem Bündel Palmblattrippen Asche und Papierreste über die Leiter in die angebrochene Nacht. Beim Einschlafen habe ich das Gefühl, Deutschland vor unendlich langer Zeit verlassen zu haben.

Ein Rascheln weckt mich. Ich lausche in die Dunkelheit. Das Geräusch kommt aus der Ecke, in der die Vorräte liegen.

Mäuse? Ratten?

Tastend finde ich die Streichhölzer neben der Sturmlampe und reiße eins an. »Sch! Schschsch!«, gebe ich Laut und blinzle in das Halbdunkel. Dicht an der Wand sehe ich ein Tier in Richtung Tür laufen. Dann verlischt das Streichholz. Unter dem Moskitonetz warte ich auf die Rückkehr des Tieres, ohne recht zu wissen, wie ich ihm zu Leibe rücken soll. Doch im Dunkel regt sich nichts. Mit dem Gedanken, dass ich morgen einen Kanubaum sehen und anfassen werde, schlafe ich wieder ein.

Im frühen Licht des Tages fegt Lilians greise Mutter unter den Bäumen Blüten zusammen. Durch das verwitterte Grau der Palmblätter auf dem Küchendach steigt Rauch. Lilians Sohn Kokomo drückt gedankenverloren ein Heft an sich, zwängt sich durch ein Gebüsch und geht in Richtung Schule davon. Zu Lilians Füßen drängen sich gefräßig die Schweine, und aus der Hütte dringt das Quengeln der erwachenden Tochter Lil. Auf dem Trampelpfad zu meiner Hütte sehe ich Sosos Frau Pawa. Leise ruft sie meinen Namen, dann steigt sie die Leiter herauf. Sie hält ihren Blick gesenkt, und ihr rundes Gesicht ist mit Röte überzogen, als sie sich neben der Tür niederlässt. Sie streckt die Beine aus, zieht ihren Rock über die Knie und schweigt.

Vielleicht möchte sie Kautabak haben, denke ich und schiebe eine Portion in ihre Richtung. Doch Pawa lehnt ab.

»Ich kaue nicht«, sagt sie lächelnd, und ich erhasche einen Blick auf ihre weißen Zähne. Sie ist hier, um mir zu sagen, warum sie bisher in Gegenwart anderer mit mir nicht sprechen wollte.

»Ich schäme mich. Ich habe Angst, die anderen könnten sich lustig machen über mein schlechtes Englisch.« Sie errötet tiefer: »Ich bin nur kurz zur Schule gegangen.«

Sie spricht langsam und stockend, trotzdem ist sie gut zu verstehen. Das sage ich ihr. Und auch, wie sehr ich mich freue, dass sie sich die Mühe macht, in einer fremden Sprache mit mir zu reden, weil ich die ihre nicht beherrsche.

Aufgeregt sucht Pawa nach Worten: »Ich brauche deinen Wasserkessel und einen Löffel! Soso und die Kanubauer warten auf uns, sie wollen heute malauwi finden!«

»Malauwi?«

»Deinen Kanubaum!«

Sechs

Neben den Matten, die mein Badezimmer sind, erwartet mich eine Gruppe von zehn Menschen. Ich weiß, dass hier niemand niemanden vorstellt. Deshalb sehen wir uns an, als würden wir jeden Tag zusammen in den Regenwald gehen. Zu den vier älteren Männern gehört Soso. Die drei jüngeren sind um die zwanzig; ich habe sie nie zuvor gesehen. Sosos Frau Pawa und ihre beiden Kinder kenne ich schon: ein Mädchen, vielleicht vierzehn, der Junge, er könnte sechs Jahre alt sein. Der älteste Mann deutet ein Nicken an, und wir sind unterwegs. Auf dem leicht ansteigenden Pfad schreiten meine Gastgeber, einer hinter dem anderen gehend, barfuß aus. Sich mal zu dieser, mal zu jener Seite wendend, folgen sie ihm mit ihren Äxten auf den Schultern in immer schattiger werdendes Grün. Zwischen den Schultern von zwei der Jüngeren schaukelt an einem Stock der rote Eimer, randvoll mit Wasser. Manchmal, wenn sie sich – aus mir unerfindlichem Grund – schütteln vor Lachen, schwappt es über.

Immer wieder schaue ich zu Pawa. Ich bewundere ihre gerade Haltung und ihre fließenden Bewegungen. Sie stocken nicht einmal, wenn sie sich nach der trödelnden Tochter umsieht, obwohl auf ihrem Kopf eine Plastikschüssel steht: voll mit Tellern, Töpfen, Teekessel, Reis und Konserven. Aus der Mitte ragt die Machete.

In den Fußstapfen des Alten gehen wir weiter und weiter. Seine Arme streifen Stämme verwirrend vieler Arten; seine nackten Beine treten auf knackendes Unterholz. Einmal prescht ein wildes Schwein auf und davon. Was mag sich noch im Dickicht verbergen?

Sonderbare Laute lassen mich große Vögel fantasieren, denn selten nur bekomme ich einen Flügelschlag zu sehen. Wir weichen Farnen aus und Schlingpflanzen, gehen durch feuchter und heißer werdende Luft, bis wir ein Plateau und eine lichtere Gegend erreichen. Plötzlich hält der Mann inne.

»Malauwi«, sagt er.

Vor mir steht der Kanubaum.

Ich wusste ja, dass er in einem Bogen wächst, aber wie, das habe ich mir nicht vorstellen können. Der dunkelbraune, schrundige Stamm hat die perfekte Linie des neuen Mondes.

Weil ich laut gedacht habe, ergänzt der Alte:

»Und die für ein Kanu.«

Überrascht lese ich meinen Namen in der Rinde.

»Ich habe ihn eingeritzt«, sagt der Alte. »Ich habe *malauwi* gestern für dich gefunden und gekennzeichnet. So machen wir es immer. Andere, die einen Kanubaum suchen, wissen dann, dass er vergeben ist.«

Es ist so schwül, dass ich mich auf einen Baumstamm setzen muss. Die Männer lehnen ihre Äxte und die Macheten dagegen. Sie machen es sich bequem auf dem Boden und kramen Betelzutaten aus ihren Unterarmtaschen. Von Lilian weiß ich, was sich für eine Auftraggeberin gehört, deshalb verteile ich vor und nicht erst nach dem Fällen des Kanubaumes Zigaretten und Kautabak. Etwas abseits, wo eine Menge Korallensteine lose herumliegen, schichten Pawa und ihre Tochter eine Feuerstelle und packen Töpfe und Teekessel aus. Soll oder soll ich nicht nach den Namen der Männer fragen? Obwohl sie alle einen Spitznamen tragen, sprechen sie sich nicht damit an. Die Vorstellung, sie auseinanderhalten zu müssen als den Dickeren, Jüngeren, Grauhaarigen oder vielleicht als »Spice Girl«, weil die singenden Mädchen dieser Band vom T-Shirt eines der Jungen lachen, diese Vorstellung behagt mir nicht.

»Ist es recht, wenn ich nach euren Spitznamen frage?«

Soso antwortet: »Wir sind alle miteinander verwandt. Tipol, mein erster Schwiegervater, hat deinen Namen in den Kanubaum geritzt. Und das ist Pawas Vater, mein zweiter Schwiegervater.« Soso sieht den Mann mit dem beginnenden Grau im krausen Haar an. »Und Peli«, er schaut zum letzten der vier älteren Männer, »das ist sein Bruder.« Die drei Jungs um die zwanzig stellt er so vor:

»Diese beiden sind Tipols Söhne. Und das ist Pawas jüngerer Bruder.«

Ich schaue in die rauchenden, kauenden Gesichter.

So viele Namen.

»Darf ich dich Spice Girl nennen?«, frage ich den mit dem T-Shirt, den älteren von Tipols Söhnen. Er ist einverstanden, und so, wie er lacht, scheint er Spaß an seinem neuen Spitznamen zu haben.

Die Männer greifen zu ihren Äxten. Tipol geht auf den Kanubaum zu. Er schaut ihn an, konzentriert, und spricht mit etwas oder mit jemandem.

Er redet auf die Baumgeister ein.

Er beschwört sie.

Mal leise, mal laut, mal langsam, mal schnell. Sie sollen sich auf und davon machen.

Auf und davon!

Tipols entschlossener Blick scheint den Baum zu durchdringen, nun wartet er schweigend auf etwas, das mir verborgen bleibt. Jetzt hebt er die Axt. Soso versetzt dem Kanubaum den zweiten Hieb. Jeder Mann schlägt seine Klinge immer nur ein Mal in die größer werdende Wunde des Stammes. Es liegt eine große Ruhe darin, wie sie dann zurücktreten und den nächsten Schlag einem Gefährten überlassen. So wechseln die Männer sich ab, und sie ächzen. Auf einmal ist ein viel tieferes Ächzen zu hören.

Der Kanubaum fällt, und die Menschen verstummen.

Eine unbestimmte Wehmut packt mich, als ich ihn kippen sehe. Er reißt Schlingpflanzen mit sich und Äste; und kaum hat er krachend den Boden berührt, leuchtet die Legende vom Samenkorn und Bebeta vor meinen Augen auf. Wo sein Holz klafft, ist es blutrot.

»Hast du gehört, wie er weint?«, fragt Tipol.

Und als spräche er zu sich selbst, fügt er hinzu:

»Wenn der Kanubaum bricht, dann weint er.«

Ich schaue nachdenklich drein. Vielleicht sagt Tipol deshalb:

»Immer, wenn ein Kanubaum vor seinem Besitzer liegt, ist sein Besitzer sehr, sehr glücklich.«

Die Männer befreien den Platz um den Baum vom Unterholz. Tipol und Soso betrachten lange die Krümmung des Stammes, bevor sie die Stelle festlegen, an der die Krone abgetrennt werden soll. Die Jungen gebrauchen ihre Macheten, dass Zweige und Rinde nur so fliegen. Und doch hat jede Bewegung diese ruhige Kraft, die mich so sehr beeindruckt. Unterdessen halten Pawa und ihre Tochter Rosa zwischen geschichteten Korallensteinen ein Feuer in Gang. Im Teekessel summt das Wasser. Die Männer versammeln sich nahebei, sitzen an Bäume gelehnt oder hocken auf Wurzeln. Und über uns, auf einem niedrigen Ast, liegt Spice Girl entspannt wie ein Leopard. Vorsichtig erkundige ich mich bei Tipol nach der Beschwörung des Kanubaumes. Er antwortet leise.

»Wir müssen die Baumgeister verjagen. Sie wohnen in den Zweigen und im Stamm.«

Die Blätter am Boden rascheln, als Pawa Becher darauf abstellt. Der Teekessel wird herumgereicht, der Zucker. Jeder hat seinen Becher zum zweiten Mal gefüllt, als Tipol sagt:

»Gestern, als ich deinen Kanubaum gesucht habe, da stand plötzlich *malabeku* vor mir.«

»Wer ist *malabeku?*«

»Das ist der Mutterbaum. Von ihm stammen alle Kanubäume ab, die auf Panyata gewachsen sind.«

»Können wir hingehen?«

Tipol deutet ein Kopfschütteln an. »Nein. Er hat keinen festen Platz. Er zeigt sich uns. Aber nur einem Kanubauer, der ohne Axt durch den Wald streift. Wir erkennen ihn sofort. Überall auf seiner Rinde sind die Namen der Männer eingeritzt, die ihn für sich reservieren wollten.«

Pawa stellt einen Topf mit dampfendem Reis in unsere Mitte. Tipol endet:

»Aber wer am nächsten Tag mit der Axt zurückkommt, findet den Mutterbaum nicht mehr. Er ist verschwunden.«

Die Kanubauer häufen sich Berge von Reis auf ihre blechernen Teller. Was die Konserven angeht, so sehe ich beklommen zwei Dosen Fisch kreisen. Die Männer nehmen kleine Brocken heraus und mischen sie kalt unter den Reis. Ich verzichte auf meinen Teil. Am Vortag hatte mir Dindi die Dosen verkauft mit der Bemerkung, das sei die Menge, die ich bräuchte. Und tatsächlich scheint niemand unzufrieden. Selbst Pawa und Rosa nicht. Sie haben gar keinen Fisch und essen nur Reis. Ich beschwichtige mich damit, wenigstens ausreichend Zigaretten und Kautabak dabeizuhaben. So kann ich das dürftige Mahl wettmachen. Deshalb lasse ich Lilians Hinweis außer Acht und verteile mehr Rauchwerk, als ich sollte, was die Gesichter der Männer nicht heiterer macht, als sie es schon sind.

Tipol fragt mich: »Möchtest du hören, was es mit dem Mutterbaum auf sich hat? Unsere Söhne kennen die Legende auch noch nicht.«

Spice Girl, der zum Essen von seinem Ast gestiegen war, steigt wieder hinauf. Sein Bruder sucht nach einem heruntergefallenen Tabakkrümel und setzt sich nicht, bevor er ihn gefunden hat.

Pawas Bruder lehnt, auf einem Stöckchen kauend, an einem Stamm. Mutter und Tochter räkeln sich auf dem Bauch und lauschen mit offenem Mund, als Tipol zu erzählen beginnt, dass vor langer, langer Zeit ein Mann und eine schwangere Frau die Insel Massim verließen.

»In *mwaha*, einer flachen Holzschale, überquerten sie das Meer und landeten an der Nordküste Panyatas. Sie bahnten sich einen Weg durch den Regenwald und kamen auf der Südseite heraus, etwa da, wo Dindis Laden steht. Und weil die Insel dort flach ist, ließen sie sich nieder.«

Tipol spricht leise. Manchmal unterstreicht er seine Worte mit Gesten.

»Die Schwester des Mannes ...«, sagt er gerade, und hier unterbreche ich ihn fragend:

»Die Frau?«

»Nein, die Schwester des Mannes«, beharrt Tipol, und die Älteren nicken. Er fährt fort: »Seine Schwester hieß Bebeta und brachte nach neun Monaten unter Schmerzen und Blut ein Samenkorn zur Welt, genau wie ein Menschenkind. Der Bruder riet ihr, die beschämende Geburt fortzuwerfen und zu vergessen. Doch Bebeta gab ihrem Sprössling einen Namen: Malabeku. Sie ließ sich nicht davon abhalten, das Samenkorn in die Erde zu betten und zu hegen. Und Malabeku wuchs heran und wurde ein prächtiger Baum. Vögel trugen seine Samen über die Insel. Neue Bäume wuchsen. Babeta nannte sie *malauwi*.« Tipol zeigt auf den gefällten Kanubaum: »Sein Holz ist rot wie Bebetas Blut und wie das Innere des menschlichen Körpers.«

In Europa nennen wir es Rosenholz.

Der Tag ist fortgeschritten. Die tief stehende Sonne bestimmt unseren Aufbruch. Pawa löscht die Glut zwischen den Korallensteinen. Rosa hilft ihrer Mutter, die volle Schüssel auf den Kopf zu heben. Wir gehen den Hang hinunter bis zu der Stelle, wo die

Orchideen wachsen und der Boden flacher wird. Dann stoßen wir auf den Pfad, der aus dem Regenwald direkt bis zu meiner Hütte und auf die Lichtung führt. Wir erreichen sie, da dunkelt es schon. Sosos zwei Schwiegerväter und ihre Söhne müssen noch weiter. Sie wohnen nahe Dindis Laden. Morgen wollen die Männer das Einbaumkanu aus dem Stamm schlagen, das einmal Kiel des großen Kanus wird. Sie werden es nur grob aushöhlen. Gerade so viel, dass es ihnen, wenn sie es zur Weiterverarbeitung ans Meer tragen, nicht so schwer auf den Schultern liegt.

Am Himmel über den Hütten kreischt ein Papageienschwarm. Im Zwielicht erinnert er an ein Fluggeschwader. Lilian steht neben dem Küchenhaus und hebt die Schultern. An ihrem Rock hängt Lil und weint. Kokomo schmollt auf der Leiter; er will seiner Mutter nicht bei der Hausarbeit helfen. Ich setze mich ins Gras und betrachte meine zerstochenen Füße. Im Laufe des Tages ist das Jucken stärker geworden. Jetzt ist es unerträglich.

»Insekten«, sagt Lilian, »die sind so klein, dass sie erst sichtbar werden, wenn sie sich mit deinem Blut vollgesogen haben. Kratz nicht. Ich hole dir Aloe vera.«

In meinem Grasbadezimmer habe ich nur einen Wunsch: mir immer und immer wieder Wasser über den Kopf zu schöpfen. Zwar habe ich meinen Eimer gefüllt vorgefunden, doch die Regentonne ist fast leer.

Schwer sitze ich auf dem Boden meiner Hütte. Die Tropen zehren an meinen Kräften. Seit fünfundzwanzig Jahren vergesse ich es, sobald ich wieder zu Hause bin, und denke nicht daran, wenn ich erneut die Taschen packe. Eine unangenehme Begleiterscheinung meiner Reisen, die ich nicht unternehme, um Abenteuer zu bestehen. Was abenteuerlich scheinen mag, nehme ich nur in Kauf, um ein Ziel, das mir besonders am Herzen liegt, zu erreichen. Ich breche auf, um Menschen zu treffen. Merkwürdigerweise sind es in der Regel solche, die in entlegenen Gegenden leben – und leider in für mich unbequemen Verhältnissen.

Bevor Lilian mit den frisch geschnittenen Aloe-vera-Blättern eingetreten ist, war ich drauf und dran, die juckenden Füße zu kratzen. Jetzt tropft aus den prallen Lanzen klebriger Saft auf die entzündeten Stellen. Er umschließt die Haut wie ein kühlender Film. Und lindert. Lilian setzt sich neben die Tür und schaut mich an. Ein komisches Gefühl beschleicht mich, und gerade als ich fragen will, ob etwas nicht in Ordnung ist, da sagt sie:

»Morgen kann niemand an deinem Kanu arbeiten.«

»Warum?«

»Eine Frau ist gestorben.«

»Eine Frau ist gestorben«, wiederhole ich.

»Ja. Und solange sie nicht beerdigt ist, darf kein Bewohner des Dorfes ein Kanu oder eine Hütte bauen oder in den Yamsgarten gehen oder sonst irgendeine größere Arbeit verrichten.«

»Warum nicht?«

»Wer sich nicht daran hält, muss mit dem Tod eines Angehörigen rechnen. Das ist vorgekommen.«

»Wer bringt sie um?«

»Geister.«

Ich schneide Lilian eine doppelte Portion Kautabak ab, aber sie weist eine Hälfte als zu viel zurück.

»Nimm an«, ermuntere ich sie. »Ist mein Dankeschön für deine Hilfe. Es kommt von Herzen.«

»Ateu owa«, sagt sie.

»Was heißt das?«

»Das heißt: Mein Herz zu dir.«

Ich beschließe, *ateu owa* in meine Liste besonderer Ausdrücke aufzunehmen. Ich glaube, es war Karl der Große, der gesagt hat: Wer eine neue Sprache erlernt, erwirbt eine weitere Seele.

»Woran ist die Frau gestorben?«, frage ich.

Lilian antwortet mit nur einem Wort und so selbstverständlich, als stamme es aus ihrer eigenen Sprache:

»Overdosis.«

Ich sehe sie entgeistert an, wie sie dasitzt in ihrem viele Male gewaschenen Rock.

»Überdosis von was?«

»Schlaftabletten.«

Sie berichtet von der Verstorbenen. Lehrerin sei die gewesen, etwa dreißig Jahre alt, und vor vier Wochen zum achten Mal Mutter geworden. Einige Jahre schon hatte sie die Missionare um Erlaubnis gebeten, sich Verhütungsspritzen geben zu lassen.

Lilian sagt: »Die Lehrerin war Katholikin, und diese Religion verbietet solche Mittel.«

Ich höre, auch nach der Geburt des achten Kindes sei ihre Bitte abgelehnt worden, wieder mit der Begründung, es sei Sünde, ohne Zeugungswillen Sex zu haben.

Lilian erklärt: »Aber die Frau war müde und depressiv. Sie wollte keine Kinder mehr gebären. Sie wollte einfach ihre Ruhe haben.«

Eine Weile hängen wir beide unseren Gedanken nach.

Überall da, wo Aloe vera auf den Boden getropft ist, sind dicke Flecke entstanden. Lilian schneidet hinter der Hütte ein Bananenblatt. Darauf liegen jetzt meine Füße. Wie ich muss auch Lilian noch bei unserem Gespräch sein, denn sie sagt:

»Wir haben unser eigenes Verhütungsmittel. Wer die Blätter vom *satui*-Baum isst, verhütet genauso gut wie mit *dimdim*-Spritzen; aber sie haben schwere Nebenwirkungen. Nach ein paar Jahren ist der Körper schwach.«

Ich frage, was mit den Kindern der Lehrerin geschieht, und Lilian sagt: »Die älteren bleiben bei ihrem Vater, die jüngeren werden von Verwandten adoptiert.«

Wohl, weil ich nachdenklich bleibe, erklärt sie:

»Das ist ganz normal bei uns. Fehlt es einer Mutter an Kraft oder ist die Familie zu arm, dann gibt sie ein oder zwei Kinder zu Verwandten. Oft an solche, die auf anderen Inseln wohnen.«

Lilian lässt mich allein. Später, als draußen alle Stimmen verstummt sind, kommt sie mit Yamswurzeln und heißem Wasser für Tee zurück. Wahrscheinlich ahnt sie nicht einmal, wie gut mir ihre Hilfe tut und wie dankbar ich bin. Ich möchte auch ihr das Leben erleichtern.

»Lilian, meine Vorräte sind deine Vorräte. Nimm dir, was du brauchst.«

Doch sie reagiert nicht; sitzt einfach still da und schaut mich an. Ich hoffe, ich bin nicht angeeckt und mache nichts schlimmer, wenn ich eine Schachtel mit Teebeuteln, Zucker und Salz vor sie lege.

Sie lacht:

»*Lux.*«

Ist es das, was sie sich von mir wünscht?

»Seife?«

»Nein«, antwortet sie, »ich meine Luxus. Das hier ist Luxus.«

Sie nimmt zwei Teebeutel aus der Schachtel. Aus den Paketen mit Zucker und Salz füllt sie kleine Mengen in schnell gedrehte Tüten aus Zeitungspapier ab und gibt mir zu bedenken:

»Du wirst diese Dinge noch brauchen. Wir sind nicht an sie gewöhnt.«

In dieser Nacht werde ich wach von singender Luft. Oder sind es zu Luft gewordene Töne? Regungslos liege ich im Summen der Dunkelheit, das bis ins Mark dringt. Manchmal schwillt es an, um wie ein Hauch zu verklingen. Dann folgt eine lange Stille, die aus der Mitte des Klangs zu stammen scheint. Und wenn ich denke: Das war das Ende, hebt das Singen von Neuem an. Immer wieder. Immer gleich. Die ganze Nacht. Einmal höre ich ein Klopfen und Rufen und nicht lange darauf ein Sägen und Hämmern.

Und plötzlich steht im Schein ihrer Sturmlampe Lilian neben meinem Lager.

»Du brauchst keine Angst zu haben«, sagt sie, »die verwandten Frauen sitzen um die Verstorbene herum und singen ihrer Seele einen Weg, der sie fort von hier führt.«

»Was bedeuten die Geräusche? Das Hämmern?«

»Das war der Witwer. Er hat an Sosos Tür geklopft und ihn gebeten, einen Sarg zu zimmern. Morgen früh wird die Lehrerin beigesetzt. Ich soll dir sagen, du kannst uns begleiten.«

Im Morgengrauen verebbt das Singen, ohne wiederzukehren. Lange liege ich da und lausche ihm nach.

Meine Füße fühlen sich besser an. Um sie zu schonen, verlasse ich den Marterpfad, als ich vom Klohäuschen zurückkomme, und will quer über das dichte, leuchtende Gras der Lichtung gehen. Doch verborgen im seidigen Grün lauern auch hier Stolperwurzeln und Korallensteine aus einer Zeit, als Panyata noch als Riff unter Wasser lag. Überrascht sehe ich den Sohn von Soso und Pawa aus meiner Hütte treten. Seine kleinen Hände haben Mühe, einen Becher mit Zucker, Trockenmilch und Teebeutel zu halten. Er lächelt schüchtern und rennt an mir vorbei. Ich will ja teilen, aber so?

Unter einem Frangipani-Baum treffe ich seine Schwester Rosa. Sie streckt sich nach den weißen Blüten an den tieferen Ästen.

Rosa flüstert: »Für die tote Lehrerin!«

Lilian und Pawa erwarten mich. Von hier führt kein Pfad bis zur Hütte der Toten. Deshalb gehen wir zu dem Baum, unter dem Lilian die Schweine füttert, und etwa zwanzig Schritte weiter, wo wir uns durch ein paar niedrige Büsche zwängen. Wir sind da. Gerade wird der Sarg aus der Hütte geschoben, den barfüßigen Männern, die vor der Öffnung warten, direkt auf die Schultern. Sie setzen sich in

Bewegung, und die Frauen, Männer und Schüler, die flüsternd auf dem Grasplatz stehen, schließen sich ihnen an. Vor der Schule hisst jemand die Nationalflagge mit dem Paradiesvogel. Mädchen und Frauen folgen dem Sarg paarweise auf dem Weg am Meer entlang. Ich spüre ihre Traurigkeit wie eine unsichtbare Wand, bemerke, wie übergroße weiße T-Shirts und ebenso formlos hängende Röcke ihre Weiblichkeit verstecken. Ihre Individualität zeigt sich allein in der Auswahl der Blüten, die lose in ihren Händen liegen.

In Zweierreihen folgen auch die Jungen. Sie halten Kreuze aus Frangipani-Blüten. Die kleine Prozession kommt etwa da zu einem Halt, wo das halbfertige Kanu unter der blauen Plane steht. Die Trauernden warten, bis der Sarg in der Hütte verschwunden ist, in der die Eltern der Verstorbenen leben. Sie setzen sich auf Wurzeln, Leitersprossen oder einfach auf den harten Boden. Als Männer gleich neben der Hütte eine Grube ausheben, fangen die älteren Frauen an zu klagen und zu weinen. Weil nichts geschieht, erkundige ich mich danach, worauf alle warten.

Lilian sagt: »Auf das Kanu, das Verwandte der Toten bringt.«

Der Brotfruchtbaum, unter dem wir sitzen, wirft seine beweglichen Schatten auf eine junge Frau, die ihren krausen Haarschopf in Lilians Schoß gelegt hat. Lilian ist dabei, Scheitel für Scheitel nach Läusen abzusuchen. Es knackt, wenn sie eine Laus zwischen Zeigefinger und Daumen zerdrückt.

Ich denke: Das sind die Finger, die mein Essen zubereiten.

Die Ankunft des großen Kanus lenkt mich ab. Ich zähle elf Leute, die ins kniehohe Wasser springen, nach achtern laufen oder sich neben der Bordwand und der Plattform platzieren und das Kanu schieben, bis es auf Sand liegt. Der Augenblick, als die Hütte von innen geöffnet wird und die Eltern den Sarg hinausschieben, berührt mich tief. Ein letztes Mal fällt Sonne auf ihn. Dann sinkt er in das Grab neben der Hütte.

Die Lebenden essen. Fleisch von frisch geschlachteten Schweinen und Gemüse: gekochte Tapioka, Yams und Tarowurzeln. Auch Fisch und Fleisch aus Konservendosen. Man könnte meinen, Männer und Frauen schmausten miteinander. Doch wenn ich genau hinsehe, sitzen sie in nach Geschlechtern getrennten Gruppen dicht zusammen. So viele betelnussrote Münder. Von der verstorbenen Lehrerin mag niemand reden.

Am Abend stelle ich die Sturmlampe dicht neben mich und lese in meinem Notizbuch in fremder Schrift:

Anan amnana iwaisi – Das Essen schmeckt.

Und: *Bulin waiwaisana* – Gute Nacht.

Auch in dieser Nacht raschelt mich etwas aus dem Schlaf. Noch bevor mir das Streichholz die Finger verbrennen kann, sehe ich dasselbe Tier wie letzte Nacht davonlaufen – wieder ganz nah an der Wand entlang direkt zur Tür. Ich bin jetzt sicher, es war eine Maus. Ratten sind größer. Und weil das Tier auch dieses Mal nicht zurückkommt, stelle ich mir eine Maus vor, die Prinzipien hat.

Es ist noch nicht zehn. Ich schlafe nur, weil alle schlafen. Weil Lesen oder Notizenmachen im Licht der Sturmlampe ermüdet und Nachdenken in der feuchten Luft wie ein Schlafmittel wirkt. Aber das lange Liegen ermattet mich mehr, als dass es mich erfrischt. Ununterbrochen tropischer Hitze ausgesetzt zu sein, ist nicht vergleichbar mit einem Inselbesuch, den ich jederzeit beenden, von dem ich jederzeit auf mein ankerndes Schiff zurückrudern kann.

Noch bin ich nicht lange genug auf der Insel, um die Wochentage zu vergessen. Deshalb wache ich morgens auf und weiß: Heute ist Sonntag. Und sonntags wird nicht gearbeitet. Ich fürchte, außer mir fragt sich niemand, ob ich mein Kanu jemals werde segeln sehen.

Vom Klohäuschen zurückkommend, läuft mir auch heute der sechsjährige Sohn von Soso und Pawa in die Arme. Wie gestern sind seine Hände voll mit meinen Vorräten.

»Soso hat mich geschickt«, druckst er und sagt etwas, das sich anhört, wie »Deine Sachen«. Ich verstehe erst nach Wochen und zu spät, dass das Sosos Art ist, mich zum Frühstück in seine Hütte einzuladen.

In meiner halte ich jetzt ein Päckchen mit Angelhaken in Händen, geöffnet und halb leer. Alles habe ich mit der Absicht eingekauft, davon abzugeben. Das war, bevor Soso mich wissen ließ: »Wir werden alles teilen. Wir mit dir. Du mit uns.« Doch jetzt fühle ich Unmut.

Ich verdränge ihn, weil ich Lilian auf der Leiter höre. Ihre Hände liegen gefaltet im Schoß, während sie mir zusieht, wie ich ihre Kürbissuppe esse. Nie sitzt die junge Frau müßig, außer hier bei mir.

Sie fragt mich: »Möchtest du in die Kirche gehen? Heute ist Sonntag.«

»Nein«, antworte ich, ohne ihr den Grund zu nennen: Bei Gottesdiensten auf pazifischen Inseln habe ich zu oft in die verzerrten Gesichter von predigenden Missionaren gesehen. Ihre flüsternden oder rasenden Stimmen gehört. Sprachlos erlebt, wie sie ihren Zuhörern in drastischen Bildern das drohende Strafgericht Gottes ausmalten und ihnen »Sünder« zuriefen. Seither meide ich Missionskirchen.

Lilian sagt: »Ich gehe auch nicht in die Kirche.«

Das überrascht mich. Aber es erstaunt mich nicht, von Bemühungen des Hilfsmissionars zu hören, Lilian umzustimmen. Beklemmend ist die Vorstellung, dass er oft unerwartet hinter ihr steht, um in Erfahrung zu bringen, wann sie in die Kirche gehen will, ob sie in die Kirche gehen will und warum sie nicht in die Kirche gehen will.

Ich esse die letzten Löffel Kürbissuppe. Wie gut sie schmeckt. Über Lilian erfahre ich viel an diesem Morgen Sie spricht immer weiter.

»Ich habe ihm gesagt, ich brauche die Kirchenhütte nicht, wenn ich Gott spüren möchte. Ich spüre ihn doch überall. Wenn ich durch den Busch laufe oder Yamswurzeln ernte oder meine Kinder spielen sehe. Oder wenn ich mitkriege, wie meine Gedanken kommen und gehen. Oder mein Herz schlagen fühle, meinen Atem und so. Ich weiß, dass Gott da ist.«

Sie hält inne, bis sie nachdenklich, aber kraftvoll sagt:

»Ich glaube an Gott, aber ich will nicht herumgebosst werden.«

An dieses Wort von ihr erinnere ich mich. Ich habe es in meine Liste für besondere Ausdrücke aufgenommen.

Hinter Lilian bewegt sich jemand. Ihr Sohn Kokomo zieht sich die letzte Sprosse der Leiter hinauf. Und als würde ihn das unsichtbar machen, rutscht er wortlos Zentimeter für Zentimeter näher, bis er neben mir sitzt. Hier liegt die Zeitschrift *Spiegel Reporter*. Kokomo drückt seinen Finger auf das Gesicht der Titelseite und flüstert:

»This is a dimdim.«

Kaum eingeschult, lernt er bereits die englische Sprache. Sein Finger wandert über Doppelseiten, verweilt ...

»What is this?«

Das Nächste, was wir hören, ist die schreiende Lil. Lilian nimmt den leeren Teller:

»Ich muss gehen.«

Kokomo bemerkt nicht, dass seine Mutter uns verlässt. Er ist vertieft in die Zeitschrift. Plötzlich steht Soso in der Tür und sagt: »Obwohl Sonntag ist, arbeite ich in Gedanken am Kanu. Mit Kautabak und Zigaretten würde es noch besser gehen.«

Ich bin mir nicht sicher, ob es richtig ist, seiner und den unausgesprochenen Bitten vieler anderer nachzugeben. Wo darf ich mich abgrenzen, ohne ihr Verständnis vom Teilen zu verletzen? Für mich ist Rauchwerk ein Zahlungsmittel. Bestandteil einer Vereinbarung, der ich mich verpflichtet fühle. Wie halte ich meine Vorräte zusammen? Wie meine Kosten in angemessenen Grenzen?

Es ist still geworden. Nur Kokomo ist noch da. Als Lilian ruft, schaut er mich nach Hilfe suchend an. Er klappt die Zeitschrift zu und geht so zögernd, dass es aussieht, als mache er einen Schritt vor und zwei zurück. Plötzlich habe ich den Eindruck, ihn bedrückt etwas.

Mir bleibt keine Zeit, darüber nachzudenken. Pawa ist eingetreten und setzt sich. Ihr Gesicht glüht. Sie zieht ihren Rock über die Knie. Sie bebt.

Ich mache uns einen Tee.

»Soso hat mich geschlagen«, flüstert sie atemlos.

Wegen ihrer eingeschränkten Englischkenntnisse dauert es eine Weile, bis ich begreife, was der Grund dafür ist. Nun ist es klar. Am Nachmittag ist Pawa für das Handballspiel am nächsten Wochenende aufgestellt worden. Groß und kräftig, ist sie eine begehrte Spielerin im Team. Doch zum wiederholten Mal verbietet Soso ihr, daran teilzunehmen. Es macht ihn krank, wenn die Männer des Dorfes sie über das Feld rennen und sich nach dem Ball strecken sehen. Älter als Pawa und gedemütigt durch die Untreue seiner ersten Frau, fühlt er sich getrieben, Pawa zu misstrauen und zu kontrollieren. Die, beseelt vom Wunsch, Korbball zu spielen, und verletzt, weil sie als Einzige ausgeschlossen ist, lehnt sich auf. Sosos Antwort sind Schläge. Der Familie entgeht es nicht, im Dorf weiß es jeder.

Weil ich fremd hier bin, fällt es ihr leichter, über das zu sprechen, wovon sie überquillt. Sie bittet mich nicht um Hilfe. Später, auf der schmalen Matratze unter dem Moskitonetz, verfolgt mich der Gedanke an den schlagenden Soso bis in den Schlaf.

Am Morgen begutachte ich erleichtert meine abgeheilten Füße. Ich mache mich auf den Weg am Meer, um bei Dindi einzukaufen. Immer, wenn ich das frühe Licht der Tropen sehe und nach Worten suche, es zu beschreiben, kommen mir dieselben in den Sinn: Dieses Licht macht mich trunken. Schönheit im Überfluss berauscht.

Neben Tee und Reis stellt Dindi zwei Dosen Solomon Blue auf die Theke.

Ich sage: »Die werden nicht reichen.«

Dindi sagt: »Zweimal Proteine reicht«, und erwähnt beiläufig, dass er bald nach Massim fahren wird, um die Bestände aufzufüllen.

Rationiert er? Seine Regale sind fast leer.

Meine Einkäufe trägt er sorgfältig und mit gestochener Schrift in ein Heft. Dieselbe Handschrift entdecke ich auf einer Wandtafel. Ganz oben steht »Schuldner«, ganz unten »Kein Kredit mehr«. Dazwischen reihen sich Namen und Summen von 1,70 Kina bis 107,40 Kina. Die älteste Schuld stammt von vor zehn Jahren. 1990.

Ob er auch anschreibt, frage ich lachend.

»Nein. Schon lange nicht mehr«, entgegnet er todernst.

Ich werde aus seinem sanften Gesicht nicht schlau.

Als die Minengesellschaft auf Massim mit dem Abbau von Gold begann, wurden auf dem gesamten Archipel Arbeiter angeworben. Von heute auf morgen hatten einige Leute Geld in Händen und Lust auf Konserven und alles, was es bei chinesischen Händlern zu kaufen gab.

Dindi eröffnete seinen Laden. Ungeübt im Umgang mit Geld, kauften seine Nachbarn bald auf Pump. Hatten sie einmal Kina bei sich, wollten sie damit nicht ihre Schulden begleichen. Sie brauchten das Geld, um aktuell dies oder jenes zu bezahlen. Das Wechselgeld benötigten sie, um es für die Schule zurückzulegen. Inzwischen verkauft Dindi nur noch gegen Bares. Auch wenn seine

Schuldner ihre Namen auf der Tafel lesen können – vom Einkaufen bei Dindi hält sie das nicht ab.

»Proteine« hatte Dindi den Inhalt der Dosen genannt und noch einmal betont, dass zwei für sieben Kanubauer reichen. Dabei essen nicht selten mehr Personen davon.

»So sind wir es gewohnt«, waren seine Worte.

Ich bin darauf bedacht, mich anzupassen, möchte respektieren und kolonial anmutende Gesten vermeiden. Doch ich kann mir nicht helfen: Zwei Dosen für sieben Esser sind knauserig. Ich fühle mich, als nutzte ich die Kanubauer aus. Trotz meiner Bedenken ziehe ich in Erwägung, üppigere Mahlzeiten einzuführen, und eine zusätzliche täglich. Mit diesen Gedanken beschäftigt, beantworte ich gleichzeitig die Grüße der Dorfbewohner:

»*Mwelaluga*«, Guten Morgen, und »*Henala owa*«, Wie geht's?

Habe ich außer den Kindern schon einmal jemanden rennen oder sich rasch bewegen sehen? Gewiss nicht. Auch ich bin in eine langsamere Gangart gefallen. Das Klima sorgt dafür.

Vor meiner Hütte warten die Männer. Während wir auf den Regenwald zugehen, scheint er undurchdringlich zu sein. Doch drinnen lichtet sich das Chaos. Gäbe es einen Fahrstuhl, ließe sich sogar eine besondere Ordnung erkennen; so aber sind es nur Blicke, die ich nach oben schicken kann. Meistens achte ich auf meine Füße und die Vegetation am Boden. Bis ich meine Augen brauche, um die nächste Etage nicht zu verpassen, Büsche und Sträucher, die ich umgehen oder beiseitebiegen muss. Die nächste Etage ist zwanzig oder dreißig Meter höher, so weit reichen die Kronen der Bäume hier. Aber es gibt noch eine, fünfzig und sechzig Meter über mir, dort halten sich die Greifvögel auf. Und weil jede Etage ihr eigenes Klima und ihre eigenen Bewohner hat, bedauere ich sehr, mich nur ebenerdig zu bewegen.

Wir sind am Ziel. Als wir uns um den liegenden Stamm versammeln, rascheln unter unseren Füßen Rindenstücke. Tipol spricht darüber, in der Beschaffenheit des Stammes bereits die Form des künftigen Einbaums zu sehen. Der habe nämlich einen unverwechselbaren Charakter. Für diesen Einbaum, der einmal zum Kiel im großen Kanu wird, haben die Männer einen besonderen Namen: *waga enona*, Frucht des Kanus. Sie soll hier auf dem Platz grob aus dem Stamm gehauen werden.

Die Länge des Kanus bestimmt Tipol mit der Spanne seiner Arme. Dafür beugt er sich so tief über den Stamm, dass seine Wange das Holz berührt; im Ganzen fünf Mal. Jetzt weiß ich, das Kanu wird in etwa acht Meter lang.

Beim Fällen des Kanubaums hatte ich Bedauern gespürt. Jetzt denke ich nicht mehr an sein Ende, sondern erlebe den Anfang eines verwandelten Daseins. Der Baum nimmt einen wichtigen Platz im Alltag der Männer ein. Die Arbeit an ihm wird sie eine Weile ernähren und mit Stolz erfüllen. Er wird einmal Schweine und Yams und Kultgegenstände für sie transportieren und sie zu entlegenen Inseln bringen. Und im Sturm werden sie ihn berühren und ihm zuflüstern, dass sie sich auf ihn verlassen, dass sie ihm vertrauen, wenn er über die Wellen fliegt, wenn er im Wind vor Geschwindigkeit zittert.

Zusammen mit Soso legt Tipol zwei entscheidende Linien fest: die Ränder, innerhalb deren sie den Stamm aushöhlen werden. Nach Augenmaß ritzt Tipol mit der Axt einen unterbrochenen Strich ins Holz, bis ein Schlitz markiert ist. Sosos Blick folgt dieser Skizzierung, sie scheint alles zu sein, was er noch sieht. Einmal gibt er einen Laut von sich, und Tipol hält inne; er ändert die Stellung seiner Füße, bevor er die Axt erneut hebt.

Tock.

Auf die hohen Wangenkochen Tipols fällt Sonne, sie glänzt auf seinen nackten Armen. Er steigt vom Stamm und greift nach der

Tasche mit den Betelzutaten. Wir alle sitzen neben dem frischen Baumstumpf. Wer kann, beißt in die dicke Schale einer Betelnuss. Tipol nicht. Weil er bereits eine Menge Zähne eingebüßt hat, übernimmt das der jüngere Soso für ihn. Tipol schneidet mit der Machete kleine Stücke vom Kern. Und während die einen sie mit Senfblatt und Kalk in den Mund schieben, zerkleinert er die Zutaten in einem hölzernen Schaft.

Die »Gang«, so nenne ich Spice Girl und seine drei Gefährten schon länger bei mir, die Gang halbiert Mutrus. Eine Hälfte der siebzehn Zentimeter langen Glimmstängel stecken sie sich hinter die Ohren. »Für später«, sagen sie, oder »Wir wollen mit jemandem teilen«.

Dann verfolgen die Jungs, wie sich die Glut in der zweiten Zigarettenhälfte durch die lateinischen Vokabeln frisst.

Soso erzählt: »Ein paar Wochen lang hat der Zigarettenhersteller den Tabak in Papier ohne Schrift gerollt. Die mochte niemand kaufen.«

Pawas Vater sagt: »Sie haben nicht geschmeckt.«

»Und überhaupt nicht gut ausgesehen«, ergänzt Spice Girl.

Dann fragt er mich aus heiterem Himmel, ob ich am Samstag schaue, wenn er und seine Freunde Fußball spielen.

»Klar komme ich. Und wohin?«

Sie beschreiben mir einen Platz neben dem Weg parallel zum Meer und schlagen vor, ich solle Lilian begleiten, die auf dem Feld nebenan mit ihrem Team Korbball spielen wird.

Ich zögere einen Moment, dann ergreife ich die Gelegenheit und wende mich an Soso.

»Ich habe gehört, deine Frau ist eine der besten Spielerinnen. Die Mannschaft, in die sie gelost wird, soll so gut wie gewonnen haben.«

»Hm. Stimmt«, nickt Soso und zieht an seiner Zigarette, bis sie knistert.

Ich sage: »Toll, ich freue mich schon darauf, sie spielen zu sehen.«

Soso konzentriert sich auf das Ausdrücken seiner Zigarette. Weil alle still zu Boden blicken, packe ich rasch Paradise Twist aus. Die Gesichter hellen sich auf.

Tipol fragt: »Möchtest du hören, warum der Kanubau so teuer und so mühsam ist?«

»Ja.«

»Du erinnerst dich ...«, beginnt er und ruft mir Bebeta wieder ins Gedächnis, die schwanger von Massim kam und ein Samenkorn gebar, aus dem der Mutterbaum *malabeku* heranwuchs. Nachdem Vögel seine Samen auf Panyata verteilt hatten, wuchsen *malauwi* heran.

Und so geht die Legende weiter:

Bebetas Bruder baute eine geräumige Hütte auf Pfählen, mit einer großen Veranda. Dort oben saß Bebeta und formte Tontöpfe. Eines Tages ließ sie das Stöckchen, mit dem sie Verzierungen in den Ton ritzte, fallen und bat ihren Bruder, es für sie aufzuheben und heraufzureichen. Der bückte sich danach und wollte die Leiter zur Veranda hochsteigen, um es ihr zu bringen. Doch die Schwester stoppte ihn und bestand darauf, er möge ihr das Stöckchen durch die Ritzen der lose verlegten Bambusrohre reichen, auf denen sie saß. Er fügte sich, trat unter die Plattform, blickte auf und sah ihre Scham. Von da an schliefen sie miteinander, und Panyata wurde besiedelt.

Spice Girl und die Jungs kichern hinter vorgehaltener Hand, und Tipol schaut so lange auf seine rauchende Kautabakrolle, bis sie sich beruhigt haben.

Dann fährt er fort und berichtet, dass zu der Zeit, als die ersten Enkel geboren wurden, Bebetas Bruder die Menschen in drei Gruppen aufteilte. Die einen sollten sich im Osten der Insel niederlassen, die anderen im Süden und die übrigen im Westen.

Als Bebeta und ihr Bruder schon nicht mehr waren, ermunterte einer ihrer Nachkommen seinen Neffen, ihn dorthin zu begleiten, wo die Clangründer gelebt hatten. Bei ihrer Ankunft trug der Onkel dem Jüngeren auf, einen *malauwi* zu fällen. Der Neffe gehorchte. Dann gingen sie den mühevollen Weg zurück, und als sie an ihre Küste kamen, sahen sie im flachen Wasser ein Kanu dümpeln.

Der Onkel sagte zu seinem Neffen: »Siehst du das Kanu dort? Das ist der *malauwi*, den du vorhin geschlagen hast.«

Der Neffe lachte den Oheim aus:

»Das ist unmöglich. Du kannst keinen Baum fällen, und am selben Tag schwimmt er als Kanu auf dem Wasser.«

Bald fanden sie sich in einem Streit, in dem harte Worte fielen. Der Onkel beendete das Schlamassel mit einer Ankündigung:

»Weil du mich einen Lügner nennst, wirst du und jeder, der in Zukunft ein Kanu begehrt, schwitzen vor Anstrengung, bevor es ihm zuteil wird. Und alles, was für den Kanubau aufzubringen ist, muss in mühevoller Arbeit angepflanzt und gemästet werden.«

Tipol schaut mich an: »Das sind die Yamswurzeln und die Schweine und die Betelnüsse und Tabak und Tee. Bis heute zehrt der Kanubau an unseren Kräften und ist aufwendig. Aber wir wissen auch, dass die, die ein Kanu in Auftrag geben, später sehr reich werden.«

Soso wirft ein: »Weil die Auftraggeber oft weder genügend Tauschwaren noch genügend Geld für Konserven, Reis, Tabak und Tee haben, können Jahre vergehen, bis ein Kanu ins Wasser kommt. Aber so war es auch schon, als es noch kein Geld gab. Und es gibt viele andere Gründe für Verzögerungen.«

Als hätte Soso nichts gesagt, knüpft Tipol an seinen letzten Satz an:

»Betelnüsse, Yamswurzeln und Schweine gehören zum rituellen Kanubau. Es gibt Etappen, die haben eine magische Bedeutung und werden mit einem Festessen begangen. Der Auftraggeber richtet sie aus.«

Das ist neu für mich.

Nach einer Pause frage ich: »Was kostet ein Schwein?«

Tipol: »Man kann es tauschen gegen Betelnüsse, Yamswurzeln und Töpferware.«

Ich: »Wer nichts davon besitzt?«

Tipol: »Du kannst eins mit Kina bezahlen.«

Ich: »Wie viel Kina ist ein Schwein wert?«

Soso: »Das lässt sich schwer sagen. Es gibt große und kleine. Und es hängt vom Besitzer ab. Wenn einer sein Schwein liebt und es lange gefüttert hat ...«

Wohin, in was führt mich mein Wunsch, ein Kanu entstehen zu sehen? Jim und seine Mitarbeiter Thelma und Mission fallen mir ein und die australischen Kollegen. Hatten sie nicht alle ein wenig, ja, wie? skeptisch? ausgesehen, wenn sie hörten, dass ich nach Panyata wollte? Doch ich verwerfe diese Gedanken gleich wieder, sie sind mir lästig. Ich habe schon genug an der Hitze zu tragen. Und es gibt eine Frage, die mich mehr beschäftigt.

»Tipol, wieso sind in deiner Erzählung Bruder und Schwester ein Paar?«

Tipol lässt sich Zeit, bis er antwortet: »In unseren Überlieferungen sind es Schwester und Bruder, die eine Familie gründen.«

»Und heute?«

»Heute nicht. Heute ist so eine Verbindung verpönt.«

Tipol sagt, seine Eltern und Großeltern hätten niemals ein solches Paar erwähnt und dass viele Männer Panyatas sich ihre Frau auf benachbarten Inseln suchten.

Die Männer haben gekaut, geraucht und ausgeruht. Mit der konzentrierten Langsamkeit, die mich unvermindert beeindruckt, wenden sie sich wieder dem Stamm zu. Soso steigt hinauf. Mit vorsichtigen Axthieben schlägt er Holz aus der Mitte des markierten Schlitzes. Zentimeter für Zentimeter verlängert er ihn in eine Rinne, vertieft die Rinne in eine Furche.

Einmal denke ich knickerig: Wieso ernähre ich sieben Männer, wenn nur zwei arbeiten? Aber dann komme ich dahinter. Sie stehen nicht einfach rauchend herum. Alle haben sich wohlüberlegt positioniert und beobachten jeden Axthieb. Manchmal geben sie leise Hinweise: »Weiter rechts« oder »Weiter links«, sagen sie dann. Sonst ist kein Wort zu hören. Die Jungen schauen den Meistern ab, was sie selbst einmal können möchten.

Mit Flipflops an den nackten Füßen sucht Tipol quer über den groben Rändern der Furche Halt. Er bearbeitet die Seiten des Stammes, schlägt mit Kraft, aber behutsam und in gleichmäßigen Abständen senkrechte Kerben. Nicht zu tief, denn was später Kanuwand sein soll, darf nicht verletzt werden. Wenn die Holzstücke aus der Kerbe springen, hinterlassen sie Lücken, wie dicke, aus einem Kürbis herausgeschnittene Spalten.

Unterdessen klaffen auf beiden Seiten des Stammes neun Kerben. Zwischen ihnen ist der Stamm unberührt. Diese Partien schlägt jetzt Soso heraus. Nicht mit zwei oder drei schwungvollen Schlägen, nein. Wieder Zentimeter für Zentimeter, so lange, bis das Niveau der zukünftigen Kanuwand erreicht ist. Der Stamm hat für immer seine runde Form verloren, und seine Enden sind jetzt verjüngt.

Tipol wischt sich über das Gesicht. Er zündet sich eine Zigarette an. Dann betrachtet er lange die rohe Form des Einbaumkanus. In kleinen Stücken liegt der einstige Stamm um es herum.

Bevor wir die Lichtung erreichen, ist die Sonne untergegangen. Spice Girl nimmt meine Hand und lässt sie erst los, als Lilian am Rand der Lichtung mit einer Sturmlampe steht. Vor Sosos Hütte setzen wir uns auf einen löchrigen Einbaum. Pawa verteilt den Inhalt von zwei Dosen Solomon Blue auf gigantische Portionen von dampfendem Reis.

Zwei Dosen für sieben Männer.

Wieder sehen sie nicht unzufrieden aus. Ich aber habe gemischte Gefühle. Sie sind zwei Stunden in den Dschungel gelaufen und zwei Stunden zurück. In der langen Zeit dazwischen haben sie – wenigstens die Meister – harte Arbeit geleistet und weder getrunken noch gegessen. Was mich betrifft, ich bin halb ohnmächtig vor Hunger und Durst.

»Sie haben ihren eigenen Maßstab«, sage ich mir. Wahrscheinlich denke ich zu viel.

Mein Badeeimer ist voll. In meiner Hütte flackert die Petroleumlampe. Ob Lilian ahnt, wie sehr sie mich durch diese Verwöhnung erfreut? Sicher nicht. Ob Bebetas Onkel mit seinem Fluch auch ein clanfremdes *dimdim* treffen wollte?

Wie ein guter Geist erscheint Lilian mit Aloe vera auf der Leiter.

»Du bist wieder zwischen den *malauwi*-Blättern herumgelaufen. Ich wette, die unsichtbaren Monster haben sich mit deinem Blut vollgesogen.«

»Haben sie, Lilian. Haben sie.«

Kühler Pflanzensaft tropft auf meine Haut.

Lilan sagt: »Du bist für diese Insekten ein Leckerbissen. Uns kennen sie schon.«

Sie lässt mich wissen, dass ihre Eltern einige Zeit bei ihrer ältesten Tochter auf einer anderen Insel verweilen. Von dort würden sie mir süße Bananen mitbringen, wie sie sonst nirgends zu finden seien.

»Ich bin froh, dass sie fort sind«, berichtet Lilian weiter. »Manchmal weiß ich nicht, wie ich meine Arbeit erledigen soll. Du merkst es nicht, aber weil ich keinen Mann habe, muss ich nicht nur meinen Eltern, sondern auch meinen Brüdern zur Hand gehen, wenn sie rufen.«

Mit schlechtem Gewissen denke ich daran, dass Lilian nun auch noch mich versorgt. Außer den zwei Stunden, in denen sie am Samstag Korbball spielt, arbeitet sie von früh bis spät. Elf Kinder hat ihre Mutter geboren. Davon leben drei Söhne in Lilians unmittelbarer Nachbarschaft auf der Lichtung.

Sie erkundigt sich: »Wie geht es mit deinem Kanubaum voran?«

»Er hat schon die rohe Form eines Einbaumkanus.«

»Früher«, sagt Lilian, »da sind alle Dorfbewohner, Männer, Frauen und Kinder in den Dschungel gegangen, um ein Kanu abzuholen. Sie haben Schlingpflanzen an den Einbaum gebunden und ihn bis zum Strand gezogen.«

Lilian zieht die Schultern hoch: »Eine mörderische Arbeit. Heute machen das die ›Lucky Strivers‹, die Jungs vom Fußballteam. Die schultern das Kanu und tragen es zum Meer.«

Gleich nach meiner Ankunft hatte mein Kerosinkocher den defekten von Pawa ersetzen müssen. Ich glaube, für Lilian ist das nicht der Grund, warum sie für mich kocht. Auf unterschiedliche Weise helfen wir uns gegenseitig.

Heute zum Beispiel habe ich Mehl, dafür weiß sie, wie man damit Gemüseplätzchen backen kann. Alles, was sie über dem offenen Holzfeuer in der Küchenhütte zubereitet, schmeckt besonders gut.

Wir essen bei ihr. Der Raum ist fast leer. Eine Kiste vor der Wand dient als Schrank. Es gibt eine Nähmaschine, daneben einen Stuhl. In einer Nische sind Lil und Kokomo noch angezogen auf der Matratze eingeschlafen. Mit uns sitzt Lilians jüngster und noch unverheirateter Bruder Halfa auf der geflochtenen Matte. Ohne zu reden, ist er sehr präsent. Eine Persönlichkeit.

»Er spricht nicht gern«, sagt Lilian.

Ich sage: »Ob ich mein Kanu jemals fertig sehen werde?«

Lilian antwortet: »Denk nicht an morgen.«

Am nächsten Tag denkt niemand daran, ein Kanu zu bauen. Die ganze Nacht über hat es geregnet. So heftig, dass die von Monsunböen getriebenen Wasserwände wie Brandungswellen heranrauschten und gegen die Hütte krachten. Tausendfüßler haben sich in meinen Raum geflüchtet. Ich schubse sie mit einem weit von mir gehaltenen Palmrippenbesen über die Leiter ins Freie. Mein Blick durchs Fenster fällt auf Lilian, wie sie den noch immer strömenden Regen in Schüsseln auffängt. Die Tonne ist längst übergelaufen. Im überfluteten Gras schwimmen Blüten, und jetzt steht Lilian mittendrin und hackt für die Schweine Kokosnüsse. Drüben huscht Pawa zwischen Palmen.

Kokomo steht triefend auf der Leiter.

»Hast du für mein Schulheft eine Plastiktüte?«

Als ich ihm eine reiche, flüstert er:

»Kannst du am Nachmittag mit mir Englisch üben?«

Wenig später sehe ich ihn, das eingepackte Heft an die nackte Brust gedrückt, zur Schule traben. Dunkle Erdspritzer laufen ihm an den Beinen hinunter.

Für mich ist der Regen auf dem Weg zum Klohäuschen wie eine kräftige, warme Dusche. Das Meer rollt in grauen Wogen; der Horizont bleibt unsichtbar. Pawa kommt mir mit dem tropischen Regenschirm, einem Bananenblatt, entgegen und begleitet mich nach Hause. Soso steckt den Kopf aus der Tür und klagt über fehlende Betelnüsse.

»Pawa bringt Zigaretten und Kautabak mit zurück«, rufe ich ihm zu.

Bevor sich die junge Frau zum Gehen umdreht, sagt sie so leise, wie es das Rauschen des Regens zulässt:

»Ich darf am Samstag Korbball spielen.«

Als sie ihre Hütte erreicht, streckt Soso seine Hände nach dem Rauchwerk aus.

Ich krieche noch einmal unter mein Moskitonetz in die Hülle aus blauer Seide und genieße den Luxus. Wieder spüre ich diese Bereitschaft zum Trägesein. Die feuchtheiße Luft lässt sich am besten aushalten im Nichtbewegen. Im Ausharren. Im Warten.

Warten auf den Impuls, aufstehen zu wollen.

Er kommt, als ich Lachen und Rennen unter meinem Fenster höre. Fünf Jungen laufen einem Ball aus zusammengeknüllten Plastikresten nach. Der Regen zerplatzt auf ihren Schultern, ihren rudernden Armen. Jeder ihrer Schritte lässt eine Fontäne aufspritzen. Jeder Treffer löst Kichern und Glucksen aus.

Die Jungen spielen zunächst um die plötzlich im Gras stehende Lil herum. Dann wollen sie sie einbeziehen, doch die winzige Person rührt sich nicht von der Stelle. Sie steht da und weint mit aufgerissenem Mund. Kokomo trägt die Schwester zur rufenden Mutter.

Nach dem Essen helfe ich Lilian, den Überfluss an Wasser zu nutzen. Wir knien im Regen auf der Wiese, waschen Wäsche und scheuern mit Kokosbast Ruß von den Blechtöpfen. Kokosbast wie im Toilettenhäuschen. Die tropischen Topfkratzer bringen selbst das schwärzeste Blech zum Glänzen.

Am Nachmittag besucht mich Kokomo. Seine Augen leuchten.

»Möchtest du mein Heft sehen?«

Ich blättere sauber beschriebene Seiten um, lese kurze englische Sätze neben Bildern von Gegenständen seines Alltags. Ich sehe Gesichter, sehe Menschen bei einer Tätigkeit: Schwein mit dem Speer erlegen; Yamswurzeln ernten; Betelnüsse kauen; ein Kanu bauen; segeln.

»Zeichnen alle Kinder in ihr Heft so wie du?«

»Nein.«

Ich deute auf die Dinge in seinem Schulheft und auf solche, die im Zimmer liegen, und frage ihn nach den englischen Namen. Er antwortet prompt, und auch die falschen Antworten machen uns Spaß.

Kokomo glüht vor Eifer.

Wir legen unsere Hände auf verschiedene Gegenstände, um kalt und warm zu fühlen, riechen den Duft von Vorräten, betasten Verpackungen und Stoffe danach, ob sie hart oder weich oder glatt sind.

Kokomo zeichnet und schreibt:

This Tea smells good.

This blanket is blue and soft.

Als ich ihm Zucker und Milchpulver in die Hand schütte, strahlt er und nimmt seinen Stift:

Sugar is sweet.

I like powdered milk.

I am happy.

Draußen, jenseits der Lichtung, weiten sich der Regen und der Abend aus. In entgegengesetzter Richtung liegt, zwei Stunden entfernt von hier im letzten Licht, mein roh behauenes Kanu unter Palmblättern. Voraussichtlich wird es auch morgen nicht seiner Vollendung näher kommen.

Die Maus. Regelmäßige nächtliche Besucherin.

Ein gelber, runder Mond umreißt für Sekunden die Hinfälligkeit von Lilians Küchenhaus.

Das Tageslicht kommt gerade herauf, als eine fremde Stimme meinen Namen flüstert. Ein Halbwüchsiger, geschickt von Dindi, richtet mir aus, auch heute könne nicht am Kanu gearbeitet werden, die Konserven seien aufgebraucht. Dindi wolle nach Massim, um seine Vorräte aufzustocken.

»Hat er ein Boot?«, frage ich.

»Er hat ein Boot«, antwortet der Junge.

»Danke Dindi für die Nachricht und sage ihm, ich möchte mit ihm fahren.«

Der Gedanke, endlich wieder auf dem Meer sein zu können, erfüllt mich mit Glück. Hinzu kommt, auch ich muss einkaufen. Zigaretten und Kautabak will Dindi mir nur einzeln abgeben, weil er es immer so macht und sonst kein Rauchwerk mehr für seine übrigen Kunden hätte. Die ohnehin teure Ware wird unbezahlbar für mich.

In einem Schuppen aus Bambusstangen bewahrt Dindi ein flaches, offenes Boot aus Fiberglas auf. Eines von dreien auf Panyata, erfahre ich. Über Rundhölzer befördert er es zum Strand bis zum Saum des Meeres. Während er am Heck einen Außenbordmotor anbringt, finden sich lächelnd Bewohner Panyatas ein, die ebenfalls nach Massim wollen.

Zusammen sind wir sieben Fahrgäste, die auf dem nackten Boden des Bootes sitzen. Auf die Plane, die wir über uns halten, prasselt das Wasser. Dindi steht sehnig am Außenborder und steuert in die Wellen.

Er sucht den Aufprall.

Während wir auf die rohe Schale unseres Gefährts knallen, juchzen die anderen vor Vergnügen. Ihre Körper scheinen aus Hartgummi zu sein. Nass bis auf die Haut steigen wir aus. Ich gehe als Letzte an Land. Dindi stellt sich mir in den Weg.

»Wir wollen die Benzinkosten teilen, du und ich.«

Ich gebe ihm etwa 35 Euro in seiner Währung. Wir verabreden eine Zeit für die Rückfahrt. Mit einem Gefühl des Unbehagens gehe ich zwischen Pfützen die Straße zu Jims Container hinauf. Auf Höhe der Bäckerei winkt die Verkäuferin.

»Dein Brief an Abel ist eingetroffen«, sagt sie erfreut und ergänzt: »Abel ist noch nicht zurück aus Port Moresby. Möchtest du ihm den Brief selbst übergeben?«

Ich starre meine Schrift auf einem Umschlag an, der mich an eine ferne Zeit in einer anderen Welt erinnert. Zehn Monate hat der Brief gebraucht, um hier anzukommen. Inzwischen nehmen die Dinge ihren Lauf.

Jim sitzt nicht in seinem Container. Auch Thelma und Mission finde ich nicht an ihren Schreibtischen. Ich verstaue meine belichteten Filme im Regal und hinterlasse einen Gruß. Im Supermarkt kaufe ich den gesamten Vorrat an Kautabak. Dazu Kartons der überlangen Zigaretten.

Was war es noch, was Lilian sich wünscht? Vegemite?

Ja, Vegemite. Diesen geschmacklich an Maggi erinnernden Aufstrich. Für die Kanubauer lege ich sonderbar schlapp aussehende Würstchen in den Einkaufswagen, von denen Lilian gesagt hat, dass sie die lieben. Kerosin. Milchpulver. Ketchup, Erdnussbutter. Trockene Kekse. Seife. Toilettenpapier. Immer wieder streiche ich um die Regale auf der Suche nach etwas, das mir Appetit machen könnte. Nichts.

Der zahnlose Chinese an der Kasse lacht und tippt.

Auf dem Weg zum Anleger hole ich die zuvor in der Bäckerei bestellten süßen Brötchen ab. Dindis Boot schaukelt zur verabredeten Zeit einsam am Steg. Das überrascht mich nicht. Ich bin in den Tropen. Doch es gelingt mir einfach nicht, selbst unpünktlich zu sein.

Unpünktlich sein.

Niemand von denen, auf die ich warte, weiß, was das ist. Für sie ist eine verabredete Zeit eine gute Absicht, kein strenges Maß. Sie dient der Orientierung, nicht der Disziplinierung.

Dindi ist der Erste, den ich, eine Kiste schleppend, über die Straße auf mich zugehen sehe. Nach und nach erscheinen die übrigen sechs Mitfahrer. Die Frauen tragen nylonumwickelte Kartons auf dem Kopf, die Männer schwere Taschen auf den Schultern. Sie haben nicht im Supermarkt eingekauft, sie waren bei Verwandten. Bevor Dindi den Motor startet, lässt er sich von jedem von ihnen etwa fünf Euro Benzinkosten geben.

Dann steuert er sein Boot auf das Meer.

Nach Westen fahrend, laufen die Wellen nun nicht mehr gegen uns. Sie tragen uns weich dem Ziel entgegen. Zwar werden wir immer noch nass; doch müssen wir nicht mehr baden.

Am Steg in Panyata erwarten mich Sosos Großfamilie und alle Kanubauer. Der Ausdruck ihrer Augen lässt nicht auf eine schlechte Nachricht schließen. Bestimmt sind sie der Mitbringsel wegen hier. Drum packe ich Würstchen, süße Brötchen, Zigaretten und Kautabak aus. Tipol und seine Helfer nehmen alles unaufgeregt entgegen, ohne sichtbaren Dank. Teilen ist üblich, Danke sagen nicht.

Im Gänsemarsch gehe ich mit »meiner Familie« nach Hause. In den Gesichtern der Kinder kleben Brötchenkrümel. Als der Pfad breit genug ist, geht Lilian neben mir.

»Wam pagan i waisi hot«, Du nimmst gute Wege, sagt sie und erklärt, es sei Tradition, dass der Auftraggeber eines Kanus die Erbauer dann und wann mit Leckereien bedenkt. Insbesondere wenn er aus Massim zurückkommt.

Da hatte ich wohl einen sechsten Sinn. Tatsächlich habe ich nicht uneigennützig gehandelt. Ich wollte die knapp bemessenen Mahlzeiten wettmachen, um mich besser zu fühlen.

Wir erreichen meine Hütte, klettern über die Leiter hinauf und rücken in einem Kreis zusammen. Alle Augen ruhen auf den Paketen.

Vegemite, Erdnussbutter, Milchpulver, Mehl, Zucker, Tee, Reis, Seife, Waschpulver und Kerosin für Lilian und Pawa. Nutella, Schreibhefte und Stifte für die Kinder. Angelhaken für die Männer. Zigaretten und Kautabak für alle Erwachsenen.

Ich entrichte meine Miete.

Und versuche mich in der fremden Sprache:

»Atewau komiu«, Mein Herz zu euch. »Danke, dass ich bei euch wohnen kann. Danke, dass ihr mich versorgt.«

Und dann sitzt nur noch Lilian da. Sie schaut mich schweigend an. Sollte sie denken, dass ich ein Glücksfall für sie bin – sie und ihre Familie sind es auch für mich. Nicht Kulturen begegnen einander, sondern Gesichter, Gesten, Stimmen.

Wieder ist ein Tag ohne Kanubau vergangen. Es gehört zu den Merkwürdigkeiten meines Aufenthaltes, dass ich abwechselnd in zwei sehr unterschiedlichen Zuständen lebe. Mal empfinde ich jede Sekunde der verrinnenden Zeit als Gewicht. Dann wieder spüre ich, dass es um mich herum nichts gibt, das nicht wachsen und seiner eigenen Zeit folgen würde. Einer Zeit, die keine Sekunden und keine Tage kennt. In solchen Momenten fühle ich mich getragen von einer unsichtbaren Kraft. Ein Zustand, der nicht anhält, weil ich nicht aufhören kann, an morgen zu denken. So vermassle ich mir ein unbeschwertes Dasein.

Auch in dieser Nacht weckt mich die Maus.

Schon länger liegt neben meiner Matratze die Taschenlampe. In ihrem Lichtkegel flieht die Maus zur Leiter wie bei einem routinierten Zirkusauftritt. Sie sieht komisch aus. Offensichtlich störe ich ihre Besuche gleich zu Beginn, denn bisher gibt es angeknabberte Kartons, aber keine beschädigten Verpackungen von Lebensmitteln.

Werden die Männer morgen am Kanu arbeiten?

Werde ich je mit ihm segeln?

Zwei Tage verstreichen tatenlos. Zwei Tage, an denen die regengetränkte Insel in der Sonne trocknet. Pfade werden wieder begehbar. Am frühen Morgen des dritten Tages machen wir uns erneut auf den Weg in den Regenwald. Feuchte umfängt uns und schwellendes Grün, glänzend und tropfend, so üppig, dass sich mir ein Bild aufdrängt: Stehenbleiben würde unweigerlich zur Folge haben, überwuchert zu werden. Der Eindruck vertieft sich durch die Orchideen, die weiß und rosa leuchtend an schrundigen Stämmen blühen.

Jeder Schritt, jeder Gedanke vollzieht sich im zehntausendfachen Zirpen unsichtbar bleibender Grillen. In den Baumkronen über uns brechen Zweige, als Papageien auffliegen und kreischend ins Blau des Himmels vorstoßen.

Sonderbar. Die widerhallenden Stimmen des Regenwaldes verstärken das Empfinden, durch einen Ort vorzeitlicher Ruhe zu streifen.

An diesem Eindruck ändern auch die einsetzenden Schläge der Kanubauer nichts. Sie holen nicht mehr mit Äxten zum Schlag aus, sondern mit flachen, vorne abgerundeten Hacken, mit Dechseln. Stückchen für Stückchen tragen sie vom Holzkörper ab, wobei sie sorgfältig auf den Verlauf der Maserung achten. Und die verläuft nicht einfach gerade, sondern in langen Wellen.

Allmählich wird der Einbaum-Rohling schlanker, die spätere Form sichtbarer. Die Kanubauer drehen ihn mit der Wölbung nach oben. Tipol, Soso, sie alle arbeiten sich nach Augenmaß an eine Gestalt heran, die nur in ihren Köpfen vorhanden ist.

Ganze Tage vergehen auf diese Weise.

Immer gleich.

Das morgendliche Aufbrechen in den Regenwald. Seine Geräusche. Das gleichmütige Ausschreiten. Die konzentrierte Ruhe, mit der Tipol und die Gefährten ihr Werkzeug führen. Das schweigende Lernen der Jüngeren. Die Pausen bei Betel und Tabak. Die Hingabe an das, was ich in der Natur als das Atmen der Welt empfinde. Ihren Rhythmus.

Erstaunt spüre ich, er ist auch der meine, sobald ich aufhöre, mich bangend zu fragen: Schaffe ich dies oder jenes? Schaffen es die anderen? Lasse ich mich auf diesen Rhythmus ein, halte ich Schritt mit mir selbst und erlebe ein Wohlgefühl, das leicht macht. Könnte es sein, dass mich die vertrautere Eile aus einem angeborenen, dem Leben angemessenen Tritt bringt? Im Langsamen scheint eine Kraft zu liegen, die sich anpasst und gleichzeitig verändert.

Vögel streichen mit trägem Flügelschlag um die Wipfel. Tipol speit Betelbrei aus.

»Morgen bringen wir *waga enona* zum Meer«, sagt er, und wir alle schauen auf »die Frucht«. Auf den aus dem Stamm des Kanubaums gehauenen Einbaum. Er ist keineswegs vollendet, seine Form noch immer grob. Auch ist er noch kaum ausgehöhlt, doch jetzt leicht genug, um getragen werden zu können.

Tipol hält ein Stück Kautabak in der Hand. Schon lange habe ich kein Zeitungspapier mehr, in das er es rollen könnte. Er zerkrümelt das Stück und steckt sich die Bröckchen in den Mund. Leise und ohne jede Betonung spricht er einige Worte. Die Männer erwidern nichts, genießen das Kauen und möchten wissen, ob in Deutschland die Wildschweine auch mit Speeren und Stöcken gefangen werden. Dann stehen sie gemächlich auf, greifen nach ihren Äxten und Macheten.

Spice Girl, der sein Lieblings-T-Shirt mit den Pop-Ikonen trägt, räkelt sich noch einmal auf dem Ast über uns. Dann lässt er sich weich herunterfallen.

Weiß er, wer die »Spice Girls« sind?

Nein, das weiß er nicht. Aber sie gefallen ihm. Und jetzt, nachdem ich von ihnen erzählt habe, gefallen sie ihm noch mehr.

Wir brechen auf. Tipol und ich bilden die Nachhut. Zwischen den Stämmen vor uns sehen wir die Gefährten mit ihren Macheten Lianen, Äste und Unterholz aus dem Weg hacken. Sie schlagen eine Schneise bis zum Trampelpfad, der aus dem Regenwald führt. Gerade so breit hauen sie die Lücke, dass morgen die Jungs vom Fußballteam »Lucky Strivers« das Kanu im Laufschritt und ohne anzuhalten zum Meer tragen können.

»Tipol, Lilian hat erzählt, dass früher alle Dorfbewohner das Kanu gemeinsam bis zum Meer gezogen haben. Warum macht ihr es jetzt anders?«

»Der Kanukörper hat zu viele Verletzungen abbekommen.«

Er weist auf die Korallensteine auf unserem Weg und berichtet von weiteren Widrigkeiten. Zum Beispiel mussten alle paar Meter Rundhölzer unter den Stamm gelegt werden. Aber er erinnert sich auch an eine erwartungsvolle Emsigkeit, die bei solchen Gelegenheiten das Dorf erfüllte und sämtliche Bewohner beim *kaikai* versammelte.

»Beim *kaikai*?«

»Beim Festessen.«

Wir haben die Lichtung erreicht und setzen uns unter meine Hütte. Die Stelzen sind hoch genug, um sich bequem darunter aufzuhalten. Wir essen, was Pawa gekocht hat – Reis. Dazu kalten Konservenfisch: Solomon Blue.

Tipol betrachtet die in der Glut verkohlenden Vokabeln auf der Zigarette und bittet mich festzulegen, zu welcher Tageszeit die »Lucky Strivers« das Kanu abholen sollen, weil er weiß, dass ich schönes Licht beim Fotografieren schätze. Soso murmelt etwas von »bezahlen«.

Was jetzt? Darf ich nach dem Preis fragen, oder mache ich dadurch jemanden zum Bettler? Ich möchte einen Anhaltspunkt haben, denn ich neige dazu, aus Sorge, zu wenig zu geben, unangemessen viel zu geben. Ich versuche es mit einer allgemein gehaltenen Erkundigung.

Soso zündet sich eine halbe Zigarette an und nuschelt:

»Mitglieder zahlen 15 Kina. Nichtmitglieder 55 Kina.«

Die Männer erheben sich schweigend, legen ihre Äxte und Macheten über die Schulter und schicken sich an zu gehen. Tipol wendet sich noch einmal um, und niemand überhört, was er mit leiser, aber fester Stimme sagt:

»Milda ist kein Mitglied. Aber Milda zahlt wie ein Mitglied.«

Lilian pflegt meine Füße mit Aloe vera. Der Saft lindert den Juckreiz, doch zum Abheilen alter und neuer Insektenbisse kommt es nicht mehr. Dafür bin ich zu häufig im Regenwald. Weil ich nicht mehr in meine Schuhe passe, wickle ich mir morgens Verbandsmull um Füße und Knöchel und schaffe eine »Schuhsohle« aus Klebeband. Damit geht es sich überraschend leicht auf Panyatas Wegen. Wie auf Watte.

Neben mir sitzt Kokomo. Die Seiten des *Spiegel Reporter* sind vom häufigen Blättern glanzlos und weich geworden; einen Knick oder Riss indessen haben sie nicht davongetragen. In meine Beobachtung hinein sagt Lilian unvermittelt etwas, von dem ich glaube, es missverstanden zu haben.

Ich frage: »Was hast du gesagt?«

Sie antwortet: »Der Geist der toten Lehrerin irrt um die Hütten.«

»Hast du ihn gesehen?«

»Die Frau des Schulrektors hört nachts ihre Stimme und findet am Morgen umgefallene Gegenstände. Gestern hinter dem Haus der Missionare.«

Sie lächelt mich an:

»Du glaubst nicht daran.«

»Ich habe fest geschlafen.«

»Du glaubst nicht daran.«

»Mir ist noch nie ein Geist begegnet, Lilian. Auch meinen Freunden zu Hause nicht. Aber ich war schon oft zu Gast bei Menschen, die an der Existenz von Geistern nicht zweifeln.«

Vor sich hinlächelnd wechselt sie das Thema und erzählt von Yamswurzeln, die sie für morgen Nachmittag vorbereitet.

»Kaikai?«, frage ich nach.

Sie nickt und will sich um alles kümmern. Doch fehlen ihr Reis, Tee und ein Schwein für das Festessen. Ich gebe ihr Reis und Tee.

»Kannst du mir ein Schwein verkaufen?«, erkundige ich mich.

Doch aus mehreren Gründen, die sich mir nicht gleich erschließen, ist das nicht möglich. Auf Panyata ist ein Schwein nicht einfach ein Schwein, eher ein Familienmitglied. Keinesfalls soll ich mich an ihren Bruder Soso wenden, unterbricht sie meine laut ausgesprochene Überlegung.

»Ich gehe zu meinem Bruder Loth«, sagt sie, der wird *mir* ein Schwein verkaufen und nicht *dir*, und keinen überhöhten Preis verlangen.«

Wir hören Lil schreien. Kokomo bringt sie zu uns. Das kleine Gesicht: ein einziger weit aufgerissener Mund. Unwillkürlich werfe ich einen Blick auf die Fensterscheiben; würden sie bersten, ich wäre nicht verwundert. Lilian befestigt ein Tuch an zwei Polen und legt das Mädchen in die Schaukel. Wir bringen sie zum Schwingen. Ich versuche, das Kind zu beruhigen mit »Hmmhmmhmm« und »Schschsch« und beginne dann leise vom Sandmann zu singen. Lil stutzt. Sie blinzelt trotzig, brüllt erneut auf und verstummt.

Ich singe das Lied vom Mond, der aufgegangen ist, und betrachte die unwiederbringlichen Farben des Abendhimmels hinter den Palmen. Bisweilen öffnet Lil die Augen und richtet ihren forschenden Blick auf mich. Es scheint, als hätte sie sich entschlossen, das Weinen für heute aufzugeben. Tatsächlich schläft sie ein. Behutsam schaukle ich sie weiter und summe, während ihre Mutter im Schein goldprangender Sterne ein Schwein für mich kauft.

Früh am nächsten Morgen betreten zweiundzwanzig »Lucky Strivers« den Platz, auf dem die »Frucht« im Regenwald liegt. Die Männer betrachten das rohe Einbaumkanu und kommentieren es anerkennend. Ein paar Schritte entfernt schlagen sie zwei schlanke Bäume und bauen eine Konstruktion zum Tragen. Wie schwer der Einbaum noch ist, sehe ich an den verzerrten Gesichtern der Männer, als sie ihn auf die Schultern heben. Sie fallen in einen gebremsten Laufschritt, nehmen die gestern geschlagene Schneise den

Hang hinunter bis zum Orchideenbaum. Immer weiter entfernen sie den Kanubaum von dem Ort, wo sein Stamm so lange in der Erde verwurzelt war.

Die Männer laufen und rufen in rascher Folge Zaubersprüche. Die sollen das Kanu leicht machen, hier und jetzt, aber auch in Zukunft auf den Wogen des Ozeans. Sie beschwören die im Stamm wohnenden beschwerenden Kräfte, sich fallen zu lassen. Dabei nennen sie Makel, Verschmutzungen und Tabubrüche beim Namen.

»Lass dich fallen, Dreck! Lass dich fallen, Fäulnis! Lasst euch fallen, Milben! Lass dich fallen, Schwamm! Lass dich fallen, Verschmutzung durch Kot. Wir treiben es mit dir, Kanu! Lass dich fallen, Verschmutzung durch den Koitus!«

Immer wieder erklimmt einer der Männer das Kanu, manchmal sitzen sogar zwei von ihnen obenauf. Ein Stück weit lassen sie sich tragen, dann springen sie ab. Niemand gerät aus dem Tritt.

Schon ist die Lichtung erreicht.

Wir passieren meine Hütte; Lilian, ihre Kinder, ihre Brüder und Pawa schließen sich an. Alle laufen wir über den Pfad parallel zum Meer, und jetzt sprechen die Männer neue Beschwörungen in alle Windrichtungen:

»Das Kanu wird über die Wellen fliegen! Das Kanu wird zittern vor Geschwindigkeit! Das Kanu wird ein Fliegender Fisch! Das Kanu wird ein Federflaum. Das Kanu wird ein Schmetterling! Das Kanu wird ein Lufthauch! Das Kanu wird unsichtbar.«

Wir laufen durch die erste Ansammlung von Hütten, vorbei am Grab der Lehrerin, vorbei an der Fußballwiese, erreichen Dindis Weiler und biegen ab vom Pfad vor seinem Laden; laufen das kurze Stück zum Meer, und hier wuchten die »Lucky Strivers« den Einbaum von ihren Schultern.

Jetzt liegt er in der einsetzenden Flut. Die Männer lösen die Trageholme und drehen das Kanu auf die Seite. Drei Wochen, vielleicht vier, wird es in seinem neuen Element, dem Wasser, liegen bleiben. Das salzige Meer soll sein Holz härten, es dicht machen, dass keine Bohrmuschel je eine Chance hat, sich hineinzufressen. So präpariert, wird es auch unter den künftigen Axthieben nicht splittern. Ist das Wässern abgeschlossen, werden die Kanubauer den Einbaum aushöhlen und verzieren; sie werden Planken anfertigen und Spanten und ihn mit einer Auslegerplattform zu einem großen Kanu machen. Jetzt aber streben die Männer dem Festschmaus unter meiner Hütte entgegen.

Benommen vom Lauf, von der Hitze und dem Augenblick, verweile ich noch; sehe die flachen Wellen auf das Kanu zueilen, sehe sie seinen Körper umspülen, zurückweichen, um ihn erneut zu umschließen.

Die Dünung, das Atmen des Meeres, erfasst den Kanubaum.

Im Schatten unter meiner Hütte sitzen die »Lucky Strivers« und Kanubauer auf dem Boden. In ihren Tellern dampfen dicke Stücke des Schweins, das Lilian unter Sternen für mich erstanden hat. Kaltes Fleisch aus der Konserve steht ebenfalls bereit. Kokosmilch duftet. Ein köstliches Mahl. Doch die Einzige, die sich Lilian und Pawa gegenüber lobend äußert, bin ich. Darüber schmunzeln die Männer. Schon mehrmals ist mir aufgefallen, hier essen die Menschen ohne der Köchin zu danken und vorwiegend schweigend. Dafür mit hingebungsvoller Konzentration.

Gerade habe ich mich in meinem grasigen Badezimmer mit Wasser übergossen. Jetzt, auf der Leiter zu meiner Hütte, verflüchtigt sich die Erfrischung schon wieder.

Einfach nur dasitzen und ausruhen möchte ich.

Gegen die Wand gelehnt, strecke ich meine Beine aus. Heute bin ich nicht begeistert, als ich Pawas rundes Gesicht in der Tür sehe. Sie besucht mich seit unserem ersten Gespräch fast jeden Abend. Immer wartet sie, bis jeder andere Besucher sich zurückgezogen hat. Eine Weile habe ich sie glücklich erlebt; beschwingt durch Sosos Erlaubnis, Korbball spielen zu dürfen. Auch durch die Anerkennung, die ihr das Geschick, den Ball sicher zu platzieren, gebracht hat.

Jetzt wirkt sie traurig. Und wütend.

Wieder hat Soso ihr das Korbballspiel verboten. Sie empört sich mit leiser Stimme. Und sie überrascht mich mit einer Ankündigung:

»Ich werde erst wieder mit ihm schlafen, wenn ich Korbball spielen darf!«

Sieben

Die Wechsel von Tag und Nacht lese ich aus den sich wandelnden Farben des Lichts und den Geräuschen des Morgens. Wenn ich in meinen Taschenkalender schaue, starren Zahlen.

Die Palmen rascheln im Wind wie leichter Regen.

Samstag. Tag der Spiele. Korbball. Fußball.

Lilian begutachtet meine Füße und regt an:

»Lass uns vor dem Start zur Krankenstation gehen.«

Auf der Höhe von Dindis Laden bleiben wir stehen, um das Kanu zu betrachten. Die Männer haben es mit einer Liane gesichert. So kann es nicht driften, aber schwojen. Sein nasses Holz glänzt in der Sonne.

Zum ersten Mal komme ich über Dindis Laden und damit über das Ende seines Weilers hinaus. Immer auf dem Weg parallel zum Meer, dem einzigen, der die kleinen Ansammlungen von Hütten auf der Insel von Ost nach West miteinander verbindet. Meerwärts von ihm das Blau, landwärts das dunkle Grün des Regenwaldes. Dann weicht er zurück und gibt Raum für ein weiteres Dorf.

Anders als auf Lilians Lichtung stehen hier die Hütten dicht und ohne erkennbare Ordnung beieinander. Auch scheinen ihre Bewohner weniger Sinn für die dekorative Verwendung von Pandanus-Blättern an den Hüttenwänden zu haben.

Dafür lagern unter zwei der etwa zwanzig Hütten Kanuplanken. Ihre verwitterte Farbe und der vom Wind angewehte Staub auf dem Holz lassen vermuten, dass die Teile schon lange dort liegen.

»Wo ist die Krankenstation?« frage ich Lilian, als mir dämmert: Hier kann sie nicht sein.

»Wir müssen weiter«, sagt sie.

Warum die Station fern jeden Weilers als Baracke auf Stelzen in der Sonne glüht, weiß auch Lilian nicht zu erklären. Eine Schwester im nachlässig angezogenen Kittel schaut auf, als wir eintreten. Ihr Gesicht wird verschönt durch dieses unvergleichliche pazifische Lächeln. Sie löst die Verbände von meinen Füßen und stellt leise fest:

»Aloe vera hilft, aber nur wenn du es helfen lässt.«

Soll ich ihr sagen, dass ich schon übermorgen wieder in den Regenwald gehen will, um dabei zu sein, wenn der nächste Kanubaum gefällt wird? Keinesfalls möchte ich versäumen zu sehen, wie die Männer es schaffen, ohne Säge zwei Planken aus dem Stamm zu schneiden. Wahrscheinlich weiß sie Bescheid.

Sie sagt: »Deine weiße Haut kenne ich nicht. Aber die Medikamente, die ich für dich habe, sind *dimdim-made*, deshalb wirst du sie wohl vertragen.«

Gemächlich desinfiziert sie die Haut und trägt eine Salbe auf. Sie betrachtet die von den Fußsohlen bis zu den Knöcheln frisch verbundenen Füße. Nur die Zehenspitzen schauen heraus.

»Schuhe!«, sagt sie. »Schuhe, *Panyata-made!*«

Für die Behandlung zu Hause bekomme ich eine Plastiktüte: Desinfektionsmittel, Mullbinden, Kompressen und eine Salbe. Als mir einfällt, dass Fragen nach Geld nicht erlaubt sind, bin ich bereits dabei, meine auszusprechen:

»Was schulde ich dir?«

»Wenn du willst, kannst du mir 15 Kina geben.«

Sie hat längere Zeit in der Hauptstadt gearbeitet. Die Krankenstation ist eine kirchliche Einrichtung. Fragen nach Geld geben ihr nicht das Gefühl, eine Bettlerin zu sein. Das macht es einfacher für mich.

Auf dem Rückweg bleibt eine junge Frau vor uns stehen.

Sie fragt Lilian: »Hast du eine Betelnuss?«

Lilian antwortet: »Ja«, und holt eine aus der Tasche ihres Kleides.

Die Frau fragt: »Hast du Kalk?«

Lilian sagt: »Ja«, und streut ein wenig in die hingestreckte Hand. Wir gehen weiter.

Jetzt bleibt Lilian vor einer Frau stehen:

»Hast du eine Betelnuss?«, erkundigt sie sich.

»Ja«, sagt die Frau und gibt ihr eine.

Lilian steckt sie ein. Ich schaue sie fragend an, und sie klärt mich auf:

»Vorhin, da habe ich der Frau meine letzte Betelnuss überlassen. Ich musste mir unbedingt eine neue besorgen. Betel ist gerade knapp auf der Insel.«

Die Sache ist so: Wird jemand auf Panyata nach einer Betelnuss gefragt, gibt er sie ab. Selbst wenn es seine letzte sein sollte. Ein ungeschriebenes Gesetz. Und tut es auch weh, eine Weile ohne Betel zu sein, tröstet die Gewissheit, dass dieser Zustand nicht lange anhalten wird – der Nächste, spätestens der Übernächste, hat eine Nuss in der Tasche.

Lilian zeigt auf ein hohes Bäumchen mit dünnem Stamm:

»Siehst du den da? Das ist ein Betelbaum. Siehst du eine kaubare Nuss? Nein, du siehst keine kaubare Nuss. Du kannst keine kaubaren Nüsse sehen, weil sie heimlich gepflückt werden. Das Tabu wirkt schon lange nicht mehr.«

»Das Tabu?«

Lilian erklärt: »Wer einen Betelbaum besitzt, spricht ein Tabu aus, nämlich dass wer wagt, ihn zu berühren, krank wird. Aber anders als früher glauben die Leute nicht mehr an die Kraft des Tabus. Jeder stiehlt jetzt, was sich ihm bietet.«

Und das, obwohl alle Betelbäume, genau wie die Kokospalmen, samt und sonders einen Besitzer haben, der von ihnen profitieren möchte. Betelbäume sind rar auf Panyata, und ihre Nüsse den Bewohnern so unentbehrlich wie Trinkwasser. Ein Teil des Bedarfs gelangt aus Massim hierher und ist nicht zu haben ohne Geld oder einen Tauschgegenstand. Anders als auf Panyata war es auf Massim einmal Brauch, für jeden Verstorbenen einen Betelbaum anzupflanzen.

Die Nachfahren freuen sich über ein Handelsmonopol.

Unterdessen haben wir die Spielwiese erreicht. Die »Lucky Strivers« sind dabei, das Gras zu kürzen. Tief gebückt und mit beiden Händen nutzen sie ihre Macheten wie Sensen. Andere stellen Tore auf aus Bambusrohren. Schon schlendern die ersten Zuschauer heran. Mütter mit ihren Babys, Alte und Junge, die keinem Team angehören. Sie sitzen entspannt im Schatten unter Bäumen, auf Ästen und entlang den Spielfeldrändern. Nicht wenige zum Schutz vor der Sonne unter Regenschirmen. Irgendwie gelangt ein Schirm zu mir. Vom funkelnden Meer weht eine Brise herüber.

Und dann pfeift Lilian das Korbballspiel an; ihr jüngster Bruder zeitgleich das Fußballspiel. In schlabberigen T-Shirts und weiten Röcken laufen die Frauen und schnellen dem Korb entgegen. Die Männer dribbeln und schießen mit entblößten Beinen. Knappe Shorts und farbige Netzhemden bringen ihre glänzenden Muskeln zur Geltung.

Weil es an Platz mangelt, teilen sich die unterschiedlichen Teams eine Wiese. Ich halte vergeblich Ausschau nach Linien oder Markierungen, die ein Spielfeld vom anderen trennen. Offensichtlich benötigen die Teams sie gar nicht, denn sie kommen sich nicht ins Gehege. Die im Gras pickenden Hühner lassen sich nicht irritieren durch die »Lucky Strivers«, und die »Lucky Strivers« fühlen sich nicht gestört durch die Hühner.

Der Abpfiff schrillt nach zwanzig Minuten. Weil die Spielfelder klein sind, bestehen die Mannschaften aus jeweils sechs Spielern. Kurze Spielzeiten ermöglichen jedem vom Team einen Einsatz. Elegant und lässig kicken die Männer den Ball; geschmeidig und stark werfen die Frauen den ihren.

»Tor!«, rufe ich laut, als Spice Girl einen Treffer landet. Gleich streifen mich wohlwollend überraschte Blicke. Nur eine einzige, meine Stimme hat sich erhoben. Meine Gastgeber nehmen Tore und alles, was auf dem Feld passiert, gleichmütig hin. Gewinner und Verlierer sind nicht zu unterscheiden, als sie den Platz verlassen.

Pawa kann ich nirgends entdecken.

Ich finde sie traurig und wütend in meiner Hütte. Auch ihre Entschlossenheit, nicht mehr mit Soso zu schlafen, konnte ihn nicht umstimmen. Sie durfte nicht spielen. Nach einem ersten Wortschwall schweigt Pawa. Doch hinter ihrem runden Gesicht pocht das Blut. Verlegen gesteht sie mir:

»Ich kaue.«

»Du kaust?«

»Nein, ich kaue nicht, weil ich nicht darf. Aber ich kaue.«

Ich erinnere mich gut, wie sie damals, als ich ihr eine Portion Paradise Twist zustecken wollte, ablehnte und ausdrücklich sagte, dass sie nicht kaue. Wahr ist, dass sie Kautabak liebt und ihn sich nur wegen Sosos Verbot verkneift. Bis jetzt.

Ich teile meinen Vorrat mit allen. Auch mit Pawa. Ihr schenke ich außerdem eine Zahnbürste zum Erhalt ihrer prachtvollen Zähne. Sie verabschiedet sich glücklich. Irgendwo dort draußen sucht sie jetzt nach einem verborgenen Platz zum Genießen.

Ungewöhnlich spät besucht mich Soso.

Er verkündet: »Ich habe beschlossen, das Kauen und das Rauchen aufzugeben. Ich brauche auch so eine Zahnbürste.«

Sonntag. Ich bin dem Meer so nah und fühle mich ohne ein Schiff unter den Füßen unendlich fern von ihm.

Hinter der Küchenhütte steckt ein Eisenstab schräg im Boden. Lilian schabt die innere Hälfte einer Kokosnuss über seine Spitze.

Im Korb darunter häufen sich milchweiße Flocken und duften. Später schmecken sie Lilian, Kokomo und mir in einer Suppe aus frischen Fischen. Ich sehe uns löffeln und denke daran, wie viel Zeit Lilian für eine einzige Mahlzeit aufbringen muss, wie viel Kraft. Neulich sah ich sie gemeinsam mit Pawa aus dem Regenwald treten. Beide trugen eine Pyramide von Taroknollen auf dem Kopf. Da hatten sie mehr als zwei Fußstunden hinter sich, denn so weit vom Dorf entfernt liegen ihre Gärten. Alle drei bis vier Tage brechen sie früh am Morgen dorthin auf, um zu ernten. Ich kann mit Mühe dreißig Kilo ein paar Schritte schleppen; Lilians gefüllten Tarokorb anzuheben, gelingt mir gar nicht.

Lilian sagt: »Manchmal tragen wir so schwer an einer Last, dass der Körper zittert.«

Und sie erzählt, dass Männer ihre Frauen auch nach deren Kraft auswählen. Je mehr eine Frau tragen kann, desto begehrenswerter wird sie, und ihr Ansehen in der Gemeinschaft steigt.

»Pawa gehört zu den Stärksten«, sagt Lilian, »und wir Frauen, wir taxieren auch die Männer, bevor wir uns für einen entscheiden. Wer geschickt ist beim Kanubau, hat einen Vorteil.«

Kokomo liegt auf dem Bauch und zeichnet. Verblüfft entdecke ich neben Schweinen und Paradiesvögeln die Maus aus der »Sendung mit der Maus«.

Ich frage: »Was ist denn das?«

»Das ist ein Löwe«, antwortet Kokomo.

»Hast du schon einmal einen Löwen gesehen?«

»Nein. Die leben ja in Afrika, aber die Lehrerin hat uns erzählt, wie Löwen aussehen.«

Durch die Bodenritzen sehen wir unter meiner Hütte den Hilfsmissionar herumstreichen. Durch stummes Wandeln mit gesenktem Kopf macht er sich uns bemerkbar.

Lilian flüstert: »Ich gehe mal runter.«

Bald sehe ich ihn leise auf sie einreden. Zwei Meter über ihnen fühle ich den Druck, den er macht.

Später murmelt Lilian: »Warum ich nicht in der Kirche war, wollte er wissen. Er will meine arme Seele retten.«

Der zweite Kanubaum, den ich fallen sehe, ist keineswegs gebogen wie der neue Mond, sondern vollkommen gerade.

Tipol sagt: »Es gibt Kanubäume, die wachsen gebogen für die ›Frucht‹, und andere wie diesen, die wachsen gerade für die Planken.«

Während die »Frucht« im Meer reift, sind heute statt sieben zwölf Männer bereit, die beiden Planken für den Rumpf aus dem Kanubaum zu schlagen. Wieder betrachte ich nachdenklich die Ruhe ihrer Bewegungen, den Gleichmut in ihren Gesichtern. Jeder weiß, was er zu tun hat. Tipol und Soso sind Erste unter Gleichen, ihre Anweisungen lautlose Zeichen. Niemand legt Wert auf Diskussionen. Das Leben ist einfach.

Ich analysiere, möchte verstehen, warum die Menschen auf Panyata so viel gelassener sind als ich und die meisten, die ich zu Hause kenne; warum sie sich so viel natürlicher, so viel spielerischer bewegen. Es kann nicht daran liegen, dass ihr Leben ungetrübter oder gar paradiesischer verliefe als meines; das tut es nicht. Wieder einmal streift mich der Gedanke, ich sollte mich durch die Stimmen in meinem Kopf nicht ablenken lassen vom Wesentlichen.

Vom Erfahren.

Von der Hingabe an das Erfahren.

Wie hält man seinen Verstand an?

Kann ich mir das Fremde denn mit dem Vertrauten erklären? Führen nicht Vergleiche dazu, dass ich lediglich *glaube,* etwas zu wissen? Dazu, dass ich wortreich über Dinge nachdenke, gar rede, von denen ich dennoch nichts verstehe?

Sollte ich nicht vielmehr zuhören, zusehen und schweigen, so wie meine Gastgeber es mir vorleben? Eindrücke länger auf mich wirken lassen, bevor ich sie benennen will? Vielleicht kann das Wesentliche, das Andere mich dann erreichen. Möglicherweise kann ich dann ein gänzlich neues Wort erfinden. Weil ich das, wofür es steht, wirklich verstanden habe.

Unterdessen kocht Pawa, die heute mit in den Wald gegangen ist, Reis. Die Männer lösen Äste und Rinde vom Stamm und begradigen die runden Seiten, genauso, wie ich es beim ersten Kanubaum beobachten konnte. Doch diesmal gehen die Schläge tiefer; eine dickere Schicht Holz wird abgetragen.

Einer der Männer, der nicht zum harten Kern der Kanubauer gehört, trägt schwere, knöchelhohe Schuhe. Die stammen aus der Mine in Massim, wo er monatsweise arbeitet. Dort ist Sicherheitskleidung Pflicht. Hier treffen die Äxte unmittelbar neben nackten Füßen aufs Holz.

Es ist so heiß, so drückend, dass ich mich setzen muss. Die Männer arbeiten gleichbleibend kraftvoll. Sie wechseln sich unaufgefordert ab; mal stehen sie auf dem Stamm, mal hocken sie neben ihm auf dem festgetretenen Waldboden und kauen Betelnüsse oder rauchen.

Zufrieden häufen sie Reis und kaltes Dosenfleisch auf ihre Teller. In ihren Tassen dampft Tee, und das Feuer unter dem Wasserkessel flackert für eine zweite.

Der Mann mit den Schuhen erzählt leise:

»In der Mine spürt man die Härte der Arbeit doppelt. Das liegt daran, dass eine Uhr und nicht der Körper sprechen darf.«

Soso nickt, er kennt die Lohnarbeit in Massim. Die Männer sagen, ein Kanu zu bauen fordere viel Kraft, doch mache die Arbeit Spaß und sei zutiefst befriedigend.

Nach dem Essen markieren Tipol und Soso mit ihren Äxten zwei parallel verlaufende Doppellinien über die gesamte obere Länge des

Stammes. Dann beginnen die Männer, das Holz dazwischen zu entfernen. Andere sind beschäftigt mit den Seiten des Stammes. Die Männer arbeiten sich von außen und von innen an die Bretter, die einmal Planken werden, heran. Bisher ist nichts als die Oberfläche ihrer langen Kanten zu sehen.

Im grünen Badezimmer schöpfe ich Wasser und gieße es mir in kleinen belebenden Güssen über den Kopf. Es gilt auszukommen mit der vorhandenen Menge und gleichzeitig das Gefühl von Dauer und Überfluss wachzurufen. Und weil ich es will, gelingt es mir.

Lilian lächelt.

Es ist erst wenige Jahre her, da war Panyata von einer Dürre betroffen, der Inselbach für Monate ausgetrocknet. Ohne australische Hilfe wären die Menschen verdurstet, erzählt Lilian. Draußen vor dem Riff hatten mit Wasser gefüllte Containerschiffe gelegen. Die Bewohner Panyatas waren mit sämtlichen kleinen und großen Kanus hinausgepaddelt, um sich zu versorgen. Lilian erinnert sich:

»Es hat zum Trinken und Kochen gereicht.«

Eine Weile sitzen wir da und schauen aufs Meer. Dann erkundigt sie sich:

»Gestern Nacht, da hast du einmal aufgeschrieen. Warum?«

»Ein Gecko ist mir ins Gesicht gefallen.«

Lilian lacht, und ich bedecke meine Augen mit der Hand, bevor ich weiterrede:

»Erkannt habe ich ihn an seinen Saugfüßen.«

Lilian sagt sanft: »Sie fressen eine Menge von den Insekten, die mit dir zusammen in der Hütte wohnen.«

Dann überrascht sie mich mit der Frage:

»Kannst du mir sagen, was romantisch ist?«

Über den Köpfen der Kanubauer flattern zwei metallicblaue Schmetterlinge. Die Männer stehen auf dem *malauwi*-Baum, und die Hiebe der Äxte und das Schleifen ihrer Klingen verhallen im Regenwald. Spice Girl und ich sitzen auf einem niedrigen Ast und schauen zu.

Ich frage: »Spice Girl, gibt es etwas, wovon du träumst?«

»Wie meinst du das?«

»Gibt es etwas, das du dir wünschst?«

Er antwortet: »Wenn ich in meiner Hütte bin und keinen Fisch habe, dann wünsche ich mir, ich hätte einen Fisch. Dann paddle ich aufs Meer und fange mir einen. Meinst du es so?«

Ich versuche, anders zu fragen: »Hättest du Geld, würdest du dann nach Port Moresby gehen oder anderswohin?«

»Nein. Ich möchte auf Panyata sein und wie mein Vater ein Meister im Kanubau werden.«

Plötzlich lässt er sich vom Ast fallen. Zusammen mit den Männern, die gerade pausieren, verschwindet er eilig im Wald.

»Was ist passiert?«

Die verbliebenen Männer arbeiten ruhig weiter. Sie sagen:

»Unsere Brüder fangen das wilde Schwein, das vorbeikam.«

Nach einer Weile, die mir kurz erscheint, nähern sich knackende Geräusche im Unterholz und kichernde Stimmen; dann tauchen zwischen den Bäumen die Jäger auf: An einem Stock zwischen ihren Schultern hängt das erlegte Schwein.

Abseits vom Kanubaum legen sie es auf den Boden und weiden es aus. Von meinem Platz aus, auf dem ich bleibe, weil er mich vor Gerüchen und Blümeranz bewahrt, sehe ich die Männer Gedärm und anderes vergraben.

Spice Girl hebt ein Erdloch aus. Er versenkt im Feuer erhitzte Steine darin, legt Blätter darüber und obenauf das in Stücke geschnittene Fleisch. Seine Freunde bringen große Blätter und bedecken damit die saftigen Brocken. Darüber verteilen sie Erde und verschließen so den Ofen.

Meine Frage, wie um alles in der Welt sie das Schwein gefangen haben, beantwortet einer von ihnen vergnügt und mit der gewohnten Ruhe:

»Wir haben das Schwein in die Enge getrieben. Wir haben das Schwein eingekesselt. Wir haben eine Liane mit einer Schlaufe an einem Ende in seine Nähe geworfen. Wir haben es mit einem Fuß in die Schlinge treten sehen. Da haben wir zugezogen.«

»Und dann?«

»Haben wir das Schwein erschlagen.«

Die Männer fangen an, Betel zu kauen; ich verteile Paradise Twist und Zigaretten. Wer nicht von mir persönlich gehört hat, wie Wildschweine in Deutschland gefangen werden, möchte es jetzt hören. Wieder einmal berichte ich von Hochsitzen und Gewehrschüssen, obwohl ich niemals Zeuge einer Jagd war.

»Warum erfinden *dimdims* Gewehre, aber wir nicht?«, fragt Soso. Alle stehen auf, als ich keine Antwort habe, und wenden sich wieder ihrer Arbeit zu. Pawa hält das Feuer in Gang und raspelt Kokosfleisch.

Ich bleibe bei ihr.

Sie flüstert: »Soso hat mich wieder geschlagen.«

Sie schläft jetzt getrennt von ihm auf der anderen Seite der Hütte, und sie sieht traurig aus.

Die Hitze, die noch nicht nachgelassen hat, ist unerträglich. Unter den Blättern neben Pawas Füßen verschwindet schillernd ein Käfer. Ich erinnere mich an eine Statistik über Gewalt in der Ehe. Glaubt man ihr, sind 58 Prozent der verheirateten Frauen in Papua-Neuguinea betroffen. Als möglicher Grund wird der Brautpreis genannt. Viele der Männer, die ihn gezahlt haben, fühlen sich berechtigt, ihre Frauen zu schlagen. Und offensichtlich auch solche Ehemänner, die ihren Brautpreis noch schuldig sind. So wie Soso, der seit vierzehn

Jahren mit Pawa verheiratet ist und seiner Schwiegerfamilie das versprochene Kanu noch nicht präsentiert hat.

Ich weiß nicht, wie viel Zeit verstrichen ist, seit Spice Girl den Erdofen verschlossen hat. Gut möglich, dass es Stunden sind. Auf mein Nachfragen erklären die Männer, auch sie wüssten es nicht, doch das Fleisch sei jetzt gar. Sie schieben die Erde beiseite. Die Blätter darunter, vormals glänzend und fest, sind nun dunkel und weich. Essensduft erfüllt den Dschungel.

Vorhin ist hier ein Schwein vorbeigelaufen.

Jetzt liegt es zerteilt in diesem Erdloch, dampfend und gar im eigenen Saft. Soso hebt die heißen Stücke mit der Spitze seiner Machete auf frische Blätter; Spice Girl trägt sie zu Pawa und lässt sie in den Topf mit heißer Kokosmilch gleiten.

Habe ich jemals so zartes, so saftiges, so aromatisches Fleisch gegessen?

Hinter uns schnellen zur Seite gebogene Zweige zurück ins Dickicht. Der Kanubaum bleibt allein zurück. Heute Nacht wird der volle Mond ihn bescheinen und die unzählbaren Sterne der Milchstraße. Vielleicht werfen Fledermäuse ihre Schatten auf ihn, vielleicht gleitet eine Python über sein Holz. Möglicherweise flimmern Glühwürmchen in seiner Nähe.

Unter meiner Hütte erwarten mich eine Menge Leute. Sie sind zum Plaudern gekommen und natürlich in der Hoffnung auf ein Stück Paradise Twist. Sie versuchen, mir ihre Sprache beizubringen. Wenn ich etwas falsch ausspreche, erheitert sie das ohnegleichen. Bin ich sicher, einen Laut getroffen zu haben, bedeuten sie mir mit sanfter Freude – oder sanftem Bedauern? –, ich läge erneut daneben.

»Taliu abwe nakitewa!«, Ich sehe dich bald wieder, Schwester, verabschieden sich meine Gäste. Welche Art von Gedanken herrscht in ihren Köpfen vor, dass sie so beseelt aus den Augen sehen können?

Meine Füße quälen mich. Bei Sonnenaufgang bin ich bereit, Lilians wiederholten Hinweis ernst zu nehmen, die Füße könnten sich nicht regenerieren, wenn ich mich den kleinen Blutsaugern Tag für Tag erneut aussetze. Ich bitte Soso zu mir. Mit Kautabak und Zigaretten eröffne ich das Gespräch, wie ich es meinen Gastgebern abgeschaut habe.

Auf meine Füße deutend erkläre ich, dass ich für ein paar Tage nicht in den Regenwald gehe. Ich übergebe ihm ein Päckchen mit Kautabak und Zigaretten für zwölf Kanuarbeiter.

Soso sagt: »Heute werden wir fünfzehn Mann zählen.«

Ich stocke auf. Den Gedanken, ein Schlitzohr zieht mich über den Tisch, will ich nicht vertiefen.

Durch das Fenster sehe ich Lilian aus dem Regenwald treten, auf dem Kopf ein Bündel Feuerholz. In einer Hand trägt sie die Machete, an der anderen zieht sie Lil hinter sich her. Jetzt sitzen wir beisammen und trinken Tee. Gemeinsam lösen wir die Verbände von meinen Füßen.

»Setz dich auf deine Hände«, sagt sie, »du darfst nicht kratzen!«

Immer wenn ich schwach werde, stoppen mich ihre klugen Augen.

Ruhig beginnt sie, mir von Hexen zu erzählen.

»Hexen?«, frage ich.

»Ja, Hexen. Die fliegen nachts herum.«

Lilian berichtet, es geschehe, dass Hexen neidisch würden. Zum Beispiel seien sie einmal neidisch auf Soso gewesen, weil der Geld in der Mine verdient habe. Missgünstige Hexen können dafür sorgen, dass ein Familienmitglied krank wird oder gar stirbt. Chris, der Sohn von Soso und Pawa, hatte damals ein Furunkel am Bein. So groß, dass er drei Monate die Hütte nicht verlassen konnte. Dazu kam Fieber. Erst nachdem Soso die Lohnarbeit aufgegeben hatte, klang die Eiterbeule ab.

Lilian fährt fort: »Der Hilfsmissionar sagt, wer an Hexen glaubt, kommt nicht in den Himmel.«

»Glauben viele Bewohner Panyatas an Hexen?«

»Alle.«

»Auch die, die zur Kirche gehen?«

»Alle. Hier glaubt jeder an Gott und an Geister.«

Draußen ruft jemand wiederholt einen mir fremden Namen, bis Lilian antwortet:

»Uuuh« und ein paar Sätze anhängt, die ich nicht verstehe. Ich frage nach und erfahre, bei dem Namen handle es sich um ihren Spitznamen, und mit dem Laut habe sie zu erkennen gegeben, das Rufen gehört zu haben.

»Ich heiße Gras«, lacht sie.

»Auf Englisch bedeutet mein Spitzname ›Gras‹, wie das lange Lalang-Gras, das an den Hängen der Inseln wächst.«

»Und Lilian? Noch ein Spitzname? Dein geheimer kann es ja nicht sein.«

»Nein, auf Lilian bin ich christlich getauft.«

Sie spricht erneut vom Tabu, einen wahren Namen preiszugeben; von der ihm innewohnenden Magie, die den Träger schützt. Das Geheimnis ist seine Kraft. Hört ihn einer, der Übles will, kann er dessen Magie brechen. Und ein Ehemann ruft seine Frau aus Respekt nicht bei ihrem Namen. Die Geschwister ihres Mannes dürfen Lilian selbst mit ihrem allen bekannten Christennamen nicht ansprechen.

»Deshalb suchen wir uns Ersatznamen. Möchtest du wissen, wie die Kanuarbeiter heißen? Ins Englische übersetzt: Zitrone, Pelikan, Nebel, Plattform, Schwarze Farbe, Zuckerrohr und Taro. Komisch, *eeh?*«

Wieder allein, mache ich mir Notizen. Ich unterdrücke den Drang, die juckende Haut an den Füßen zu kratzen, und noch einen anderen – in meinen Taschenkalender zu schauen, um zu prüfen, ob ich mein Kanu jemals werde segeln sehen. Stattdessen ergebe ich mich der Schwüle und lasse mich auf meine Matratze fallen. Ich spüre, meine Kräfte haben nachgelassen.

Zum wiederholten Mal frage ich mich, wie die europäischen Kolonisten, wie die Soldaten dieses Klima ertragen haben – bis zum Kinn eingezwängt in gottesfürchtige Kleidung und Haltung gebende Uniformen? Sie hatten *ihre* Gründe, auszuharren.

Welches sind meine?

Bin ich nicht aufgebrochen, um die Verwandlung eines Kanubaumes in ein Kanu zu erleben? Mitten im Geschehen erfüllen mich Staunen, Respekt und stille Freude. Auch Zuneigung. Auch Unverständnis und Enttäuschung. Manchmal Ärger. All das erfahren zu dürfen, hat es nicht so viel mehr Bedeutung als die zuvor beklagten Widrigkeiten, die erträglich sind? Wären sie es nicht, hätte ich einen Grund abzureisen. Das sage ich mir.

Am Nachmittag ist meine Hütte voller Kinder. Vom Wenigen, das mich umgibt, fühlen sie sich unvermindert angezogen. Niemals greifen sie einfach nach dem Füller, dem Bleistift, dem Heft, der Kosmetiktasche. Sie schieben langsam ihre Hände an die Dinge heran – und warten, bis ich nicke oder lache. Flüsternd untersuchen sie alles, als hielten sie es zum ersten Mal in der Hand. Mit der gleichen Andacht essen sie kleine Mengen Milchpulver.

Aus dieser Ruhe reißt uns die Maus. Plötzlich läuft sie, am helllichten Tag, an der Wand entlang zu den Vorräten. Alle Kinder sind auf den Beinen. Konzentriert und mit gedämpften Rufen jagen sie die Maus durch den Raum. Kurz vor der rettenden Tür rennt sie über meinen Fuß, und ich schreie auf.

»Schrei nicht«, sagt Kokomo leise und zeigt auf die Stelle, wo das Tier verschwunden ist. Mit dem Verschwinden der Maus ist der Vorfall für die Kinder erledigt.

Sie fragen: »Sollen wir dir etwas vorsingen?«

Während ich auf meinem dünnen Kissen an die Wand gelehnt dasitze, stellen sie sich vor mir auf und singen; mit Inbrunst. Die Melodien erinnern mich an Südseelieder, wie ich sie auf den Salomon Inseln gehört habe. Ich stelle mir vor, auch sie erzählen vom Mond, vom Meer, vom Fischen und vom Segeln. Doch als ich nachfrage, sagen die Kinder, sie lernen nur Kirchenlieder, weil andere Lieder Gott nicht gefallen würden.

Hinter den Palmen sehe ich den Himmel matter werden. Nur Kokomo und Rosa sind noch bei mir. Seit ich ihnen das erste Wort von *Spiegel Reporter* mit meinem Handspiegel erklärt habe, schauen sie mit derselben Andacht in beide. Und vor dem aus Glas probieren sie eine weitere Neuigkeit in ihrem Leben aus:

Einen Lippenstift.

Ich meine, eine Bewegung bemerkt zu haben. Das letzte Licht dringt in die Hütte, noch ist die Kerosinlampe nicht angezündet.

Ich frage: »Schnauft da nicht etwas?«

Kokomo blickt auf und wendet sich wieder Rosa zu.

»Moki«, sagt er.

Moki wohnt seit heute mit seinen Eltern in der Hütte, die verschlossen war. Er ist wohl sechs Jahre alt.

Kokomo sagt: »Er ist nicht so wie die anderen Kinder.«

Ich zünde die Lampe an. Die Leiter ist überdacht, und ganz oben ist seitlich ein Brett angebracht, auf dem man sitzen kann. Dort drückt sich ein schmächtiges Kind in den Schatten. Auf ein freundliches Zeichen von mir, näher zu kommen, antwortet Moki mit Schnaufen und schrumpft noch weiter in sich zusammen. Kokomo und Rosa nehmen Moki mit, als sie gehen.

Es war ein langer Tag. Deshalb liege ich schon auf meiner Matratze, als es klopft. Pawa. Durch das Moskitonetz sehe ich, wie traurig sie ist.

»Soso?«

Sie nickt.

»Wie wär's mit einem Glas Milch?«, schlage ich vor und schütte Pulver in eine Tasse. Jetzt sitzen wir Seite an Seite da und schweigen. Ich glaube, lange. Jedes Wort ist überflüssig. Sie geht so leise, wie sie eingetreten ist. Im Haar ist ein Stückchen Kautabak versteckt.

Der Tag gestern war drückend, und die Nacht hat keine Frische gebracht. Als ich aufwache, sehe ich in dem flüchtigen Moment aus dem Fenster, da das Licht die Farben noch nicht offenbart hat. Eine Zeit, die mich lockt, draußen zu sein. Hinter dem Palmenhain liegt ein nutzloses Rechteck aus Zement im Gras verankert. Es ist das Fundament für einen Laden, den Soso nie gebaut hat. Darauf setze ich mich und warte auf die Sonne. Als sie aufgeht, schlendere ich zum Klohäuschen.

Wieder zu Hause, finde ich den wartenden Soso vor. Ich kann nicht anders, denke: Du bist mir nicht willkommen und störst mich in meiner Privatsphäre. Weil ich nicht sicher bin, ob ich hier überhaupt eine beanspruchen darf, beschließe ich, die Sache zu vergessen.

Die Planken für das Kanu seien beinahe freigelegt, sagt er, und könnten bald zum Meer getragen werden. Er deutet auf meine Füße und sagt:

»Wenn deine Füße sich wieder wohlfühlen, sind wir fertig.«

Soso nimmt das Päckchen mit Kautabak und Zigaretten für die Kanubauer an sich. Am Fuße der Leiter legt er es in den Proviantkorb auf dem Kopf der wartenden Pawa. Ich schaue den beiden nach. Von den Gedanken, die mir durch den Kopf gehen, ist der neutralste, dass dieser Mann ein Meister im Kanubau ist.

Lilian unterbricht meine Versunkenheit.

»Ich muss zum Bach, Wäsche waschen. Möchtest du mich begleiten? Der Weg ist frei. Keine Blätter mit Blutsaugern.«

Ich stecke Verbandszeug zum Wechseln in die letzte mir verbliebene Plastiktüte.

Lilian sagt: »Leg sie oben auf«, und meint die Schüssel auf ihrem Kopf, in der Wäsche, Seife und ich weiß nicht was noch liegen. Ich trage einen leeren Eimer. Mal schreitet Lilian vor mir, mal neben mir. Wir folgen dem Weg, der Biegungen macht wie ein Fluss und breit und festgetreten ist, sodass ich mich sorglos bewegen kann.

Plötzlich sagt Lilian:

»Das ist mein Garten«, und hebt die Schüssel vom Kopf. Ich staune. Erst bei genauem Hinsehen offenbart sich mir das wilde, üppige Wachsen als von Menschenhand angelegt. Ein lebender Zaun aus eng stehenden, schlanken Bäumen schützt den Garten vor wilden Schweinen. Lianen und wucherndes Blattwerk verschlingen die Stämme miteinander. Bananenstauden wachsen hier, Taro, Tapioka, Süßkartoffeln und vor allem: Yamswurzeln.

Lilian sagt: »Du hast Glück, dass du nicht zur Haupterntezeit gekommen bist. Da hätte dir niemand ein Kanu gebaut.«

Das ist die Zeit, in der sich alle dem Einbringen der Yamswurzeln widmen und untereinander wetteifern, wer die größten und schönsten gezogen hat. Zur Besichtigung und zum Vergleich werden sie in Yamshütten ausgestellt und dann gegenseitig verschenkt.

Drei Jahre erntet Lilian in ihrem Garten, länger nicht. Dann darf sich die Erde, kraftlos geworden, viele Jahre erholen. Und ihr Vater weist ihr an anderer Stelle seines Besitzes zwanzig oder dreißig Quadratmeter Wald zu. Gut möglich, dass es sich dabei um ein Areal handelt, welches vor einigen Jahrzehnten schon einmal kultiviert wurde. Die Männer roden den Wald; die Frauen säubern die entstandene Fläche, verbrennen Blätter und schlagen aus verbliebenen Ästen Feuerholz. Der Anbau von Yamswurzeln, Bananen und Papayas ist wieder Sache der Männer.

Mit einem Bündel Bananen geht Lilian auf dem Pfad, der uns mal aufwärts, mal abwärts führt, voran. Zuerst hören wir ein Murmeln, dann sehen wir den Bach, wie er sich zwischen den Bäumen windet. Wir trinken aus hohlen Händen, waten hinein und kühlen uns ab. Vor der nächsten Biegung füllt er eine tiefe, ruhige Stelle. Dorthin tragen wir unsere Wäsche. Wir drücken die bunten Teile langsam in das klare, schattige Wasser. Still genießen wir den Überfluss. Und hinter der Biegung, wo der Bach fließt und fließt, spült er alle Reste von Seife aus den Stoffen. Lilian dreht jedes Teil einzeln zusammen und schlägt auf der Steinfläche am Ufer das Wasser heraus.

Die Füße im Bach, essen wir eine Banane.

Ich frage: »Lilian, hast du Träume?«

Sie sagt: »Nur wenn ich ganz allein bin und alles ruhig ist. Dann arbeite ich so hart und träume, dass Yamswurzeln, Süßkartoffeln und Tapioka gut wachsen und uns satt machen.«

Sie schaut mich an.

»Zuerst muss man denken«, spricht sie weiter.

»Wenn ich mich wirklich um meinen Garten kümmere, ihn pflege und ihn immerzu in meinen Gedanken habe, dann wird er ein guter Garten sein und viele Früchte tragen. Aber gleichzeitig muss ich ihm vertrauen und an ihn glauben, sonst wird nichts aus ihm.«

Ich warte, bis sie weiterspricht.

»Wenn wir von etwas träumen, dann holen wir es uns. Zum Beispiel einen Fisch. Wenn wir einen Fisch haben möchten, gehen wir fischen.«

Ich unterbreche sie nicht.

»Manchmal denke ich darüber nach, wie ich eine Arbeit schneller beenden könnte, um etwas anderes zu machen.«

Ich frage: »Was zum Beispiel?«

»Mal nichts.«

»Hast du noch andere Wünsche?«

»Ich wünsche mir eine dickere Hornhaut unter den Füßen, dann hätte ich beim Tragen der Yamswurzeln weniger Schmerzen.«

Ich bin überrascht. »Kann man denn durch so dick verhornte Fußsohlen noch etwas spüren?«

Lilian lässt mich die Risse darin sehen. Besonders scharfe Korallensteine schneiden tief in die Hornschicht und verursachen Schmerzen.

Zwei Reiher erheben sich und fliegen über den Lauf des Baches. Wir füllen einen Eimer mit Wasser, setzen ihn in die Mitte der Schüssel, schichten die nasse Wäsche um ihn herum. Gemeinsam heben wir die Last auf Lilians Kopf. Ich trage im zweiten Eimer die übrige Kleidung. Während Lilian aufrecht durch den Regenwald schreitet, halte ich mich zwangsläufig schief. Mühsam wechsle ich unentwegt die Seite, auf der ich den immer schwerer werdenden Eimer schleppe. Nur meinetwegen machen wir Pausen.

Lilian sagt: »Dein Körper sieht nicht glücklich aus. Lass uns rasten und eine Banane essen.«

Ich denke laut: »Warum lernt man nicht auch bei uns, Dinge auf dem Kopf zu tragen?«

Lilian sagt: »Weil ihr Autos erfunden habt.«

Im Weitergehen erkundige ich mich nach Moki und seiner Familie. Warum sind sie so unerwartet nach Panyata gekommen?

»Kennst du das *wantok*-System nicht?«

»Nein.«

Sie sagt: »Übersetzt bedeutet *wantok* ›eine Sprache‹. Meine Sprache und die meines Clans ist Massim. Jeder, der diesem Clan angehört, ist ein *wantok* und verpflichtet, jedem anderen *wantok* zu helfen. Mokis Familie hat auf pazifischen Inseln außerhalb Papua-Neuguineas gelebt. Sie befindet sich auf der Durchreise zum Festland.«

Lilian sagt: »Stell dir vor, du heiratest einen Mann vom Massim-Clan und lebst mit ihm in Deutschland. Tauchte jemals einer seiner *wantoks* bei euch auf, dein Mann wäre verpflichtet, ihn aufzunehmen, ihn zu ernähren und zu kleiden. Er müsste ihm bei der Suche nach Arbeit behilflich sein, bis er sich selbst helfen kann.«

Sie gibt ein weiteres Beispiel:

»Stell dir vor, ein Massim-*wantok* arbeitet für die Regierung in Port Moresby. Er wird sich ausschließlich für Angehörige des Massim-Clans starkmachen, so wie Mitglieder anderer Clans sich nur für ihre Leute einsetzen.«

Ich frage: »Es gibt 867 eigenständige Sprachen in Papua-Neuguinea. Heißt das, ihr habt 867 *wantoks?*«

»Ich weiß nicht, wie viele Sprachen es in Papua-Neuguinea gibt. Ich fühle mich nicht wie eine Staatsangehörige von Papua-Neuguinea. Ich fühle mich als eine Massim. Aber du kannst sicher sein, dass jede Sprache einen anderen Clan verbindet.«

Das klingt nach gut funktionierender Sozialversicherung. Später lese ich vom *wantok*-System als dem Fundament der melanesischen Kultur. Wer nimmt, fühlt sich verpflichtet zu geben. Wer gibt, kann sich darauf verlassen, dass er zurückbekommt. *Wantok* vermittelt Clanmitgliedern ein ausgeprägtes Gefühl von Identität und Zusammengehörigkeit.

Doch Papua-Neuguinea ist seit Kolonialzeiten Teil der globalen Interessengemeinschaft. Westliche Konzepte regieren die melanesische Gesellschaft. Die nicht ins Wanken geratene dörfliche Tradition des *wantok* führt, übertragen auf die moderne städtische und politische Ebene, auf Polizei und Armee, zu Vetternwirtschaft und Korruption; hoffnungslos.

Tags darauf besuchen mich ein paar Frauen auf der Wiese hinter meinem Bad. Es kommt dazu, dass ich versuche, eine Schüssel auf dem Kopf zu tragen. Gelingt ein Schritt, ermutigen sie mich mit freundlicher Ruhe. Fehlschläge bleiben unkommentiert. Sie geben keine Ratschläge. Geduldig schauen sie meinem Scheitern zu. Erst als ich sicher bin, dass meine Anstrengungen erfolglos bleiben werden, es ausspreche und um eine Erklärung bitte, sagen sie:

»Deine Halsmuskeln fühlen sich nicht stark genug. Unsere durften sich an Gewicht gewöhnen, als wir noch Mädchen waren.«

Eine der Frauen zeigt mir, wie sie das Gleichgewicht der Schüssel allein mit ihren Halsmuskeln kontrolliert. Sie ist Lehrerin und lädt mich zu einem Besuch in ihre Hütte ein. An der Bambuswand hängen ein Kalender mit christlichen Motiven, eine Uhr und Familienbilder. Wir sitzen auf Stühlen an einem Tisch mit Wachstuchdecke, trinken Tee aus Tassen auf Untertassen und knabbern Kekse. In einer Vase blühen künstliche Rosen.

Die Frau stammt von der Insel Massim und hat schon in der Hauptstadt gelebt. Sie erzählt vom Mangel an Lehrmitteln in der Schule. Es gebe keine Bücher, keine Landkarten und keine Bänke.

Sie sagt: »Nun ja, Bänke und Tische sollen die Väter selbst für ihre Kinder zimmern, doch hier hält man noch fest an der traditionellen Sitzweise auf dem Boden.«

Sie kennt den Grund, der mich auf die Insel geführt hat, genau. Dennoch stellt sie ihre Fragen so, dass ich nicht umhin kann, ihr die vollständige Geschichte persönlich zu erzählen. Auf ihrem runden Gesicht lächeln Zustimmung und Vergnügen.

Plötzlich irritiert sie mich. Sie möchte wissen:

»Kommst du aus Deutschland zurück, wenn das Kanu fertig ist und ins Wasser geschoben wird?«

Zu Hause frage ich Lilian verzagt: »Glaubst du, dass ich noch hier bin, wenn das Kanu fertig wird?«

»Denk nicht drüber nach! Du musst vertrauen!«

Mut macht, was ich ein paar Tage später im Regenwald sehe. Vom Stamm des Kanubaumes sind nur zwei Bretter stehen geblieben. Wenn ich wollte, könnte ich durch seine Mitte wie durch eine Gasse gehen. An einem Ende hinein, am anderen hinaus. Über ihr stehen auf den Kanten der Bretter Männer. Mit jedem Schlag ihrer Axt verringern sie deren Dicke; mehr als vier Zentimeter Durchmesser haben sie nicht mehr. Es ist, wie Soso gesagt hat: Wenn meine Füße geheilt sind, sind auch die Planken zum Abtransport bereit.

Gegen Nachmittag löst die Gang alle stützenden Rundhölzer. Die Planken verlieren ihren Halt. Viele Hände fangen sie auf, legen sie übereinander, schlingen Lianen um sie herum und binden sie zusammen.

Die Schneise für den Transport haben die Männer gestern geschlagen. Heute stampfen ihre Füße im Laufschritt hindurch. Blätter tief hängender Zweige streifen über die Planken auf ihren Schultern. Ihre Rufe hallen wie die der unsichtbar bleibendenden Vögel in den verwobenen Zweigen. Wir bewältigen ein Stück abschüssiges Terrain, dann erreichen wir den Trampelpfad und biegen ab nach Süden. In der untergehenden Sonne laufen wir vorbei an den langen Schatten der Klohäuschen. Wir erreichen das Dorf, Dindis Laden, das Stückchen Strand, vor dem die »Frucht« noch immer im Meer liegt. Die Kanubauer lassen die Planken ins Wasser gleiten, die »Frucht« ziehen sie an Land.

Dann verschluckt die Dunkelheit das Meer, die Kanuteile und die Menschen. Die Nacht ist warm, unendlich. Im gelben Schein der Kerosinlampe unter meiner Hütte sitzen wir beisammen. Ein aromatischer, fast herber Duft kommt und geht je nach Laune des Windes, begleitet von den schmatzenden Lauten der essenden Kanubauer. Lilian und Pawa haben das Festmahl zubereitet.

In dieser Nacht fahre ich hoch aus einem Albtraum. Doch bringt das Erwachen keine Erlösung: Träumend befand ich mich in der Wirklichkeit. Der helle Mond beleuchtet die Szene. Unter dem Moskitonetz rennt die Maus um mich herum, panisch.

»Liliaaan!«

Ich versuche, das unter meine Matratze gestopfte Netz hervorzuziehen, und verheddere mich in seiner Fülle. Das rasende Tier prallt in die Falten und springt auf meine Beine.

Beide sind wir erfüllt von Entsetzen.

Wie lange wir im Chaos auf zwei Quadratmetern gefangen waren, vermag ich nicht zu sagen. Ich stehe jetzt mitten im Raum und sehe in die lachenden Gesichter von Lilian und Kokomo. Oben aus der Faust vor Lilians Brust sehe ich den Kopf der Maus und ihre Augen in meine Richtung blicken.

»Bitte töte sie nicht hier!«, bringe ich heraus. »Nicht hier.«

Lilians Lächeln könnte nicht breiter sein:

»Schon passiert. Ich habe ihr die Luft abgedrückt.«

»Wie hast du die Maus gefangen?

»Das ist keine Maus. Das ist eine Ratte. Kokomo hat sie mir zugetrieben. Ich habe meinen Rock aufgehalten, und sie ist in die Falten gelaufen. Ich bin gut im Korbball. Warum sollte ich nicht gut sein im Rattenfangen?«

Bevor die beiden wieder schlafen gehen, wollen sie meine Füße sehen.

Lilian sagt: »Du hast Glück.«

»Glück?«

Beklommen erfahre ich etwas über die Gepflogenheiten der Ratten auf Panyata. Sie knabbern an den Füßen Schlafender. Mit spitzen Zähnen fressen sie sich durch die Hornschicht, so lange, bis ein Zahn in zartes Fleisch vordringt und Schmerz den Menschen weckt.

Lilian rät: »Du hast keine Hornschicht wie wir. Besser, du ziehst nachts deine Socken an.«

Plötzlich fühle ich mich unendlich müde.

Durch mein Moskitonetz fällt das Licht des Morgens.

»Ha! Ha! Ha!«, lockt Lilian die Schweine. Aus dem Küchenhaus duftet brennendes Holz. Der Wind in den Palmen erinnert an das Rascheln von Schwingen großer Vögel.

Ich werde verwöhnt: Suppe aus Kürbisblattspitzen.

Lilian sagt: »Wir werden dir eine Katze besorgen.«

Und Kokomo: »Die ist schwarz und weiß, und wenn sie nicht unter dem Dach schläft, fängt sie Ratten.«

Mir wird bewusst, wie sehr ich diese beiden Menschen ins Herz geschlossen habe. Nachdem sie gegangen sind, frage ich mich, wie viel vom kolonialen Selbstverständnis in mir steckt. Ich bin ohne Einladung von der anderen Seite der Welt hier angereist. Habe ich nicht stillschweigend vorausgesetzt, dass ich meine Sache schon machen werde? Wieso gehe ich davon aus, willkommen zu sein? Wie würde ich mich verhalten, wenn meine Gastgeber, fremd, an meine Tür in Deutschland klopften?.

Es ist Sosos Stimme, die mich zurück in die Gegenwart eines besonderen Tages holt. Ab heute werden die Kanubauer am Meer arbeiten. Dorthin brechen wir auf. Soso geht neben mir, Betelnuss kauend, seine Axt über der Schulter. Vor den Hütten des nächsten Weilers stehen Frauen und grüßen:

»Habatana elana!«, Wir kommen dich besuchen!

Diese sanftmütigen Augen.

Der Hang hinter Dindis Laden führt leicht abfallend zum Meer. Palmen wachsen hier und ein Baum mit Blättern wie aus grünem Wachs. In seinem Schatten liegt das Einbaumkanu. Tipol und die Gefährten hocken daneben. In den heraneilenden Wellen schimmern wenige Schritte entfernt die Planken. Wegen meiner Füße bin ich froh, nicht mehr in den Regenwald zu müssen. Doch offensichtlich haben die Männer jetzt genau das vor, denn Tipol greift nach seiner Axt und sagt:

»Lasst uns gehen.«

Mit geschulterten Äxten brechen die Männer auf. Tipol hält noch einmal inne und sagt zu mir: »Die ›Frucht‹ ruht noch aus. Wir wollen heute ein *tumwi-tumwi*-Brett schlagen.«

Immer ist es Soso, der die fremden Namen erklärt.

»Ein Kanu hat zwei *tumwi-tumwi*-Bretter. Zwischen ihnen werden später die Planken sitzen. Sie bilden Anfang und Ende des Kanus und werden mit Schnitzereien verziert.«

Er zeigt auf ein Brett von besonderer Form und sagt:

»An dem Baum dort lehnt schon eins. Ein Verwandter Dindis hat es vorbeigebracht. Ich werde es verzieren.«

»Wieso überlässt er es mir?«

»Damit das Kanu fertig wird, bevor du abreist. Das zweite *tumwi tumwi* schlagen wir heute aus dem *hela*-Baum.«

Er sieht bekümmert aus, und ich nehme mir vor, ihn darauf anzusprechen, wenn wir allein sind. Wieder streifen wir durch den Regenwald. Er bedeckt Panyata fast vollständig. Neu ist, wir bewegen uns in westlicher Richtung. Über gewundene Trampelpfade gelangen wir in Zwielicht. Die stille Präsenz der Stämme hat eine Ausstrahlung, geheimnisvoll und beredt. Wie auf dem Meer drängt sich mir auch hier die Frage auf, ob Natur und Mensch eine gemeinsame Sprache kennen. Möglicherweise ist es gar keine Frage, sondern eine Wahrnehmung. Ich kann mir nicht vorstellen, dass die Bäume nicht merken, wenn ich an ihnen vorübergehe.

Wie stelle ich es an, zu denken, ohne zu denken?

»Das ist der *hela*-Baum«, sagt Soso.

Wir stehen vor einem sonderbaren Stamm. Seit ich über Korallenstein stolpere, weiß ich, die Bodenkrume im Regenwald ist dünn. Wesentlich dünner, als die Urwaldriesen vermuten lassen. Viele Bäume wurzeln flach, und die Wurzeln dieses Baumes wachsen wie mächtige Sehnen aus dem Boden. Die Männer können sich hinter ihnen verbergen. Das eine Brett, das Tipol und die Gefährten aus dem Stamm nehmen, hinterlässt eine Wunde, doch der *hela*-Baum wird auch in Zukunft sicher stehen.

Merkwürdig, noch niemals ist uns jemand auf den Pfaden des Regenwaldes begegnet. Das *tumwi-tumwi*-Brett stellen wir zu dem bereits vorhandenen unter den Baum am Strand. Dindis Tochter lässt uns wissen, das Essen sei fertig.

Von seiner Ladenhütte brauchen wir nur einen Schritt zu machen, dann stehen wir auf der anderen Seite des Weges im Gras. Über die Wiese führt ein Pfad zu den drei Hütten, die ich bisher nur vom Laden aus gesehen habe. Palmen und blühende Bäume werfen ihre Schatten darauf. Unter der vorderen Hütte stehen zwei verwitterte Kanuplanken. Es sind jene, die Dindi zu meinem Miteigner machen. Hier wohnt er. In den hinteren beiden Hütten leben seine jüngeren Brüder mit ihren Familien.

Die steile Leiter führt auf eine schmale überdachte Plattform. Sie trennt Küche und Wohnhütte voneinander, gleichzeitig verbindet sie die beiden. Hier lasse ich, wie es sich gehört, meine Schuhe zurück. In der rußschwarzen Küche hockt eine junge Frau. Die Flammen der Feuerstelle beleuchten ihr lächelndes schönes Gesicht.

Hinter mir höre ich die leise Stimme Dindis und wende mich dem Wohnraum zu. Auf einer geflochtenen Matte, die Arme locker auf den gekreuzten Beinen, sitzt wartend der Hausherr. Der Raum ist leer, bis auf einen Tisch neben der Tür.

Das Statussymbol.

Auf der rohen Platte stehen meine Einkäufe vom Morgen: Dosenfleisch, mehrere Dosen Solomon Blue, Reis und eine Flasche Ketchup. Ketchup ist beliebt bei den Kanubauern. Einer nach dem anderen kommen sie herein, setzten sich auf den Boden, ohne vom Essen genommen zu haben. Weil ich ein *dimdim* bin, wollen sie mir am »kalten Büfett« den Vortritt lassen; doch von Lilian weiß ich, Auftraggeber nehmen sich erst, nachdem jeder Helfer seinen Teller einmal gefüllt hat. Als ich schließlich aufstehe, sehe ich Dindis Frau in der Küchenhütte Tee aufgießen. Er dampft aus Biergläsern, kleinen dicken mit Henkeln, wie man sie bei uns aus Kneipen kennt. Pawas Bruder trägt sie von der Plattform in unsere Mitte.

Plötzlich höre ich ein Stimmchen. Hinter mir, verborgen in einer Nische, erwacht Dindis jüngstes Kind. Eine Weile wiegt er die drei Monate alte Tochter mit einem Gesicht voller Zärtlichkeit; dann bringt er sie in die Obhut seiner Frau. Die hockt inmitten der Weite ihres roten Kleides noch immer neben der – inzwischen verloschenen – Feuerstelle. Ich bin sicher, ich habe sie nicht essen gesehen.

»Erzähl uns von deiner Welt«, sagt Tipol.

Die Gefährten nicken. Durch unregelmäßige Spalten in der Wand dringen Hitze und Licht in das kühle Halbdunkel der Hütte.

Ich erzähle ihnen, dass auch bei uns die Frauen kochen, desgleichen die Männer, wenn sie Freude daran haben. Ich berichte, wie Frauen gemeinsam mit Ehemann, Kindern und Freunden an einem Tisch sitzen beim Essen. Berichte, dass es bei uns keine Betelnüsse gibt und kein Paradise Twist, wohl aber Zigaretten und Zigarren, und dass wer raucht sich nach einer Mahlzeit gern eine ansteckt und Kaffee dazu trinkt.

Die Männer kauen und nicken:

»Bei uns ist es anders.«

Im Laufe ihrer Erzählungen stellt sich heraus, dass sie sich die Welt in sieben Tagen erschaffen vorstellen und so, wie im Alten Testament beschrieben.

Tipol fragt: »Warum haben *dimdims* das Flugzeug erfunden, und wir nicht?«

»Vielleicht weil wir andere Träume haben als ihr.«

»Schnellere«, sagt Soso ohne Eile.

Die Gang lacht. Nie habe ich sie in Gegenwart der Älteren reden hören, bevor sie gefragt wurden. Von Spice Girl weiß ich bereits, er möchte Kanus bauen und ein Meister werden wie sein Vater Tipol. Und sein jüngerer Bruder? Wovon träumt der Stille mit der ausgefallenen Frisur, bei der bis auf ein paar Stirnlocken alle Haare kurz geschoren sind?

Er sagt: »Ich möchte gern so ein kleines Versorgungsschiff haben wie das, was vom Festland nach Massim fährt.«

Pawas Bruder antwortet versonnen:

»Ich will Kanus bauen.«

Die tief stehende Sonne beleuchtet meine Schuhe auf der Plattform zwischen Küche und Hütte. Dindis Frau hockt noch immer neben der Feuerstelle. Sie wirkt schüchtern. Ein Gespräch will uns nicht gelingen. Es bleibt beim verlegenen Lächeln und Schauen. Wie mag sie sich fühlen, wenn sie erlebt, dass ich als Frau Privilegien habe, die ihr verwehrt sind?

Jack, der Mann, der Reis nicht ohne Fleisch isst, kommt uns grußlos entgegen und geht in Dindis Hütte. Tipol und die Gefährten wenden sich nach Westen, Soso und ich nach Osten, um nach Hause zu gehen. Die langsamen Bewegungen der Menschen machen sie sinnlich.

»Habatana elana, taliu!«, Wir werden dich besuchen, Schwester!«, sagen die Frauen. Wieso wirken die Männer trotz harter Arbeit sanft?

Soso geht mal vor, mal neben mir und kaut. Ich warte, bis er den Priem ausspuckt, und frage dann:

»Bedrückt dich etwas?«

Das Dorf liegt hinter uns; der Pfad wird enger. Wir durchqueren das Grasstück vor den Klippen am Meer, lassen die Klohäuschen rechts liegen. Als wir auf die Lichtung mit unseren Hütten zugehen, weiß ich dies:

Soso tut sich schwer damit, dass nicht er es war, der mir zwei Planken geben konnte. Und das *tumwi-tumwi*-Brett macht die

Sache noch schwieriger für ihn. Dindis Mitanspruch auf das Kanu ist gewachsen. Er wird das fertige Kanu seiner Schwiegerfamilie als Brautpreis übergeben können. Soso, der seinen Brautpreis für Pawa auch noch nicht bezahlt hat, ärgert sich wegen der verpassten Gelegenheit und ist traurig. Auch ich fühle mich seiner Familie näher als der von Dindi und wünschte, die Umstände wären anders. Ich wundere mich, dass man noch nach fünfzehn Jahren – so lange sind Dindi und Soso verheiratet – seinen Brautpreis zahlen kann.

Soso sagt: »Es ist egal, wann er gezahlt wird. Hauptsache, er wird gezahlt.«

Auf der Lichtung sehe ich Pawa sich Kokosöl in die Haare kneten. Chris schaukelt auf einer Leitersprosse. Die tief stehende Sonne beleuchtet Sosos jüngeren Bruder und seine Frau in der offenen Hütte. Die muskulösen Körper der Menschen auf dieser Insel lassen keinen Zweifel daran – der Alltag verlangt ihnen Kraft ab. Doch scheint er eingebettet in eine gemächliche Art zu leben. Ob sie nun kauen oder ein Kanu bauen, sie strahlen die gleiche Ruhe aus. Zeit, so erinnere ich mich einmal gelesen zu haben, ist nur ein Ort auf dem Zifferblatt. Und ein Zifferblatt habe ich auf Panyata nur einmal gesehen: bei einer der Lehrerinnen.

Als ich meine Hütte betrete, wirft der gelbe Mond sein Licht durch das Fenster. Und während ich noch stehe und staune über die plötzliche Helle und das einfach Schöne, erhebt sich ein Singen. Gleichzeitig höre ich Lilian rufen:

»Komm!«

Sie führt mich zu dem Sockel aus Zement, der einmal Fundament für Sosos Laden werden sollte. Alle Bewohner unserer Lichtung sind hier versammelt. Und sie singen, weil Vollmond ist. Ihm und dem Meer sind ihre Gesichter zugewandt. Ich lese selbstvergessene Freude darin. Hingabe.

Wieder muss ich an die Bäume im Regenwald denken und das Meer und die Frage, ob Natur und Mensch eine gemeinsame Sprache verbindet. Könnte es sein, dass die sich manchmal aus vergessenen Tiefen in das Bewusstsein drängt?

Und meine Gastgeber?

Sie unterhalten sich einfach mit der Natur der Dinge.

Antworten dem Auftritt des vollen Mondes mit Singen.

Lilian hat gesagt: »Wir warten auf den Augenblick, in dem er uns ansieht. Dann begrüßen wir ihn.«

Was geht vor zwischen ihnen und dem Mond?

Kaum habe ich den Gedanken gedacht, weiß ich, solange ich Fragen wie diese stelle, werde ich keine Antwort erhalten. Wahrscheinlich gibt es eine Art von Antworten, die nicht vom Nachdenken kommen, sondern vom Erfahren. Ich beobachte etwas und denke nach, um es zu verstehen. Hier aber spüre ich, wie ich mich dadurch dem Erleben entziehe. Indem ich das Erlebte reflektiere, unterscheide ich mich von ihm und nehme mir so die Voraussetzung, es zu begreifen.

Die Menschen, in deren Mitte ich sitze, scheinen ganz sie selbst und gleichzeitig mit allem verbunden zu sein. Ist das möglich?

Viel später als zur üblichen Zeit gehen wir schlafen. Ich liege noch lange wach auf meiner Matratze unter dem Moskitonetz. Fast eingeschlafen, alarmiert mich das insgeheim befürchtete Rascheln.

Eine neue Ratte?

Meine verzagte Hand greift vorsichtig zur Taschenlampe. Im grellen Lichtstrahl rennt, als hätte Lilian sie gestern nicht erwürgt, die Ratte. Bedrückt warte ich auf ihre Rückkehr. Doch genau wie ihre Vorgängerin bleibt sie aus. Darüber falle ich in einen ruhelosen Schlaf.

Ich erlebe mich und Panyata auf neue Weise, seit ich nicht mehr in den Regenwald, sondern am Meer entlang zum Kanu gehen kann. Und wie Lilian es mich gelehrt hat, grüße ich die Bewohner am Weg:

»Melaluga wai wai sana taliu, nu!«, Einen schönen guten Morgen wünsche ich euch, Schwestern und Brüder.

Sie müssen über meine Aussprache lachen, aber sie verstehen mich. Während die Sonne hinter den Palmen aufsteigt und sie im Licht zurücklässt, erreiche ich den Kanuplatz. Ich treffe nicht nur auf Tipol und die Gefährten, sondern auf eine Vielzahl Betelnuss kauender Männer. Sie hocken überall und kommentieren leise die Beschaffenheit des Kanus. Und – wie Lilian mir später berichtet – die glückliche Lage, in der Dindi und sein Clan sich befinden. Aber auch die von Soso, Tipol und den Gefährten, denn sie alle werden durch ihre Arbeit Nutzungsrechte am Kanu haben. Immer wieder verlassen Leute den Weg und schlendern hinunter, um es zu sehen. Junge Männer bringen ihre Babys mit. Auch Jack lässt sich blicken.

Einen Steinwurf vom Kanu entfernt benetzen Wellen die Planken.

Jetzt, da ich auf die Reihe der Kanubauer hinabsehe, wird mehr als je die Gemeinschaft deutlich, durch die das Kanu entsteht. Die Männer hocken an seiner Seite und arbeiten mit kleinen Beilen, die nicht länger als ihr Unterarm sind und deren Griffe Schnitzereien zieren. Sie setzen fort, was im Regenwald begonnen wurde. Akribisch tragen sie Späne vom Holz ab, um zu der angestrebten Dicke der Kanuwand zu gelangen.

Tipol sagt: »Wir müssen der Form des neuen Mondes folgen.«

Die Klingen der Beile sind nicht breiter als eine Streichholzschachtel. Manchmal segelt eines der wächsernen Blätter aus den Zweigen über uns in die Konzentration der Männer. Dann und wann legen sie ihr Werkzeug aus der Hand, um zu rauchen. Sie arbeiten, bis oben auf dem Weg hinter blühenden Brotfruchtbäumen die Sonne untergeht.

Beim Essen hadere ich erneut mit *zwei* Thunfischdosen für *sieben* Männer. Genau genommen für acht, Dindi isst ja auch mit uns. Es fällt mir nicht schwer, auf meine Portion Fisch zu verzichten. In einer Dose Solomon Blue finden sich keine Thunfischstücke, nur gepresste Fasern. Ich baue darauf, bei Lilian noch etwas Essbares zu ergattern.

Doch die schüttelt zu Hause den Kopf.

»Reste? Nein, wir essen immer alles auf.«

Ihre Vorräte von Süßkartoffeln, Yams, Tapioka oder Taro sind aufgebraucht. Morgen ganz früh wird sie zusammen mit Pawa wieder in ihren Regenwaldgarten gehen. In meinen Kartons finden wir trockene Kekse. Lilian kocht Tee.

Während ich ihr zuhöre, bemerke ich, sie spricht über eine Herzensangelegenheit. Sie erzählt, die »Lucky Strivers«, die hätten neuerdings einheitliche Trikots. Beim nächsten Fußballspiel wird man sie darin sehen können. Die »Lucky Strivers« können sie sich leisten, weil sie Geld einnehmen. Sie füllen ihre Teamkasse durch Arbeiten, die sie gemeinsam ausführen. Nun träumen Lilian und ihr Korbballteam von Trikots. Doch nicht eine von ihnen hat die Möglichkeit, Geld zu verdienen. Arbeiten, zu denen man *sie* auffordert, sind ehrenamtlich, für die Kirchengemeinde.

»Die Männer Panyatas haben es leichter als die Frauen«, sagt Lilian und steht auf mit den Worten:

»Meine Augen wollen schlafen.«

Auch in dieser Nacht habe ich Rattenbesuch. Wie sie da immer rennt, so klein und mit diesen Trippelschritten, sieht sie unglaublich komisch aus. Trotzdem werde ich Lilian nach der von ihr erwähnten Katze fragen.

Gegen Morgen werfe ich einen Blick aus dem Fenster, zum Regenwald. Gerade noch sehe ich die geblümten Kleider von Lilian und Pawa zwischen den Bäumen verschwinden. Den Himmel verbirgt eine geschlossene Wolkendecke. »Aah, aah, aah«, rufen die Rabenvögel in den verwobenen Zweigen neben meiner Hütte, während ich Tee trinke und mir Notizen mache.

Ohne Eile überquere ich die Lichtung. Als ich aus dem Palmenhain heraus bin, sehe ich auf der Wiese zwischen Schulhütte und den Klohäuschen eine Menge Kinder. Sie heben Blätter auf. Haben sie mehr, als eine Hand halten kann, laufen sie zum Klippenrand und werfen das Laub in die Wellen. Nicht wenig davon weht der Wind zurück auf die Wiese. Aber das Sonderbarste ist, dass diese Kinder, vielleicht sind es dreißig, sich bücken und hin und her laufen, ohne dass ich von ihnen mehr hören kann als Flüstertöne.

Ich frage sie: »Was macht ihr?«

Sie antworten: »Wir halten das Gras sauber.«

Ich stehe da und staune. Das Gras ist nicht Teil eines Parks und keine Zierfläche vor der Schulhütte. Tatsächlich liegt es ziemlich weit entfernt von ihr. Das Gras ist Teil der Insellandschaft am Meer auf beiden Seiten des Inselpfades.

Eine Trillerpfeife ruft die Kinder vor die Schule, wo ihre Lehrer warten, bis die Schüler sich in drei Reihen vor ihnen aufgestellt haben.

Sie stehen stramm.

In englischer Sprache höre ich einen der Lehrer rufen:

»Bildet euch nicht ein, nur weil die Sonne nicht scheint, fällt der Unterricht aus!«

Die Kinder schauen geradeaus.

»Ihr spielt zu viel! Ihr sollt nicht rumrennen! Vertrödelt nicht dauernd eure Zeit! Ihr verschwendet das Schulgeld, das eure Eltern für euch aufbringen.«

Er schaut in die stummen Gesichter der Kinder.

»Ist das klar?«

Stille.

»Fahne hoch!«

An einem Mast vor der Hüttenschule rückt Papua-Neuguineas Nationalflagge gen Himmel. Von dort schaut das Wahrzeichen des Inselstaates, der Paradiesvogel, auf das Geschehen. Neben dem Paradiesvogel gibt es ein weiteres Symbol auf der Flagge. Das Sternbild vom Kreuz des Südens.

»Aachtung! Stramm gestanden!«

Die Kinder legen die Fingerspitzen an die Beine.

»Siingen!«

Die Nationalhymne erklingt.

»Aachtung! Rüühren!«

»Links! Rechts! Links! Rechts! Links! Rechts!«

Die Kinder marschieren in die Schulhütte, wo sie weder Tische und Bänke noch Bücher erwarten.

Beklommen erreiche ich den Kanuplatz. Hinter dem Kanu und den Kanubauern sind Himmel und Meer zu einem einzigen leuchtenden Grau verschmolzen. Die Tide muss gerade gekippt sein. Der Ozean beginnt sich zurückzuziehen. Am hellbraunen Strand hinterlassen die Wellen eine geschwungene Linie aus Schaum. Ein Schwein trottet an ihr entlang, frisst hier und da Angeschwemmtes und stößt seine Nase hartnäckig in zwei leere Solomon-Blue-Dosen.

Zuschauer sind auch heute unter den Bäumen. Sie hocken da mit ihren Unterarmtaschen und beobachten kauend die Entwicklung am Kanu. Tipol und Soso beginnen damit, Ornamente in die Steven zu schnitzen. Beide sind nicht nur Meister des Kanubaus, sondern auch Meister der Schnitzkunst. Zwischen ihnen arbeiten Pawas Vater, sein Bruder und die Gang. Manchmal rücken sie zusammen für einen Mann, der vom Weg oben herunterkommt. Hat er keine Axt mitgebracht, geben sie ihm die ihre, sodass er für eine Stunde oder zwei mitarbeiten kann. Jeder, der Hand an das Kanu legt, hat später Anspruch auf begrenzte Nutzungsrechte. Doch es gibt auch solche, die wollen unter den Augen der Meister ihre Fertigkeit erproben. Und obwohl weder Tipol noch Soso belehrend eingreifen, scheinen die Helfer zu wissen, wo ihre Grenzen sind.

Ganz stark empfinde ich die Kraft von Gemeinschaft.

Es ist Sonntag. Über die Schulter schaue ich zur Leiter, wo Flüstern und Lachen zu hören sind. Lilian und Kokomo erscheinen mit Gesichtern, die triumphieren. Und Lilian umklammert eine Katze, die nicht umklammert sein möchte.

»Wir haben sie erwischt«, sagt sie und drückt das sich sträubende Tier fester an ihren Körper.

»Sie frisst Ratten«, sagt Kokomo, und seine Augen sind groß und rund.

Nachdem Lilian mit dem Fuß die Tür hinter sich geschlossen hat, lässt sie die Katze los. Eine Furie schnellt durch die Hütte. Aus der Mitte des Raumes springt das Tier mit einem einzigen hochfliegenden Satz vor ein Fenster und zurück in die Mitte. Dann, mit einem neuen Satz, vor das Fenster auf der anderen Seite, panisch.

Lilian und Kokomo verfolgen die Sprünge mit interessierter Gelassenheit. Ohne die Katze aus den Augen zu verlieren, wendet Lilian sich an mich und sagt:

»Du musst sie dir vertraut machen. Du musst sie füttern.«

Sie dreht sich nicht um, als sie nach der Tür tastet, öffnet sie einen Spalt und quetscht sich zusammen mit Kokomo in die Freiheit.

Wahrscheinlich ist es nur menschlich, wenn ich versuche, mir vorzustellen, was die Katze fühlt. Ich bin drauf und dran, sie davonrennen zu lassen. Aus Sorge, in ihre Flugbahn zu geraten, drücke ich mich genau da an der Wand entlang, wo sonst die Ratte rennt, bis ich bei den Vorräten bin. Während ich Milchpulver anrühre, spreche ich leise, in der Hoffnung, die Katze aus ihrer Panik zu lösen. Ich sehe ihre Kräfte schwinden, nicht jedoch ihre Angst. Erschöpft verbirgt sie sich in einer Kiste.

Ich stelle Milch mit eingebrockten Keksen in ihre Nähe.

Dann versuche ich zu lesen, zu schlafen, und weil beides nicht gelingen will, mache ich Notizen. Tatsächlich ist meine Aufmerksamkeit in der Kiste. Nach wie vor höre ich nicht das kleinste Geräusch darin, doch die Gegenwart der gefangenen Katze beunruhigt mich. Durch die zerkratzten Fenster sehe ich dunkle Wolken über den Palmwedeln.

Gegen Abend schlüpfen Lilian und Kokomo zur Tür herein.

Lilian zeigt auf die volle Schüssel Milch und sagt:

»Sobald die Katze Milch kennt, wird sie bleiben.«

Um es dem Tier leichter zu machen, lassen wir es allein und gehen zum Essen in Lilians Hütte. Halfas Bruder wechselt den Glühstrumpf in der Sturmlampe aus. Quer über der Matratze liegt die schlafende Lil. Auf dem Boden vor uns dampfen in blechernen Töpfen Kürbisblattspitzensuppe und Tarowurzeln. Eine wohlschmeckende Kombination, ganz ohne Salz, Pfeffer oder andere Gewürze. Kokosmilch verfeinert das Aroma. Zum ersten Mal kaut Lilian in meiner Gegenwart Tabak.

Auf Zehenspitzen steige ich meine Leiter hinauf, zünde die Lampe an und finde die Milch unberührt. Ich lege mich hin, ohne zu schlafen, und lausche in die Dunkelheit. Da ist nichts, was sich rührt. Doch ich weiß um die Katze und ihren Stress. Meine Vorbehalte der Ratte gegenüber schrumpfen. Bisher hat sie keinen Schaden angerichtet.

Soll ich sie einfach tolerieren?

Der Morgen kündigt sich an durch zirpende Zikaden.

Plötzlich nehme ich ein Kratzen wahr.

Im Halbdunkel öffne ich die Tür und schleiche zu meiner Matratze zurück. Zunächst geschieht nichts; dann flieht im Zwielicht die Katze über die Leiter. Möglicherweise habe ich einen Fehler gemacht. Doch als mehr Licht durch die Fenster fällt, sehe ich die Milchschüssel blank. Bevor ich gehe, fülle ich die Schale.

Nicht zum ersten Mal wundere ich mich über Dindis schwankende Preise. Die Konserven sind schon wieder teurer geworden. Auch Reis, Tee und Ketchup kosten an diesem Morgen mehr.

Ich frage: »Woran liegt das?«

Dindi sagt: »An der Mehrwertsteuer.«

Ich verstehe nicht, was Dindi dazu bringt, mich erneut darauf hinzuweisen, dass er kein Geld habe, um sich am Kanubau zu beteiligen. Mehr als die Planken und ein *tumwi-tumwi*-Brett könne er nicht beisteuern. Und dann sei da ja auch noch seine Frau, die für die Kanuarbeiter kocht.

Was bringt ihn dazu, so zu reden? Ich habe nie Grund zum Zweifel an meiner Zusage gegeben, die Kanubauer mit Mahlzeiten und Tabak zu bezahlen.

Um aus der Verflechtung mit ihm herauszukommen, schlage ich ihm vor:

»Warum verkaufst du mir die Bretter nicht?«

Er schüttelt kaum merklich den Kopf.

»Ich kann mich nicht erinnern, wie viele Mahlzeiten ich dafür bezahlt habe.«

In die gespannte Atmosphäre hinein tritt eine Kundin. Sie lehnt an Dindis Theke und murmelt etwas. Ein Päckchen Zucker und zwei Zigaretten werden über den Tisch geschoben. Dindi addiert die Preise auf einer Prospektseite, die schwarz ist von Zahlen. Er zeigt seiner Kundin das Ergebnis, ohne die Miene zu verziehen, ohne ein Wort zu sagen. Auch die Frau hat weder einen Blick noch ein Wort für ihn übrig. Aus lockerem Handgelenk und mit geschlossenen Augen schleudert sie einen zerknüllten Kina-Schein in seine Richtung. Sie stellt sich das Päckchen Zucker auf den Kopf und verlässt den Laden über die Leiter, wobei sie mit einem großen Lächeln meine Sympathie gewinnt. Dindi wirft das Papiergeldknäuel in einen Karton, in dem schon andere liegen. Er und ich stehen da und mustern einander verstohlen. Es gefällt uns nicht, was vor sich geht, aber wir hüten uns, das Wort Geld noch einmal in den Mund zu nehmen.

Ein warmer Wind fährt durch die Bäume, unter denen das Kanu auf der Seite liegt. Pawas Vater und sein Bruder rammen Stützhölzer in den Boden. Sie drehen das Kanu und fixieren seine Enden in den Gabelungen der Stützen. In dieser Stellung wird das Kanu bleiben bis zum Stapellauf.

Ich sitze im Schatten und schaue auf die regen Kanubauer. Nach Augenmaß höhlen die einen das Innere des Kanus aus, die anderen verringern die Stärke der Außenwände. Scheibchenweise. Mit behutsamer Kraft setzen sie die Klingen ihrer kleinen verzierten Beile ein. Die Schwierigkeit besteht darin, die Dicke der Kanuwände auf beiden Seiten exakt gleich zu gestalten, genau wie ihre Wölbungen. Als ich einen Span in die Hand nehme, sagt Tipol:

»Das Holz splittert nicht, weil es im Meer gelegen hat.«

Ich werde nicht müde, die konzentrierte Ruhe der Männer zu beachten. Tipol beugt sich auch heute schnitzend über ein Ende des Kanus; Soso verziert das auf der gegenüberliegenden Seite. Zwischen ihnen arbeiten die Gefährten. Wieder entgeht mir das Zeichen, auf das hin die Männer ihre Beile für eine Betelpause weglegen. Ich frage Tipol, wann er angefangen hat, Kanus zu bauen, und er antwortet so:

»Mein Vater hat Kanus gebaut und mein Großvater. Und der wusste von seinem Großvater, dass dessen Großvater Kanus gebaut hat. Als Kind habe ich meinen Vater begleitet und ihm bei der Arbeit zugesehen. Bevor ich erwachsen wurde, habe ich mich an der Schönheit eines Kanus erfreut und wusste, wie man ein Kanu schnell macht.«

Zum ersten Mal sehe ich Tipols Gleichmut schwanken. Das liegt an seiner Stimme, als er sagt:

»Ich wollte immer Kanubauer werden, und ich bin es. Ich arbeite mit meinem Herzen und schaue ständig.«

Er meint, dass er das Kanu nicht einen Moment aus seinen äußeren und inneren Augen lässt. Es ist diese Hingabe, die mich beeindruckt. Das Können und das bescheidene Auftreten des Meisters. Besser: der Meister, denn dasselbe gilt für Soso. Beide sind Erste unter Gleichen.

Letzte Nacht, als ich wach lag wegen der Katze, habe ich über Konserven nachgedacht. Deshalb sehen die Kanubauer jetzt auf dem Tisch in Dindis Hütte die doppelte Menge Solomon Blue.

Weil *ich* mich so besser fühle.

Die Männer kommentieren die Veränderung nicht, essen aber restlos auf, was da ist. Während sie rauchen, schlage ich ihnen vor, ab morgen täglich zwei Mahlzeiten mit mir zu essen. Meinen Entschluss, der auch ein Vorwand ist, begründe ich so:

»Mit nur einer Mahlzeit am Tag bin ich manchmal halb ohnmächtig vor Hunger.«

Tipol sagt: »Wir waren zufrieden. Aber wir können mehr essen.«

Beim Nachhausegehen sehe ich einen letzten verirrten Sonnenstrahl das Kanu umreißen.

Das Erste, was ich bemerke, ist die leere Milchschale. Als Nächstes sehe ich Lilian. Sie steht da, die Hände in den Hüften, und strahlt:

»Die Katze kommt wieder.«

Und noch bevor ich Gelegenheit für meine Fünf-Tassen-Dusche habe, ruft Lilians Bruder Halfa, er wolle mich mit einem Freund besuchen. Gleich darauf stehen die beiden jungen Männer in der Tür. Ich bin überrascht, in dem Freund jemanden zu erkennen, der mir in den letzten Tagen auf dem Inselpfad aufgefallen war. Oft schaue ich den Vorbeigehenden nach, weil sie sich so geschmeidig bewegen. Dieser junge Mann hingegen hielt sich sonderbar steif. Er wirkte wie jemand, der anders sein möchte, als er ist. Oder wie einer, der sich nicht wohl fühlt in seiner Haut. Jetzt bekomme ich eine Erklärung.

Halfas Freund wurde als Kind zu Verwandten in die Hauptstadt geschickt. Er hat dort die Grundschule, dann die High School besucht; Naturwissenschaften und englischsprachige Literatur waren seine Lieblingskurse. Man hat ihm beigebracht, wie man mit Messer und Gabel isst, Papiertaschentücher benutzt und dass das Ausspucken von Betelpriem in öffentlichen Räumen nicht angebracht ist.

Nun ist er zurückgekehrt. Dort, wo er seine Ausbildung erfolgreich abgeschlossen hat, gibt es keine Verwendung für sein Wissen; die Arbeitsplätze fehlen. Auch das Geld dafür, sich im Ausland nach einer Beschäftigung umzusehen. Er fühlt sich Panyata entfremdet. Er kann sich nicht vorstellen, einer zu werden, der Muscheln sammelt, Fische fängt oder Kanus baut.

»Ich weiß zu viel«, sagt er resigniert.

Lilian bemerkt: »Vieles vom fremden Wissen zerstört unsere Tradition.«

Sie erzählt, wie die Arbeit in der Mine die Männer verändert. Dass die, die sonst im Anbau der schönsten Yamsfrüchte wetteifern, zu neidischen Konkurrenten werden, wenn sie unterschiedlich viel Geld verdienen. Sie erzählt vom Verbot der Missionare, traditionelle Riten zu feiern. Und von Sektenpredigern, die einmal im Jahr aus USA auf die Insel kommen.

»Die predigen, dass unsere Riten schlecht sind, weil sie uns den Weg zu Gott verschließen.«

Ihr Bruder sagt:

»Obwohl die Regierung möchte, dass wir unsere Traditionen leben, bleiben die Missionare dagegen und sagen, wir sollen mit dem Austausch von Kultgegenständen aufhören. Das Tragen von Grasröcken ist sündig, tanzen ist sündig. Und Schamanen, das sind Teufelsanbeter.«

Das Kanu

Halfa bringt das Segel von einem Kanuende zum anderen.

Die Gang bei der Jungfernfahrt

Lilians Tochter Lil, meine Hütte

Pawa mit Yamswurzeln und einer Schweineseite

Der gefällte Kanubaum

Tipol beginnt mit dem Aushöhlen des Kanubaums.

Schnittfläche des Kanubaums

Die Kanubauer schlagen Planken aus dem Stamm des Kanubaums.

Die »Frucht des Kanus« ist ein Einbaum. Er wird zum Kiel des Kanus.

Arbeit am Einbaum

Der Einbaum wird zum Meer getragen.

Kanuplatz mit Einbaum und Planken

Arbeit am Einbaum

Arbeit am Kiel (Einbaum)

Soso schnitzt den »Mund des Vogels« in einen Steven des Kanus.

Die Kanubauer passen ein *tumwi-tumwi*-Brett ein.

Spanten sind gesetzt.

Planken wässern mehrere Wochen im Meer.

Die Kanubauer passen Planken ein.

Loth

Die Kanubauer verringern die Dicke der Planke von vier auf einen Zentimeter.

Plankenkante wird gehobelt.

Arbeit an der Plattform

Der »Mund des Kanus« im Rumpf und Längsstangen für die Plattform.

Das fertige Kanu ohne Plattform

Die Stämme der Plattform werden miteinander verbunden.

Der Auslegerstamm wird unter die Plattform geschoben.

Pawas Tochter und Kokomo

Lilians Familie trägt Zutaten für ein Festessen zum Kanu.

Lilian füttert Schweine, sie gelten als Familienmitglieder.

Der Auslegerstamm wird nach Panyata transportiert.

Tipol dreht *mamal* (Lianen) zu Stäben.

Tipol arbeitet am Mastfuß; Watson, der Inselälteste, sitzt auf dem Steven des Kanus.

Fraucn waschen Yamswurzeln am Meer für ein Festessen.

Das Kanu wird mit *ebal* (Wurzelrinde) abgedichtet.

Betelnüsse für die Kanueinweihung

Kanubauer schaben die Rinde der *ebal*-Wurzeln ab.

Der Schwiegerclan Dindis bringt Tauschobjekte für das Kanu.

Henry zerteilt ein Schwein für das Festessen.

Das Kanu wird ins Meer geschoben.

Einweihung

Das Kanu segelt.

»Glaubt ihr ihnen?«, frage ich.

»Manche von uns sind traurig und reden gegen die Prediger. Aber die meisten haben Angst, dass passiert, womit sie uns drohen. Dass dann die Welt untergeht oder Krieg ausbricht. Wer weiß denn schon, was wahr ist?«

Halfa sagt: »Wir glauben an die Riten und an Gott.«

Lilian wirft ein: »Etwas Gutes haben die Missionare uns gebracht. Als sie um 1880 in unser Gebiet kamen, haben sie die Kriege zwischen den Stämmen des Archipels beendet. Das waren blutige Fehden. Keine Insel war nachts sicher vor Überfällen.«

Halfas Freund nickt.

Plötzlich, als wären wir Luft, rennt die Ratte zu den Vorräten. Mit Sturmlampen scheuchen die jungen Männer sie durch die Hütte. Zum zweiten Mal rennt eine Ratte über meine Füße, doch heute schreie ich nicht. Auch diese sieht eher aus wie eine witzige Maus.

Ihr Fell glänzt.

Deshalb fülle ich mit widersprüchlichen Gefühlen Milch in die Schale und lege Kekse daneben. Ich muss über meinen Aufzeichnungen eingeschlafen sein, denn ich werde wach, weil mir das Notizbuch aus der Hand fällt. Die Sturmlampe brennt noch. Mein zufälliger Blick trifft auf den Spalt der angelehnten Tür. Im trüben Licht glühen zwei Katzenaugen.

Und die sehen auf mich.

Ich rühre mich nicht und denke freundliche Gedanken, um eine gute Atmosphäre zu schaffen. Ich stelle mir vor, die Katze spürt sie und kommt näher. Ob meine Absicht oder der Geruch von Milch sie lockt, kann ich nicht sagen, aber sie schleicht heran. Ohne mich aus den Augen zu lassen, trinkt sie die Schale leer. Geduckt erkundet sie den Raum und schlüpft aus der Tür.

Ich lösche die Lampe in Wohlgefühl. Wie still die Nacht ist, wie dunkel. Bei einem Fantasieausflug an den Himmel sehe ich mich von oben zwischen Meer und Dschungel in einer Hütte auf den Schlaf warten, während eine grauweiße Katze meine Leiter bewacht.

»Ha! Ha! Ha!«, weckt mich Lilians Lockruf zur Fütterung der Schweine. »Aah, aah, aah«, rufen die Rabenvögel. Lange habe ich nicht so tief geschlafen. Manchmal, so wie heute Morgen, bin ich zuversichtlich, das Kanu segeln zu sehen. Beschwingt schiebe ich das Moskitonetz beiseite – und erstarre.

Neben meiner Matratze liegt die Ratte, kopflos.

Ein paar Blutströpfchen leuchten signalrot. Davon habe ich schon einmal gehört, dass Katzen denen, die sie füttern, Beute vor die Tür legen. Aber ans Bett!

Als Lilian eintritt sagt sie: »Du hast sie gezähmt«, und befreit mich von dem Schlamassel.

Ich lasse, als ich gehe, Milch und Solomon Blue zurück.

»Melaluga wai wai sana taliu!«, Einen schönen guten Morgen, Schwester. Die Grüße fliegen hin und her auf meinem Weg zum Kanu. Eine Böe treibt mir heißen Staub entgegen. Ohne das grelle Licht der Sonne glühen die Farben der Blüten, der Blätter, der Haut, der Kleider. Auch das Betelrot auf den Zähnen scheint intensiver. Ich kaufe bei Dindi ein und habe mich schon zum Gehen umgewandt, da höre ich seine sanfte Stimme:

»Ich habe kein Geld, um mich am Kanubau zu beteiligen.«

»Was willst du, Dindi?«, frage ich ihn. Er antwortet nicht.

Draußen fallen mir Männer auf, die mit Blechplatten und Bambus hantieren. Neugierig schlendere ich zu ihnen und erkundige mich, was sie tun.

»Wir bauen Dindis neuen Laden.«

Die Gang, ein paar andere Männer und Dindis jüngere Brüder kommen von dessen Hütte und tragen seine Planken auf den Schultern. Bester Laune rufen sie:

»We are cracking jokes!«

Ich erinnere mich, dass sie sich manchmal extra verabreden, um Witze zu reißen, wie sie sagen.

Sie legen die Bretter neben das Kanu. Ich sehe Dindi mit einem sympathischen Lächeln und einer Axt, auf dem Weg zu uns. Als Erster stellt er sich auf eine Planke, doch der Erste, der seine Axt hebt, ist der erfahrenere Vater Pawas.

Ein bisschen erinnert mich das, was er macht, an einen Bauern, der sein Beet hackt. Er beginnt oben an einer Außenkante des Brettes, geht rückwärts und schlägt die breite Klinge seines Dechsels in exakten Abständen flach unter die Holzoberfläche. Er hebt sie an. Eine in ihrem Gleichmaß schöne Reihe entsteht. Vom unteren Ende der Planke bewegt sich Pawas Vater in umgekehrter Richtung zum Ausgangspunkt zurück. Dabei treibt er die Klinge quer unter das angehobene Holz, und es springt heraus.

Die Gefährten und Helfer aus Dindis Familie, darunter sein Schwiegervater, stehen da in ihrer Ruhe und schauen zu. Nachdem Pawas Vater den vorbereitenden Arbeitsgang abgeschlossen hat, suchen auch sie sich einen Platz auf dem Brett. Zwischen ihren gespreizten Beinen tragen sie das Holz mit Dechseln ab. Es gilt, die Dicke der Planken von vier Zentimetern auf einen Zentimeter zu verringern. Scheibchen für Scheibchen. Die Gang schaut zu und lernt.

Nur Tipol und Soso hocken vor dem Kanu. Sie höhlen es aus.

Soso sagt aus heiterem Himmel: »Ich muss nach Hause. Ich habe Kalk für meinen Betelpriem vergessen.«

Tipol reagiert nicht. Ich denke bei mir, dass Soso einen sonderbaren Grund hat. Jeder Kanubauer, jeder Zuschauer würde ihm doch Kalk geben, hätte er darum gebeten.

Ich höre Schritte und Stimmen hinter mir, und als ich mich umdrehe, sehe ich eine Frau mit einem Kleinkind auf dem Arm den

Pfad herunterkommen. Vor Dindis Schwiegervater bleibt sie stehen, sie wechselt ein paar Worte mit ihm. Bevor sie geht, setzt sie das Kleinkind neben ihn auf die Planke. Das Mädchen lehnt sich an die Wade des Großvaters. Der lässt zwischen seinen Beinen die Axt herabsausen.

Nur ein *dimdim* wundert sich darüber.

Unterdessen ist Soso zurück. Weil wir ab heute auch mittags eine Mahlzeit zu uns nehmen, sage ich:

»*Tana tanan gegewela, nu!*«, Lasst uns essen gehen, Brüder.

Die Männer haben mir diese traditionelle Form der Einladung beigebracht und zu verstehen gegeben, dass sie sich freuen, wenn ich sie in ihrer Sprache zum Essen bitte. So macht das ein höflicher Auftraggeber.

Ich habe zur Abwechslung Corned Beef der Marke Tulip gekauft. Mit uns isst ein Besucher Dindis von der Insel Normanby. Von den zwei Sorten Ketchup schmeckt allen die schärfere am besten. Ich nehme besonders viel Ketchup zum Reis. Weder Solomon Blue noch das undefinierbare Corned Beef können mich locken.

Am späten Nachmittag reißen die Wolken auf. Durch einen Spalt überströmt honigfarbenes Licht das Kanu. Ich fotografiere. Ich höre einen der Zuschauer fragen:

»Warum haben *dimdims* Kameras erfunden, und wir nicht?«

Ein Problem mit dem Stativ hält mich auf, und ich kann es nicht lösen. Tipol fragt, ob er es anfassen darf. Mit ein paar ruhigen Griffen bringt er es in Ordnung.

»Hast du schon einmal ein Stativ in der Hand gehabt?«

»Nein. Aber seit du hier bist, schaue ich, was du damit machst.«

Zum Abendessen ist die Gang aus den Yamsgärten zurück. Ich würde gern einmal mit Dindis Frau sprechen. Ich glaube, auch sie ist nicht abgeneigt. Doch etwas in dieser Hütte, etwas, das ich nicht erklären kann, hält mich immer wieder davon ab.

Gemeinsam mit Soso mache ich mich auf den Weg nach Hause. Durch die Bäume hindurch sehe ich das zugedeckte Kanu. Im abendlichen Meer kann ich gerade noch die Planken erkennen.

Als Jack uns entgegenkommt, wirkt Soso unruhig. Ich erzähle ihm von meinem Erlebnis mit Jack am Tag meiner Ankunft, und Soso sagt:

»Wir haben Probleme.«

Auch an diesem Abend ist die Milchschale blank.

Ein ungewisses Gefühl signalisiert mir, dass ich nicht allein bin. Ich rücke die Lampe in die Mitte des Raumes und setze mich auf das Kissen, das schon so lange mein Stammplatz ist. Bereitwillig überlasse ich mich der panyatischen Schwere.

Mit einem Rest von Achtsamkeit oder Neugier lasse ich meinen Blick durch den Raum schweifen. Zwischen den Kartons trifft er auf glühende Katzenaugen. Im selben Moment wird mir bewusst, dass ich mich einsam fühle. Als die Katze mit ein paar wilden Sprüngen über die Leiter verschwindet, wünsche ich mir, sie möge wiederkommen und bleiben.

Lilian. Wie würde es mir ergehen ohne ihre Fürsorge? Ich bin ihr dankbar, ihr und diesem geheimen Drang (tiefer als die Vernunft), der mich hierher geführt hat. Ich darf Neues erfahren: Menschen, Leben, Welt. Mich. Meine Fehlbarkeit, die nehme ich hier deutlicher wahr. Ebenso das Geschenk, durch das Andere, das Fremde, lernen zu dürfen. Es würde mich mit Freude erfüllen, wenn auch meine Gegenwart für Lilian kein blinder Spiegel wäre.

Am Morgen, fast hatte ich es befürchtet, liegt eine tote Ratte neben meinem Bett.

»Melaluga waiwai sana, taliu!«

»Habatan elana!«

Einen schönen guten Morgen, Schwester! Wir werden dich besuchen! Es sind immer dieselben Gesichter, die an mir vorüberziehen, und die Szenen gleichen sich. Zum Beispiel ist da die Hütte an der Ecke. Bewohnt wird sie von einem nicht mehr jungen Ehepaar. Während um sie herum die Nachbarn mit allerlei Dingen beschäftigt sind, räkeln sie sich Betelnuss kauend und zufrieden lächelnd auf ihrer Veranda.

Am Kanuplatz treffe ich als Erste ein. Das Meer streckt sich still und glänzend bis zu einer kleinen Insel. Ich berühre die Planken, die im warmen Wasser liegen, und denke an den Baum, der sie waren. Ein paar Schritte entfernt stößt das Schwein, das jeden Morgen den Strand erkundet, seine Nase in leere Tulip-Dosen. Ein magerer Hund trottet vorbei. Auf Panyata rennen nicht mal die Tiere – Ratten und meine Katze ausgenommen.

Tipol und die Gefährten erscheinen mit ihrer Axt auf der Schulter. Die geflochtenen Taschen unter dem Arm, gehen sie zum Kanu und zu den Planken daneben. Immer mehr Späne bedecken den Boden. Die Kanumitte wird tiefer und breiter. Die Sonne steht schon hoch, als Soso sagt:

»Ich habe meine Betelnüsse vergessen. Ich muss eben nach Hause gehen und sie holen.«

Tipol schaut nicht auf. Ich nicke.

Zum Mittagessen ist Soso wieder da. Auch Spice Girl und die Jungs sind aus den Gärten zurück. Dindis Gast von der Insel Normenby isst ebenfalls mit uns. Meine Sorge, ich könnte die Kanubauer ausbeuten, war überflüssig.

Während die Arbeiten an Kanu und Planken fortgesetzt werden, beobachte ich Dindis Töchter, die vierzehn und fünfzehn Jahre alt sind. Sie schieben verrußte Töpfe auf einem Einbaumkanu ins Meer. Dort, wo ihnen das Wasser bis zu den Hüften reicht, klettern die Mädchen hinauf. Mit Kokosbast scheuern sie den Ruß vom verbeulten Blech. Kichernd und flüsternd gehen sie, die blitzenden Töpfe auf dem Kopf, an mir vorbei zurück in ihre Hütte.

Die schüchterne Anmut der Mädchen, die Ruhe, mit der die Kanubauer ihre Äxte führen, das Rascheln der fallenden Späne, Palmwedel, das Meer – all das kennt kein Maß, das Zeit heißt. Nur das *dimdim*-Herz schlägt in Sekunden. Werde ich das Kanu segeln sehen?, frage ich mich besorgt, wo ich umgeben von Vertrauen bin.

Zu Hause erwartet mich die Katze. Zur Flucht bereit, sitzt sie in einer Ecke und verfolgt, wie ich Milch in die Schale gieße. Ich rede mit ihr. Ich warte. Sie kommt und sie trinkt. Bis ich mit der Kekstüte raschle. Sie hastet davon.

So konzentriert auf die Katze, habe ich Lilian nicht bemerkt. Jetzt höre ich sie lachen.

Sie sagt: »Durch dich hat sie die Milch und die liebevolle Sprache kennen gelernt. Wenn du die Hand hebst, denkt sie, du willst sie schlagen, und rennt.«

Lilian braucht Kerosin. Sie bittet nicht darum, ich sehe es an dem Behälter in ihrer Hand. Während ich ihn fülle, schaut sie mich an.

»Ist was?«, frage ich.

»Du wolltest doch wissen, wovon ich träume. Also vorhin, da habe ich davon geträumt, das Schweinefutter für morgen früh wäre schon gehackt. Und nicht von mir.«

»Soll ich dir helfen?«

Sie sieht vergnügt aus.

»Nein. Deine Kraft reicht nicht aus. Da ist noch etwas, wovon ich geträumt habe.«

»Sag es mir, wenn du magst.«

»Dass ich Matten flechten muss.«

»Ist das nicht mehr Pflicht als Traum?«

Lilian sitzt nachdenklich da. Ich rühre ein Glas Milch an und lege eine Stange Kautabak daneben. Zum ersten Mal nimmt sie sie an.

»Ich habe auch davon geträumt, einfach mal nichts zu tun.«

Ich fühle mich hilflos.

»Wünschst du dir manchmal, irgendwohin zu fahren?«

»Oh ja, mal zu den anderen Inseln.«

Mit Lilian und Pawa habe ich gelernt, im gemeinsamen Schweigen liegt mehr Trost als in mitleidigen Ermutigungen und Ratschlägen, die sich nicht befolgen lassen. Zwar schweigen wir, sind aber nicht sprachlos. Ich weiß nicht, wie lange wir still gesessen haben, als sie beginnt, mir ihr Herz auszuschütten.

»Jeden Tag dasselbe. Schweine füttern. Kinder. Kochen. Geschirr abwaschen. In den Garten gehen. Ich habe keine Hoffnung mehr, je etwas anderes zu tun.«

Lilian schaut auf ihre Hände, mit denen sie Falten in den Stoff ihres Kleides legt. Ein Ruck geht durch ihren Körper, als sie sagt:

»Wir Frauen arbeiten härter als die Männer; und immer machen wir dasselbe. Die Männer bauen Hütten und Kanus, roden Wald für einen Garten, aber nur wenn sie Lust dazu haben. Das ist ein Unterschied. Haben sie keine Lust, warten sie auf das Essen, das wir kochen müssen.«

Sie hält inne und sieht mich an:

»Wir Frauen wissen nichts vom Kanubau. Wir sind stolz auf dich. Du bist eine Frau und lernst alles über das Kanu; du bist die Auftraggeberin. Jeder Mann kann jetzt sehen, dass auch Frauen das können.«

Es ist, als müsste sie jedes Mal Kraft sammeln, um weitersprechen zu können. Ich spüre jenen glasklaren Ernst in mir, der das Wissen um die eigene Hilflosigkeit begleitet.

»In den Siebzigern war Bird aus Amerika hier, und jetzt bist du gekommen. Wir sind stolz auf dich.«

Ich bin betroffen, wo ich mich freuen könnte.

»Alle schauen, was du anziehst. Schwarz steht dir gut. Deine Haut ist so weich. Das Kanu sieht schön aus. Dauernd kommen

Leute, die es ansehen wollen, setzen sich hin, kauen Betelnuss, rauchen. Noch nie wurde ein Kanu ohne Unterbrechung gebaut. Wir sind stolz auf dich.«

Ich bin betroffen von dem, was ich auslöse. Davon, wie selbstverständlich ich privilegiert lebe. Vom Wissen, dass Lilians Lebensumstände sich kaum ändern können. Ich lege meinen Arm um ihre Schulter. So hängen wir unseren Gedanken nach.

Bis Lilian sagt: »Ich mache mir keine Sorgen. Ich steigere mich in keine beunruhigenden Gedanken hinein. Ich vergesse meine Probleme einfach.«

Lilian steht auf mit den Worten:

»Meine Augen wollen schlafen.«

Morgens liegt eine tote Ratte neben meinem Bett.

»Die Katze liebt dich«, sagt Lilian und zieht mit Lil an der Hand in ihren Garten im Regenwald.

Ich sehe den Tag und das Meer und den Kanuplatz. Ich sehe die Kanubauer und die Zuschauer und denke an Lilian. Dabei erinnere ich mich auch an den Namen Bird, den sie erwähnt hat. Als ich mit den Kanubauern unter dem Baum mit den ausladenden Ästen sitze, frage ich sie, wer Bird ist. Sie erzählen, er habe sich für ihre Kultur interessiert, sei ein Jahr oder so geblieben und habe alles Material für den Kanubau ganz genau abgezählt und aufgeschrieben. Freundlich soll er gewesen sein und höflich und auch ein bisschen sonderbar. In Vollmondnächten zum Beispiel, da habe er sich schwarz angezogen und sei zu den Gräbern gegangen und darin verschwunden. Am nächsten Tag sei er wieder da gewesen.

Mal erzählt der, mal der, immer entstehen große Pausen. Soso erinnert sich an etwas, das sich bis heute niemand erklären kann. Bird hatte allein in einer Hütte gelebt und jeder, der ihn besuchte, konnte seine Vorräte sehen. Immer wenn sie zur Neige gingen, waren sie am nächsten Tag aufgefüllt, ohne dass er die Insel auch nur ein einziges Mal verlassen hätte.

»Ja, so war es«, bestätigt einer der älteren Gefährten, »abends waren die Vorräte weg, morgens stapelten sich neue Kisten.«

Tipol spuckt seinen Betelpriem aus:

»Wir dachten, er kann Feuer machen ohne Rauch. Oder wir dachten, er kocht nicht, und isst doch. Es kam kein Rauch aus seinem Dach. Später, als wir Gaskocher gesehen haben, dachten wir uns, er hat wohl mit Gas gekocht.«

»Wisst ihr, wo in Amerika er lebt?«

»Nein«, antworten sie und ich spüre: Amerika ist für sie nur ein anderer Name, wie Deutschland. Pawas Vater sagt:

»Er hat ein Kanu in Einzelteilen abholen lassen. Von hier brachte es ein Schiff nach Port Moresby und wurde von dort in das fremde Land verfrachtet. Er wollte es aufstellen, wo viele Leute es sehen können. In einem Haus, nicht auf dem Wasser.«

»Könnt ihr euch an den Namen der Stadt erinnern?«

»Nein«, sagen sie.

Tipol erinnert sich, dass einer der Kanubauer von damals noch lebt, aber geistig umnachtet ist.

Soso erklärt: »An meiner Axt ist der Stiel locker, ich muss eben nach Hause und eine neue holen.«

Ich sehe ihm nach, wie er zum Inselpfad geht, und dabei fallen mir die Fortschritte an Dindis neuem Laden ins Auge. Er wird viermal so groß sein wie der alte.

Mit jedem Tag wird der Kanuleib schlanker. Doch seine Seiten sollen noch dünner werden, die Wölbungen feiner. Seit ich von Tipol weiß, dass er und die Gefährten in Gedanken mit dem Kanu sprechen, fällt es mir ein, wenn ich die gebeugten Köpfe der Männer sehe.

Das ist, was sie dem Kanu sagen:

»*Waga enona*, du wirst stark sein und klug. Du wirst uns sicher durch die Wellen tragen. Du wirst uns über die Riffe führen. Du wirst schnell sein wie der wirbelnde Wind. Du wirst uns beschützen im Sturm.«

Unterdessen ist die Stärke der Bretter von vier bis auf einen Zentimeter in der Mitte verringert. Die Seiten sind geringfügig dicker. Das macht die Planken biegsam und widerstandsfähig.

»*Tana tanan gegewela, nu!*«, Lasst uns essen gehen, Brüder, sage ich gegen Mittag, als ich Soso sehe. Ich lerne, die Dinge geschehen zu lassen, ohne sie zu kommentieren oder einzugreifen. Nach meinen Erfahrungen mit den Konservendosen habe ich beschlossen, mich an Panyata-Regeln zu halten.

Nach dem Essen werden die Planken aus dem Meer gezogen. Bis morgen bleiben sie angelehnt an den Stamm, an dem auch die *tumwi-tumwi*-Bretter stehen.

Auf dem Weg nach Hause frage ich mich, ob wohl die Katze auf mich wartet. Als ich sie ausgestreckt auf meinem Stammplatz sehe, ist mein Glück perfekt. Sie springt auf und streicht mir um die Beine, flüchtig nur. Ich fülle ihre Schale; später beobachten wir uns aus geringer gewordener Entfernung.

Als Pawa eintritt, ist die Katze mit zwei Sätzen verschwunden. Pawa sieht nicht glücklich aus. Wie viele Gläser Milch mag ich schon angerührt haben aus dem Pulver, das hier so beliebt und so unerschwinglich ist? Die Schale der Katze steht längst an einem versteckten Ort. Doch ich bin mir sicher, die ganze Insel weiß, was ich mache. Pawa trinkt verdrossen. Bis sie sagt:

»Soso kontrolliert mich. Obwohl er an deinem Kanu arbeitet, überrascht er mich in der Hütte. Er glaubt, mich besuchen Männer.«

Wenn sie trinkt, nimmt sie sehr kleine Schlucke. Sie fährt fort: »Ich sage zu ihm: Du kennst mich doch! Ich bin Pawa, deine Frau. Ich habe keine Besucher.«

»Schläfst du immer noch auf der anderen Seite der Hütte?«

»Ja. Er hat mir noch nicht erlaubt, Korbball zu spielen.«

»Möchtest du Kautabak?«

Sie strahlt.

Die Spielstunde auf Englisch ist Kokomo und mir zur Gewohnheit geworden. Und der *Spiegel Reporter* ist unerschöpfliche Quelle für seine Fragen. Jetzt schließt er die Zeitschrift, um nach Hause zu gehen. Ich sitze gedankenverloren auf meinem Kissen. Zum Unbehagen Lilians schließe ich meine Tür auch nachts nicht; ich brauche Luft. Auch jetzt steht sie weit offen. Aus dem Halbdunkel dahinter meine ich ein Geräusch vernommen zu haben. Nicht zum ersten Mal. Es ist ein Schniefen oder Nasehochziehen. Ich vermute, Moki steckt dahinter, der Junge, der anders sein soll als die anderen Kinder. Heute will ich es wissen. Ich nehme die Sturmlampe. Moki hockt auf dem Sims, klein und mit Augen leuchtend groß und verehrend.

»*Yes*«, flüstert er.

»Hallo Moki«, sage ich leise, »wenn du magst, kannst du bei mir sitzen.«

»*Yes*«, flüstert er.

»Ich lasse die Lampe hier neben der Tür stehen. Dann können wir beide sehen.«

»*Yes*«, flüstert er.

Moki schnieft und sitzt nicht einen Moment still. Ich frage, ob er am Morgen in der Schule war, und er flüstert:

»*Yes.*«

»Hattest Du Englischunterricht?«

»*Yes.*«

»Was hast du gelernt?«

»*Yes.*«

Er sieht mich an. Er schnieft, er bewegt sich; und wirkt, als hätte er einen Triumph errungen. Es ist spät, und ich weiß nicht, wie ich ihn dazu kriege, aus seiner Nische zu kommen. Deshalb sage ich, ohne mir zu viel davon zu versprechen:

»Moki, meine Augen wollen schlafen.«

»Yes.«

»Und deine?«

»Yes.«

Und plötzlich ist er verschwunden. Ich habe nur einen Augenblick von ihm weg zu einer Spinne geschaut und mich gefragt, ob ich sie ertragen oder verscheuchen soll.

Am Morgen liegt neben meiner Matratze keine Ratte. Aber in der offenen Tür. Um meine Beine streicht eine vorsichtige, noch nicht schnurrende Katze. Ich möchte sie streicheln, doch sie duckt sich. Ich gedulde mich.

Acht

Immer noch treibt Südostwind Staub über den Inselpfad. Hinter Dindis Laden fallen Lichtflecke durch die Blätter der Bäume auf die Männer und die Planken, an denen sie arbeiten; sie huschen über das Kanu und über die Schultern von Tipol und Soso. Beide beugen sich über ein Kanuende. Jeder ein doppelter Meister. Gewöhnlich bauen Meisterschnitzer keine Kanus, und umgekehrt können Kanubauer nicht schnitzen. Diese beiden Männer beherrschen die eine Kunst so gut wie die andere.

Wie die Sichel des neuen Mondes sich an ihren Enden verjüngt, laufen auch die Enden des Kanus schmal aus. Die Steven sind der Teil des Einbaumkanus, der später aus den Wellen ragen wird, während der Einbaum selbst in seiner Funktion als Kiel unter Wasser bleibt. Tipol und Soso schnitzen in diese Steven das Symbol des Vogelschnabels. Manchmal zieht Tipol für mich mit dem Messer die strengen, geometrischen Linien nach und sagt:

»Hier ist der Kopf, hier beginnt der Schnabel.«

Als mir auffällt, dass ich wieder Tipol um eine Erklärung gefragt habe, nehme ich mir zum wiederholten Mal vor, Soso einzubeziehen. Doch als die Männer ihre Arbeit für eine Betelpause unterbrechen, und die Gang zu uns stößt, denke ich nicht mehr daran. Deshalb ist es Tipol, der erzählt, wie er zum Schnitzen kam.

Er sagt: »Als ich ein Junge war und beschloss, Kanus zu bauen, hatte ich die Ornamente meines Bruders gesehen. Da wollte ich von ihm das Schnitzen erlernen. Er war schon ein Meister.«

»Hat jedes Kanu ein eigenes Ornament?«

Tipol antwortet: »Es gibt zwei Motive. ›Mund des Vogels‹ und ›Kopf der Eidechse‹. Sie stammen von unseren Vorfahren. Jedes Ornament hatte eine Legende, nur können wir uns nicht an sie erinnern, aber der Name des Vogels ist *manak*.«

Die Gefährten nicken. Und Soso übersetzt: »Das heißt Seeadler.«

Tipol fährt fort: »Wenn ich arbeite, habe ich die Qualität im Auge. Wenn ich fertig bin, ist *mimana mulina* da.«

»Was ist das?«

»Deine Sprache kennt das Wort nicht«, hilft Soso, der häufig in der Mine gearbeitet hat und gut Englisch spricht. Doch er weiß: »Es bedeutet so etwas Ähnliches wie Fingerabdruck.«

Pawas Vater sieht auf die Zigarette, die er sich angesteckt hat, und weist leise darauf hin, auch *tumwis tumwis* würden mit dem »Mund des Vogels« verziert.

Ich frage: »Und es gibt wirklich niemanden, der sich an die Legende vom Mund des Vogels erinnert?«

Tipol sagt: »Man hat vergessen, sie zu erzählen.«

Plötzlich spüre ich diesen Impuls, dem ich zu vertrauen gelernt habe; diesen Impuls, nicht aufzugeben. Deshalb frage ich weiter.

»Wer ist der älteste Kanubauer auf Panyata?«

Spice Girl gibt Auskunft: »Das ist der Urgroßvater von Dindis Frau. Wir haben es selbst erst vor ein paar Monaten herausgefunden. Weil ein neues Jahrtausend angefangen hat, wollten wir wissen, wer am längsten im alten gelebt hat.«

»Und wie habt ihr sein Alter herausgefunden?«

Spice Girls Bruder antwortet: »Ich hörte Watson, so heißt der Urgroßvater, sagen, er habe sagen gehört, dass er zwei Jahre vor dem Jahr geboren wurde, in dem die australischen die deutschen Kolonialherren aus Neuguinea vertrieben.«

»Das war im Jahr 1914. Dann wurde er 1912 geboren und ist achtundachtzig Jahre alt.«

»So wird es sein«, nicken die Männer.

Dindi, der heute mit an den Planken gearbeitet hat, schweigt.

»Ich habe keine Senfblätter mehr«, sagt Soso und macht sich auf den Weg nach Hause, während die Männer die Arbeit wieder aufnehmen. Später, beim gemeinsamen Essen, komme ich auf den ältesten Mann Panyatas zurück. Ich frage Dindi:

»Vielleicht erinnert sich Watson an die Bedeutung der Ornamente? Können wir ihn befragen?«

Dindi flüstert beinahe: »Ich werde ihn fragen. Aber der Urgroßvater meiner Frau ist alt und verwirrt.«

Früher Sonntagmorgen. Über den Rand meines Badezimmers hinweg sehe ich Pawa mit Chris kommen. Der Junge hat ein Furunkel am Handballen. Weil die Ausdehnung der Beule so groß ist, drängen sich die neidischen Hexen, von denen Lilian berichtet hat, in meine Gedanken. Damals hatte Chris ein Furunkel am Bein. Aber Pawa spricht nicht von Hexen.

Sie bittet: »Kannst du uns zur Krankenstation begleiten?«

Chris wimmert auf dem langen Weg dorthin. Auf der Besucherbank, die auch Behandlungszimmer ist, drückt Pawa ihr Kind an sich. Ich halte seine Beine. In der zierlichen Hand der Krankenschwester liegt die geschwollene von Chris. Ohne viele Worte greift die junge Frau nach einer Rasierklinge auf dem Tisch hinter ihr. Sie ritzt mit zwei raschen Bewegungen ein Kreuz in die Spitze des Übels. Eiter spritzt. Vom Gesicht der Schwester lässt sich nicht ablesen, was in ihr vorgeht, als sie einen Holzstab, so dick wie ein japanisches Essstäbchen, erst in Jod taucht und dann tief in die Öffnung des Furunkels drückt und hin- und herdreht. Als sie den Vorgang zum vierten Mal wiederholt und ich Mühe habe, bei Sinnen zu bleiben, lächelt sie und erklärt:

»Alles muss raus. Ich muss desinfizieren. So ist es.«

Pawas Lippen sind weiß vom Zusammenpressen.

Die Schwester bittet mich: »Reich mir mal das *dressing* herüber.«

Ich gebe ihr das Verbandszeug und lenke mich mit dem Gedanken ab, dass auf Panyata alles, was nicht aus der Region stammt, »*dimdim-made*« genannt wird. Als wir nach Hause gehen, lachen die Augen von Chris. Und die ganze Welt ist Sonne.

Auf meinem Kissen schläft die Katze.

Ich mache ein paar Schritte, damit sie mich bemerkt. Sie streckt ihren grauweiß gefleckten Körper und erlaubt mir zum ersten Mal, sie zu streicheln. Mit Milch locke ich sie von meinem Platz. Und als sie zu trinken aufhört, setzt sie sich und legt nach Art der Katzen ihren Schwanz vor die Pfoten. Sie schaut mich an. Ich bin dabei, mir Notizen zu machen, da spüre ich den Druck einer Pfote auf meinem Bein und kann zusehen, wie eine Katze es sich auf meinem Schoß bequem macht. Zum zweiten Mal an diesem Tag ist die ganze Welt Sonne.

Lange bleibe ich sitzen, bis draußen Stimmen laut werden und jemand meinen Namen ruft. Zwischen den Stämmen der Frangipani-Bäume steht Soso und hält zwei Thunfische hoch. Halfa hat durch die Kiemen kleinerer Fische eine Palmblattrippe gezogen; sie hängen daran wie Schmuckstücke an einer Kette.

Aus allen fünf Hütten schlendern wir heran und bestaunen den Fang. Die Männer lachen zufrieden und machen Feuer in einer Kerosintonne. Den Thunfisch wollen sie räuchern.

Beim Anblick der frischen Fische möchte ich wissen:

»Habt ihr Lust auf Fisch nach *dimdim*-Art?«

Die Aussicht amüsiert meine Gastgeber. Halfa säubert die kleinen Fische, Pawa zieht mich in das Halbdunkel neben der Feuerstelle. Rechts von ihr fällt mir eine Matratze auf.

»Schläfst du hier?«, frage ich Pawa.

»Ja. Bis Soso mir erlaubt, Korbball zu spielen.«

Wir schicken ihre Tochter los, meine unbenützte Pfanne und die nie geöffnete Dose Butter zu holen.

Ich rufe ihr nach: »Pflück zwei Limonen für mich!«

Flüchtig nehme ich fragende Gesichter wahr.

Ich hätte sie achtsamer zur Kenntnis nehmen sollen.

Im Schein des Küchenfeuers brutzeln die ersten Fische in der Pfanne. Ich salze sparsam; niemand ist an den Geschmack von Salz gewöhnt. Salz ist beliebt, aber zu teuer. Weniger vorsichtig träufle ich Limonensaft in die schäumende Butter, lasse die gebräunten Fische auf Blätter gleiten, die Pawa mir hinhält und weiterreicht. Ich denke: »Schön sieht der Fisch auf den Blättern aus«, und freue mich auf meinen.

Ich sehe Soso probieren und erstarren. Es dauert, bis er mit einem Laut aus der Hütte springt. Der Rest der Familie hält den Blick gesenkt. Es ist Lilian, die uns allen zu Hilfe kommt.

»Limonen essen wir, wenn wir schwer krank sind. Zu sauer.«

Ihre freimütige Erklärung erlaubt denen, die Fisch im Mund haben, nach draußen zu hechten. Zum Trost backe ich Pfannkuchen mit viel Zucker obendrauf. Das ist ein Experiment mit unvergess-lich glücklichem Ausgang. Anschließend folgen mir die Kinder in meine Hütte, was die Katze zur Flucht veranlasst. Jetzt liegen Kokomo, Rosa und fünf weitere Kinder vor mir auf dem Bauch:

»Sing uns Lieder aus Deutschland!«, wünschen sie sich.

Doch wie immer hören sie am liebsten *»Summertime«*.

»Noch mal«, sagen sie, sobald ich am Ende bin, genau wie die Kinder in den Anden und im Himalaja, denen ich das Lied mit den »springenden Fischen« vorgesungen habe. Es scheint Kinder magisch zu erreichen. Möglicherweise, weil ich nur dieses eine schön singen kann.

Moki hockt in seiner Nische. Jedes Mal, wenn der Junge vor ihm mitsingt, schubst Moki ihn, schüttelt den Kopf, schnieft und zieht die Schultern hoch. Seine Augen sprühen dann vor Vergnügen. Er bringt den Freund, der sich nicht beschwert, zum Verstummen, bis er sich erneut hinreißen lässt und singt. Dann schubst Moki ihn, der Freund wird still, singt, Moki schubst … Ich liebe diese Kinder. Und ich weiß jetzt, wie es ist, einen Fan zu haben.

Unterdessen vergehen die Tage. Seit gestern sind die Steven des Kanus mit dem »Mund des Adlers« verziert. Heute beugen sich Tipol und Soso mit Keule und Schnitzmesser über die *tumwitumwi*-Bretter, um sie mit dem gleichen Symbol zu schmücken. Die Gefährten stehen weiterhin auf den Planken und tragen mit ihren Dechseln Millimeter für Millimeter vom Holz ab.

Durch die Wolkendecke dringt milchweißes Licht. Es ruht auf dem lecken Einbaumkanu am Strand, mit dem Dindis Töchter an den Nachmittagen verrußte Töpfe aufs Meer schieben. Jetzt befördern die Mädchen ihre Mutter und eine Verwandte hinaus. Dort, wo ihnen das Wasser bis zu den Hüften reicht, rutschen die Frauen vom Kanu ins Meer. Ihre weiten Kleider bauschen sich über der glatten Oberfläche. Ein paar langsame Schritte, und die Wellen umspülen ihre Taille. Ihre Gesichter dem Horizont zugewandt, verharren sie eine Weile. Klohäuschen gibt es auf Panyata nur in Sosos Weiler. Inspiriert von den Toiletten in der Mine auf Massim, war er es, der sie baute.

In der zweiten Betelpause sagt Tipol, es gebe noch etwas vom Nachfahren Bebetas zu berichten. Von eben jenem Onkel, der seinem Neffen prophezeite, wie mühselig das Bauen eines Kanus in alle Zukunft sein würde. Tipol beginnt, wo er vor Wochen aufgehört hat:

»Als Onkel und Neffe nach ihrem Streit darüber, dass ein Kanubaum nicht morgens gefällt und nachmittags als Kanu im Meer dümpeln kann, zu ihrer Hütte kamen, saß die Frau des Onkels auf der Veranda. Sie fertigte Tontöpfe. Der Neffe hatte eine heimliche Liebschaft mit ihr und kannte die Tattoos auf ihren Oberschenkeln.«

Spice Girl und seine Freunde kichern. Zuletzt haben sie halbe Tage in den Yamsgärten gearbeitet, heute sind sie den ganzen Tag bei uns.

Tipol spricht weiter: »Das Kanu hatte noch keine Ornamente. Deshalb zog es der Neffe auf den Strand. Er verzierte die Steven mit dem gleichen Motiv, das er auf der Innenseite der Oberschenkel seiner Geliebten gesehen hatte. So entdeckte der Onkel das Verhältnis zwischen seiner Frau und seinem Neffen.«

Tipol betrachtet die Glut in den lateinischen Worten seiner Zigarette. Dann sagt er:

»Ich habe nachgedacht. Das ist alles, was ich von den Ornamenten zu berichten weiß. Die Bedeutung von ›Mund des Vogels‹ ist verloren.«

Der Meister und die Gefährten nehmen die Arbeit wieder auf. Soso findet einen Grund, der ihn zurück nach Hause zwingt. Er kontrolliert Pawa nicht mehr gegen Mittag, sondern zu unregelmäßigen Zeiten.

Auf dem Kanuplatz liegt seit heute ein L-förmiger Holzblock. Pawas Vater und Peli ziehen mithilfe eines abgebrochenen Zollstocks und eines Bleistifts Linien über seine Länge und binden den Block an den Stamm einer Palme. Und dann ist eine Handsäge im Spiel. Ich glaube, in Deutschland würde niemand auf die Idee kommen, sie einsetzen zu wollen. Doch Peli schneidet mit dem alten Blatt entlang den Bleistiftlinien, bis sechzehn L-förmige Latten vor ihm liegen – acht Spantenpaare. Die Spanten sind so etwas wie die Rippen des Kanus, an denen die Planken Halt finden.

Doch heute nicht mehr. Wir gehen essen. Unterwegs sehen wir den einzigen Arbeiter in Dindis neuem Laden mit der Dachkonstruktion beschäftigt. Rechts vom Pfad, der zu Dindis Hütte führt, bildet der grasige Boden Mulden und Hügel. Er steigt sanft an und oben sitzt unter einem Baum eine Frau auf einer Bank vor einem Pult. Sie liest aus dem Alten Testament vor. Wenn sie aufschaut, sieht sie einzelne Personen auf der Wiese, die ihr versunken lauschen.

Dindi hat wieder Besuch. Einen etwa vierzehnjährigen Jungen von der Nachbarinsel Punu. Seine Locken sind kurz geschoren, aber im Nacken trägt er einen fein geflochtenen langen Zopf; blond geworden von Sonne und Salzwasser. Ich erkundige mich bei ihm, wie alt der Zopf ist, und er antwortet:

»Vielleicht älter als ein Jahr.«

Dindi erklärt mir freundlich: »Der Zopf wächst, seit sein Onkel gestorben ist. Mein Verwandter ist eingetroffen, um mir zu sagen, dass er ihn abschneiden will. Es ist Brauch, die Familie zu informieren, denn der Schnitt wird mit einem Festessen begangen.«

Nach und nach erfahre ich, dass auf diese Weise der Tote geehrt wird. Aber fast wichtiger scheint zu sein, dass wer sich einen Zopf wachsen lässt, anlässlich seines Abschneidens von der Verwandtschaft Kultgegenstände erhält, die wertvoller sind als Geld. Meine Frage, ob durch diese Tradition Beziehungen verstärkt und Angehörige abgesichert werden sollen, beantwortet Dindi so:

»Mein junger Verwandter tauscht den Zopf gegen Muschelgeld, eine Steinaxt und ein Schwein. Wenn er älter ist, wird er diese Dinge für Zeremonien brauchen.«

Nach unserem Abendessen, das sich von der Mahlzeit am Mittag nicht unterschieden hat, gehen Soso und ich Seite an Seite nach Hause. Die Sonne ist schon versunken, aber ein letzter Glanz lässt das Meer aufleuchten, bevor die Dunkelheit es verschluckt.

In ihrem Schutz beginnt Soso von Tipol zu sprechen. Tipol, so sagt er mit einer Intensität, die mich überrascht, sei es gleichgültig, ob ein Kanu Qualität habe oder nicht. Ob *mimana mulina* da sei oder nicht, ob es schnell oder langsam sei. Tipol habe Talent, ja, aber ein Kanu bauen, das sei nicht mehr als eine Arbeit, die er erledigt. Unlängst, als Tipol mir erzählt habe, wie und warum er Kanus baue, da habe er angegeben.

Soso schließt: »Das ist bei uns normal.«

»Angeben ist normal?«

»Normal.«

Ich habe meine Aufmerksamkeit doch zu einseitig dem älteren der beiden Meister geschenkt und Sosos Neid geweckt, ihn möglicherweise verletzt. Wieder nehme ich mir vor, ihn bei allen Fragen einzubeziehen. Dass er so kompetent wie Tipol ist, weiß ich. Doch bin ich ihm gegenüber weniger unbefangen, und so kommt es, dass ich mich spontan Tipol zuwende.

Auf Panyata nach Hause schlendern zu können, wenn eine Katze wartet, ist eine neue Art von Leben. Kaum trete ich in meine Hütte, streicht mir die schnurrende Katze um die Beine. Hat sie getrunken und sich geputzt, tastet sie sich auf meinen Schoß. Beglückt und voller Zärtlichkeit betrachte ich ihren zusammengerollten Körper und weiß: Ich habe diese Nähe allein der süßen Milch zu verdanken. Ratten finde ich nicht mehr neben der Matratze; die liegen an immer gleicher Stelle in der offenen Tür. Neulich wurde ich durch das Knacken von Knochen geweckt; vielleicht war es auch nur ein schlechter Traum.

In dieser Nacht werde ich wach, obwohl es vollkommen still ist, doch muss ich zum Klohäuschen. Ein Vogel streift den dunklen Himmel. Im Lichtkegel meiner Taschenlampe umgehe ich die Korallensteine. Die unsichtbare Gegenwart des Meeres weckt in mir die Sehnsucht, durch die Schatten der Nacht in den Beginn eines unbekannten Morgens zu segeln. Auf dem Rückweg setze ich mich auf das warme Rechteck aus Zement und höre auf das ruhige Rollen des Ozeans. Ich erlebe diesen Augenblick als meine Wirklichkeit; und muss daran denken, dass jeder andere Mensch auf der Welt genau diesen Augenblick als seine eigene, ganz andere Wirklichkeit erfährt. Geräuschlos, wie ich die Hütte verlassen habe, erreiche ich sie wieder.

»Du bist durch die Nacht gegangen ...«, sagt Lilian am Morgen und bricht mitten im Satz ab, weil Lil gefallen ist und ihre Stirn blutet. Lilian drückt ihren Handballen mit aller Kraft gegen die Wunde. Ich hole Desinfektionsmittel und Verbandszeug. Wir kommen nicht zurück auf den begonnenen Satz, doch auf dem Weg zum Kanu werde ich das Gefühl nicht los, dass Lilian beunruhigt war. Ich nehme mir vor, sie am Abend danach zu fragen.

Während ich zum Kanu gehe, sehe ich das Bekannte: das Meer, den Pfad, das laszive Grün der Bäume und Büsche am Rande. Noch bin ich nicht beim ersten Weiler angelangt, da bleibe ich vor Unerwartetem stehen: einem Feuer. Kokomo und vier seiner Freunde hocken darum herum. Ihre Augen sprühen vor Vergnügen und der Aufregung, von mir entdeckt worden zu sein. Was sie in die flackernden Flammen halten, erinnert mich an eine Kette aus dicken Hörnchennudeln. Doch was da auf den biegsamen Bogen einer Palmrippe gezogen ist, prall und in Doppelreihe – das sind Maden.

Und sie bewegen sich.

Das Fett trieft heraus. Die Jungen achten darauf, nur die untere Seite zu bräunen. Immer wieder legen sie den Kopf in den Nacken, halten sich die Kette über den Mund und knabbern an der lebenden Delikatesse. Sie soll nussig schmecken. Lächelnd verberge ich meinen Schauder.

»Wo habt ihr die gefunden?«

»Unter einer Baumrinde im Busch«, antwortet Kokomo.

Ich folge seinem Blick und entdecke einen Sack, halb voll mit zuckenden Maden. Die Jungen strahlen die Zufriedenheit erfolgreicher Sammler aus. Ich verabschiede mich und bleibe noch einmal stehen. Über die Schulter zurücksehend, frage ich die sich übermütig Gebärdenden:

»Wovon singt ihr denn?«, weil ich meine, das Wort *dimdim* verstanden zu haben.

Es ist Kokomo, der das Lied auf Englisch wiederholt:

»Wir sind glücklich! Wir sind glücklich! Endlich haben wir eine *dimdim*-Mutter!«

Schon mehrmals habe ich im Pazifik und auch im Indischen Ozean erlebt, dass Kinder wie Erwachsene aus dem Stegreif besingen, was sie beschäftigt, erfreut oder belustigt.

Als ich eines der Kanus erreiche, die zugedeckt darauf warten, bearbeitet zu werden, schaue ich mir die Schnitzereien auf *tumwi tumwi* und Steven an. Lilian hat mich darauf hingewiesen. Und tatsächlich kann sogar ich den Unterschied zu Tipols und Soso Arbeit erkennen – hier waren kleinere Meister am Werk.

Umso mehr lerne ich die Ornamente an unserem Kanu zu schätzen. Die Verzierungen auf den *tumwi-tumwi*-Brettern sind fast beendet. Ich streiche mit der Hand über die fein ausgeführten Wölbungen, die sauber fließenden Linien des stilisierten Seeadlerschnabels. Ein Musterbrett oder eine Zeichnung, die als Vorlage dient, existiert nicht. Das Ornament lebt in den Köpfen der Meister. Wieder bedaure ich, die Bedeutung vom »Mund des Vogels« nicht zu kennen.

Plötzlich sitzt Tipol neben mir. Die Ankunft der Kanubauer ist mir entgangen. Er setzt sein Schnitzmesser an; ich rücke zur Seite und höre ihn leise sagen:

»Melaluga wai wai sana hot.«

Mit *»hot«* wünscht er mir einen *besonders* schönen Guten Morgen, und darüber freue ich mich. Er beugt sich über das *tumwi-tumwi*-Brett. Die ausgedehnten Momente, in denen er die Veränderungen betrachtet, die seine Hände hervorbringen, lassen keinen Zweifel aufkommen über seinen Willen zur Perfektion und seine Liebe zum

Kanubau. Und auch wenn Soso seine Stirn in Falten zieht, schmälert das nicht die Schönheit seines *tumwi-tumwi*-Brettes.

Nicht vorbereitet bin ich auf diese *dimdim*-Werkzeuge: Hobel.

»Ausrangiert in der Mine von Massim«, erklärt Soso.

Ich denke, es kann ja nicht sein, dass die Männer mit diesen ollen Dingern das von kleinen verzierten Beilen in Form gebrachte Kanu berühren wollen. Aber sie tun es. Auch die Planken werden so noch glatter.

Manchmal habe ich Kinder den Kanubauern mündliche Nachrichten überbringen sehen. Heute bin ich es, die eine erhält. Dindis älteste Tochter flüstert mir zu, ihr Vater bitte mich in seine Hütte. Ich mache mich gleich auf den Weg. In Dindis Gesellschaft finde ich einen hageren, sehr alten Mann. Sein Gesicht ist mir fremd. Als ich ihm gegenüber auf dem Boden Platz genommen habe, sagt Dindi:

»Du wolltest Watson nach der Bedeutung der Ornamente fragen. Er versteht kein Englisch. Ich werde für dich übersetzen.«

Watsons Augen sind trüb, aber sein Gesicht leuchtet beim Erzählen. Der Achtundachtzigjährige ist der Erste auf Panyata, den ich eine Kappe tragen sehe; eine rote Kappe mit einem kleinen Schirm, der vom vielen Anfassen am Rand ganz speckig ist. Ich betrachte die großen Löcher in Watsons Ohrläppchen. Hin und wieder verscheucht er mit einem Bündel aus Palmrippen Moskitos von Schultern und Rücken. Ein Gürtel hält das um die mageren Hüften gewickelte Tuch; verwaschen zeugt es von ehemals lebhaften Farben. Als er aufhört zu sprechen, schaue ich in ein faltiges, glückliches Gesicht.

Erwartungsvoll wende ich mich Dindi zu.

Der sagt: »Watson kann sich nicht erinnern.«

Eine Brise streicht über die Menschen auf dem Kanuplatz. Licht und Schatten huschen über einen großen Augenblick: Tipol und Spice

Girl setzen das erste *tumwi-tumwi*-Brett in die vorbereitete Nut. Fast geht die Sonne darüber unter; denn immer wieder ziehen sie das verzierte Bugbrett aus der Fuge, und Tipol schlägt mit dem kleinen Beil Holz ab. Millimeterweise: aus der Fuge, vom Brett. Solange, bis es fest eingefügt sitzt.

Die Kanubauer bezeichnen das *tumwi tumwi*, das wir Bugbrett nennen, auf Englisch als *endpart*. Das Schlussstück steckt da, wo das Kanu schmal auszulaufen beginnt und zum Steven wird. Das zweite Schlussstück am anderen Ende des Kanus werden Soso und Tipol morgen einsetzen.

Auf dem Nachhauseweg denke ich: Selbst wenn ich das Kanu nicht segeln sehe, macht mich reich, was ich hier erfahren durfte. Auf welch vielfältige Weise, werde ich vielleicht erst in einem Jahrzehnt begreifen oder am Ende meines Lebens. Sicher ist, das Erlebte wird unbemerkt in mir arbeiten, mich beeinflussen, verändern, mir helfen, den begrenzten Blick zu weiten; nach außen, nach innen.

Die Katze empfängt mich auf der Leiter; sie drückt ihren Kopf in meine Hand, schnurrt. Lilian bringt mir eine Süßkartoffel und eine Papaya. Zwar esse ich jetzt zweimal am Tag, jedoch nur Reis und Ketchup; Lilian weiß es und sorgt sich.

Ich sage: »Lilian, heute Morgen hast du mir etwas sagen wollen, aber Lil ist gefallen, und ich bin zum Kanu gegangen. Erinnerst du dich?«

»Ja.«

»Ich hatte den Eindruck, du warst beunruhigt.«

»Ich bin beunruhigt. Du solltest in der Mitte der Nacht nicht allein zum Klohäuschen gehen. In den tiefsten Stunden der Dunkelheit sind Hexen in der Luft. Du siehst sie nicht, aber sie sehen dich. Deine weiße Haut lockt sie an. Die Energie, die von ihnen ausgeht, kann dich streifen und krank machen.«

Ich sitze da und schweige.

Nach einer Weile sagt sie lakonisch:

»Aber wenn du es nicht glaubst, dann kann dir wohl nichts passieren. Vielleicht können Hexen ja nur denen Furcht einjagen, die an sie glauben.«

»Daran glaube ich, Lilian.«

Sie erzählt mir von Schweinen, die aus ihrem Gatter ausgebrochen seien und einen nahen Garten verwüstet hätten. Den ganzen Nachmittag habe sie zusammen mit der Nachbarin damit verbracht, acht Schweine wieder einzufangen.

Habe ich Lilian schon einmal so kraftlos gesehen? Sie verabschiedet sich mit den Worten:

»Tuau iyaliga«, Mein Körper fühlt sich müde.

Gerade, als ich vom Pfad zum Kanuplatz abbiegen will, bricht vor mir aus dem Dickicht des Regenwaldes die Gang. Ein plötzlicher Windstoß wirbelt Staub zwischen uns auf. Dann sehe ich das Lachen auf den Gesichtern der jungen Männer und die Kränze, die sie wie Trophäen über ihre Köpfe halten.

»Mamal!«, rufen sie mir zu.

Angesteckt von ihrer Leichtigkeit und Freude, laufe ich mit ihnen mit: vorbei an Dindis Laden, an Tipol und den Gefährten, bis ans Meer. Die Jungen rennen ein paar wassersprühende Schritte weiter und werfen die Kränze in die Wellen. Spice Girl und sein Bruder beschweren sie mit Korallenbrocken, damit sie nicht weggespült werden. Dann versammeln sich alle Kanubauer zu einer Betelrunde.

Einmal, als wir durch den Regenwald gingen, haben mir die Männer den *mamal*-Baum gezeigt. Ich schätze nicht gern, neigt man doch dabei zur Übertreibung. Jetzt aber möchte ich vorsichtig Meter benennen. Aus dreißig Höhenmetern (mir schienen es vierzig zu sein) hingen von einem Stamm, der aus vielen Stämmen bestand, Lianen – *mamal*. Heute früh, bevor die Hitze des Tages sich entfalten konnte, ist die Gang in den Baum geklettert und hat ein paar dünne Lianen gekappt.

Tipol spuckt Betel aus und erklärt mir:

»*Mamal* muss eine Weile im Salzwasser liegen; damit die Haut verrottet und die Lianen biegsamer werden.«

»Und wofür braucht ihr die?« frage ich nach.

Soso antwortet: »Wir brauchen sie, wenn wir die Plattform gebaut und den Auslegerstamm gefunden haben. Mit den Lianen binden wir beides zusammen.«

Ohne eine Ahnung vom Kanubauen zu haben, ertappe ich mich dabei, schätzen zu wollen, wie viele Tage diese oder jene Arbeit in Anspruch nehmen wird. Mal denke ich, dass es *wahrscheinlich* zu viele sein werden; mal, dass es *ganz sicher* mehr werden, als es meine Aufenthaltsdauer erlaubt. Ein einziges Mal habe ich die Männer gefragt, ob ich das Kanu werde segeln sehen. Sie haben gelächelt. Daran merkt man, dass man zu viel nachgedacht hat.

Weil es weder so noch so eine verlässliche Antwort gibt, schaue ich auf das Meer. Gleich ist allen Bedenken der Boden entzogen. Auf das *mamal* packt Spice Girl zwei weitere Korallensteine, dann gehen er und die Freunde in Richtung Westen davon; *kopra* machen. Das heißt, sie werden den Tag damit verbringen, Kokosnüsse in Stücke zu hacken, werden sie in die Sonne legen, am Abend einsammeln und am Morgen erneut zum Trocknen ausbreiten. In ein paar Tagen wird jemand die penetrant riechende *kopra* abholen und nach Massim in eine Ölmühle bringen.

Tipol und Soso setzen das zweite *tumwi-tumwi*-Brett ein. Am Nachmittag ragt von jedem Steven ein Schlussstück in die tropische Luft. Wer oben auf dem Inselpfad vorbeigeht, bleibt stehen oder kommt, um sich den Fortschritt am Kanu anzusehen.

Soso sagt: »Ich muss den Zaun vom Schweinestall reparieren.«

Er wartet die Betelpause nicht ab, verzichtet auf Zigaretten und Kautabak, so eilig hat er es. Und verpasst die Kekse, die ich im Vorrat gefunden habe und an die Männer verteile. Die Kanubauer lassen sich nicht anmerken, ob sie ihnen schmecken oder ob sie überhaupt registrieren, dass sie Kekse essen. Übrig bleibt nichts.

Als Soso wieder da ist, baut er zusammen mit Pawas Vater ein paar Holzböcke. Sieben Männer braucht es, um die erste Planke daraufzuheben. Jetzt wechseln sie sich ab beim Hobeln. Auch Dindi hilft. Ich könnte nicht sagen, was ihnen mehr Freude bereitet, das Hobeln oder die glatter werdende Oberfläche.

Als ich begreife, dass Tipol mich darum bittet, ihn ins nächste Dorf zu begleiten, habe ich noch immer nicht verstanden, warum. Das liegt an der indirekten Art, wie die Menschen auf Panyata große wie kleine Dinge mitteilen. Tipol erwähnt zweimal Kupfernägel. Endlich meine ich zu wissen, worum es geht: Kupfernägel wachsen nicht auf Bäumen. Sie kosten Geld. Und über Geld redet man nicht gern. Aber was es mit den Kupfernägeln auf sich hat, das erfahre ich genau. Sie sollen Planken und Rippen des Kanus zusammenhalten. Tipols Großvater hat seine Nägel noch aus Holz gemacht. Die aus Kupfer halten länger.

Obwohl wir in vielen Hütten gefragt haben, sind wir noch immer ohne einen einzigen Kupfernagel. Es dunkelt schon, als ein Neffe Tipols sich anbietet, morgen früh im Westen nach ihnen zu suchen, er wisse, bei wem. Auf dem Weg ins Dorf nähert sich uns eine Lampe, und noch bevor ich jemanden erkennen kann, sagt Tipol:

»Lilian.«

Gegen Mittag des nächsten Tages trifft Tipols Neffe mit Kupfernägeln ein. Als er mir flüsternd den Preis nennt, schaut er aufs Meer, und ich lege Zigaretten und Kautabak auf die Scheine, damit man vom Geld nicht so viel sieht. Der Neffe hilft eine Weile beim Hobeln. Irgendwann ist er weg.

Inzwischen sind die sinnliche Ruhe der Natur und die kraftvolle Langsamkeit der Menschen auf Panyata jedem gegenwärtig. Doch jetzt, innerhalb einer Sekunde, zerreißt das gemächliche Bild, das ich vom Leben auf der Insel vermittelt habe. Oben auf dem Pfad bremst ein Mann sein rasendes Fahrrad ab; quietschend, mit querschlagendem Vorderrad und einer Staubfahne, die Dindis neuen Laden verdunkelt. Ein Fremder. Beide Beine auf den Boden gestemmt, sitzt er auf seinem Sattel und schaut durch eine Brille zu mir herunter. Gut gelaunt ruft er:

»Ich wollte mal gucken, wer du bist, und mir dein Kanu anschauen.«

Weil er nicht herunterkommt, gehe ich hoch zu ihm. Er ist nicht nur der Erste, den ich auf der Insel mit einem Fahrrad sehe. Auch stecken seine Beine in langen Hosen, und sein Hemd ist zugeknöpft.

»Ich heiße Jasse«, sagt er.

Und ist damit auch der Erste, der sich mir im Augenblick des Kennenlernens vorstellt. Er erzählt, er wohne weiter im Westen, noch vorbei an der Krankenstation, auf der Seite des Meeres. Dort betreibe er einen Laden, wie Dindi einen hat.

»Ich fahre selten in diese Richtung«, erklärt er, »aber gestern kam der Neffe von Tipol und suchte Kupfernägel für dein Kanu. Da dachte ich, ich schaue mal vorbei.«

Als Dindi aus seinem Laden tritt, lässt Jasse mich wissen:

»Ich muss zurück. Ich lese gerade ein spannendes Buch.«

»Welches?«

»Die Bibel.«

»An welcher Stelle bist du denn?«

»Bei König Salomon. Seine Geschichte ist so fesselnd wie der Krimi, den ich mal in Port Moresby gelesen habe.«

»Hast du vielleicht ein Buch, das du mir leihen kannst?«, frage ich erwartungsvoll.

Er lacht: »Auf Panyata gibt es nur eins: die Bibel. Ich kenne sie auswendig, aber ich lese sie dauernd. Besuch mich mal.«

Als sich nach seinem Blitzstart die Staubfahne hinter ihm gelegt hat, ist Panyata wieder gemächlich. Tipol und Pawas Vater beginnen damit, dem Kanu das erste Spantenpaar anzupassen. Sie stellen zwei der L-förmigen Latten an ihrem kurzen Winkel gegeneinander und zurren sie über den Kanurändern fest. Als ich die blaue Plastikschnur befühle, sagt Tipol:

»Dimdim-made.«

Er erzählt von dem Fischerboot, das, aufs Riff gelaufen, von seiner japanischen Mannschaft aufgegeben wurde. Von dort stammt die Schnur.

»Wir haben das Boot vollkommen ausgeräumt«, fügt er hinzu. Die Gefährten nicken und lächeln, als hätten sie gute Erinnerungen an dieses Ereignis. Sie sind beschäftigt mit dem provisorischen Anbringen der Spanten. Im goldenen Licht des zu Ende gehenden Tages stehen wir neben dem Kanu. Zwischen seinen beiden Schlussstücken ragen acht Spantenpaare wie Rippen in die Luft. Im Wind bewegen sich Holzspäne. Dindis Töchter scheuern Blechtöpfe auf dem Einbaum im Meer. Am Strand sucht ein magerer Hund nach Futter in Solomon-Blue-Dosen; Wellen fluten über die Lianenkränze. Dieser Anblick und die Ruhe in den ozeanischen Gesichtern der Gefährten lösen in mir Dankbarkeit und Zuversicht aus.

Zu Hause macht die Katze Freudensprünge.

Zum ersten Mal besuchen mich Pawa und Lilian gemeinsam. Pawas Englisch ist flüssiger geworden; sie fühlt sich auch in Gegenwart Dritter sicher, mitzureden. Doch sie ist scheuer als Lilian. Umso mehr überrascht sie mich mit der Frage:

»Wie küssen sich *dimdims?*«

Sie hören mir aufmerksam zu; dann stellen sie fest:

»Genau wie wir.«

Später lese ich im Schein meiner Taschenlampe das Büchlein *Lob des Schattens* von Tanizaki Jun'ichiro. Der »Entwurf einer japanischen Ästhetik« erzählt, wie sich die Schönheit eines japanischen Raumes rein in der Abstufung des Schattens gründet. Ich versinke in der fernen, kühleren Welt, um auszuruhen.

Beim Schließen des Buches wandern meine Gedanken vom Fernen Osten über Papua-Neuguinea, Australien in den heimatlichen Westen zu Rudolf Müller. In der Stadt, in der ich lebe, führt er mit seiner Frau Selinde die Literaturhandlung. Er hat mir dieses Kleinod mit auf den Weg gegeben, wie viele andere literarische Kleinode auf früheren Reisen. Jetzt fühle ich mich über zwei Ozeane hinweg mit ihm verbunden, dankbar.

Ein Schniefen holt mich zurück in die Realität meiner Hütte auf der Insel Panyata in Papua-Neuguinea.

»Moki?«, frage ich leise.

»Yes«, flüstert er.

Ich lade ihn schon lange nicht mehr ein, sich zu mir zu setzen. Er fühlt sich wohl im Schatten der Nische. Sie ist sein Königreich. Manchmal, wenn sich sein unruhiger Körper für einen Moment ins Licht beugt, sehe ich in seinen übergroßen Augen das Glück von einem, der es genießt, genau das zu tun, was er will. Nie sehe ich ihn verschwinden, aber immer weiß ich genau, wenn er nicht mehr da ist. Wie jetzt, als ich versuche, meine Müdigkeit zu überwinden. Ich schlafe zu viel. Das Lesen mit Taschenlampe und Sturmleuchte ermüdet mich. Mein letzter Gedanke wandert zum Kanu: Werde ich es segeln sehen?

Hoffnung weckt am Morgen die Gang in mir. Wieder kommen die Jungs aus dem Regenwald, heute mit einem Bündel dünner Stämme auf den Schultern. Sie winken und rufen: *»Malen! Malen!«*

Ich denke: Wir befinden uns auf einer abgelegenen Insel im Pazifik. Hier gibt es keinen Fernseher und keine Zeitungen, keinen Strom, kein fließendes Wasser; dennoch unterscheiden sich diese drei in ihrer Second-Hand-Kleidung aus westlichen Sammlungen nicht von ihren Altersgenossen in irgendeiner Großstadt; auch im Auftritt nicht. Mit der gleichen sympathischen Eitelkeit unterstreichen sie ihre Jugend durch die Art, wie sie ihre Haare und ihre Kleidung tragen, ihre Reifen am Oberarm. Sie sehen echt cool aus. Vorbilder sind ihnen Arbeiter aus der Mine und gelegentlich vorbeikommende Segler.

Spice Girl zeigt auf meine Tasche, in der das Notizbuch steckt: *»Malen«*, sagt er und erklärt, dass so die Bäume heißen, aus deren dünnen Stämmen die Kanuplattform gebaut wird.

»Bleibt ihr oder geht ihr?«, frage ich die drei.

»Wir wollen in die Yamsgärten.«

Vor der Wegbiegung treffen sie auf ein halbes Dutzend Jüngere. Sie wechseln ein paar Worte und deuten auf den Kanuplatz. Jetzt sitzen sechs Kinder auf dem Bretterverschlag und schälen die Rinde von den Stämmchen.

Tipol sagt: »Feuchtigkeit und Nässe würden die Rinde verrotten lassen. Und wenn die Rinde verfault, fault auch der Stamm.«

Tipol und die Gefährten hobeln die Planken. Das ausrangierte *dimdim*-Werkzeug gibt den schon glatten Oberflächen einen letzten Schliff. Ich bin voller Bewunderung für ihr Können, als sie die erste Planke einpassen. Beim Tragen des Brettes zum Kanu wird deutlich, wie biegsam es geworden ist. Von dem ehemals vier Zentimeter dicken Brett sind Stück für Stück drei Zentimeter abgetragen worden. In der Mitte ist es dünner als an den Enden. Und diese Enden versuchen die Männer jetzt zwischen die *tumwi-tumwi*-Bretter des Kanus in Fugen zu klemmen. Die Planke fügt sich nicht. Der Tag vergeht mit Feinarbeit, am Abend sitzt die Planke.

Dindi informiert mich:

»Das Versorgungsschiff ist ausgeblieben. Ich habe keine Konserven mehr. Wir müssen die Arbeit am Kanu unterbrechen.«

Mir fällt der Mann mit dem Fahrrad ein, Jasse. Möglicherweise hat er Solomon Blue vorrätig. Dindis Gesicht verschließt sich. Er sagt kaum hörbar, das Boot müsse jetzt jeden Tag eintreffen, wir sollten darauf warten. Doch dieses eine Mal will ich mich nicht den Gegebenheiten anpassen. »Jeden Tag« kann in dieser Weltgegend auch heißen »in ein paar Wochen«.

Ich gehe zu Jasse.

Sein Laden ist so groß, wie Dindis neuer werden soll. Das Dach aus Aluminiumblech glänzt nicht mehr in der Sonne. Die blaue Farbe der Lattenwände müssen Jahre gedämpft haben. Ich steige die wenigen Stufen einer Treppe hinauf; der Raum, den ich betrete, ist halbdunkel. Hinter großen Brillengläsern lachen die Augen von Jasse.

Sein Solomon Blue reicht für vier Tage. Die Preise liegen unter denen, die ich Dindi zahle; auf die Endsumme gibt Jasse mir zehn Prozent Rabatt. Ich wundere und freue mich.

»Das ist normal, wenn jemand so viel kauft wie du.«

Er schaut mich lange an, bevor er sagt:

»Jeder weiß, dass Dindi dich übervorteilt, obwohl er durch dich nur Vorteile hat.«

Ich tue so, als hätte ich nichts gehört, und er tut so, als hätte er nicht gemerkt, dass ich so tue, als hätte ich nichts gehört. Nun sagt er deutlich und so laut, dass niemand es überhören kann:

»Dindi ist überzeugt, ein *dimdim* würde nicht freiwillig wie die Menschen auf Panyata leben. Außer er ist sicher, dadurch reich zu werden.«

Ich sehe Jasse ungläubig an.

»Dindi meint, du wirst viel reicher, als er es je werden kann, wenn er das Kanu von seinem Schwiegerclan für Schweine, Steinäxte und Muschelgeld eintauscht.«

Ich wünschte, er würde all das nicht sagen, was ich bewusst verdrängt habe, doch er hat seine Ansprache noch nicht beendet.

»Alle wissen, Dindi ist geizig. Von dir holt er sich so viel wie möglich, weil er glaubt, du kommst leicht an große Mengen Geld, wenn du die Fotos vom Kanu in Deutschland verkaufst.«

Ich bleibe stumm. Der Schmerz ist immer der gleiche. Ich weiß, für die Menschen, deren Nähe ich auf meinen Reisen suche, bin ich reich. Lange habe ich aufgegeben, mich zu erklären. Was sollten sie sich auch darunter vorstellen können, würde ich ihnen erzählen, dass ich, um frei zu sein, einmal alles verkauft habe. Dass ich, wenn ich aufbreche zu meinen Reisen, nie weiß, ob sich jemand für meine Arbeit so sehr interessieren wird, dass er sie bezahlen möchte. Was würde es bewirken, wenn ich ihnen sagte, dass Verdientes Ausgaben deckt, ein Darüber aber nicht dem Überfluss, sondern einer neuen Aufgabe zufließt? Warum sollte das jemand nachvollziehen können, der gemächlich unter Palmen schreitet und nicht weiß, wo er das Schulgeld für seine Kinder und das für Betel, Kautabak und Konservendosen hernehmen kann? Ich habe gelernt, mit dem Gefühl zu leben, dass meine Gastgeber mich für reich halten. Doch Missgunst ist mir noch nie begegnet. So antworte ich nur:

»Weißt du, Jasse, für die Menschen in Deutschland gilt dasselbe wie für euch, wenn ihr ein Kanu baut. Wer etwas erreichen möchte, muss sich anstrengen. Dindi weiß, dass er für unser Kanu Kultgegenstände bekommt. Diese Sicherheit habe ich nicht.«

»Ich weiß«, sagt Jasse, »ich habe einen Bruder in Australien. Ihn hörte ich sagen, wie ein *dimdim* zu leben, ist nicht sicher.«

Darüber muss ich lachen:

»Es ist nur anders, als in der Geborgenheit einer Großfamilie zu leben, Jasse.«

Er sagt: »Da ist noch etwas, das du wissen solltest.«

Ich verstehe ihn so: Dindi ist durch das Gesetz vom Nehmen und Geben verpflichtet, mir von den Tauschgütern abzugeben, die er bei der Präsentation seines Brautpreises erhält. Die Leute sagen, es müsse *bagi* sein, eine Kette aus roten Klappmuschelscheiben, ein wertvolles Kultobjekt und *das* Zeichen für Reichtum und Prestige.

Jasse schließt: »Das ärgert Dindi.«

Ich antworte: »Er hat keinen Grund sich zu ärgern. Ich nehme nichts mit von der Insel, was zu eurer Kultur gehört. Ich wünsche mir von Dindi nur, sich dafür einzusetzen, dass ich das Kanu segeln sehe.«

Damit Jasse nicht denkt, ich wüsste seine Kultur nicht zu würdigen, erzähle ich ihm, warum ich kein *bagi* mitnehmen will. Ich habe die Erfahrung gemacht, dass Kultobjekte ihren Zauber verlieren, sobald sie ihrer Umgebung entrissen und ihrer Funktion beraubt sind. Zu Hause in Deutschland konnte ich zusehen, wie das andere Klima ihnen den Glanz nahm. Zwar wusste ich um ihren Wert, aber ich vermochte sie nicht mit Leben und Sinn zu erfüllen, denn davon verstand ich nichts. Stücke, die den Menschen, die sie mir geschenkt hatten, viel bedeuteten, wurden zu einer interessanten Dekoration für Besucher in einer Wohnung mit Teppichboden.

Mit Jasse verabrede ich, meinen Einkauf per Fahrrad zu Dindis Frau zu bringen. Ich bin schon auf der Leiter, da höre ich ihn meinen Namen rufen. Er zögert. Dann sagt er:

»Wenn du wiederkommst, du kommst doch wieder?, möchte ich dir meine Verlobte vorstellen. Es ist nur ... ich schäme mich ein bisschen.«

»Warum?«

»Sie ist viel jünger als ich.«

Überrascht schaue ich ihn an; er ist ein junger Mann.

»Wie alt bist du denn?«, frage ich ihn.

»Ich hörte meine Mutter sagen: achtundzwanzig oder dreißig Jahre.«

»Und wie alt ist deine Verlobte?«

»Ich hörte sie sagen: siebzehn oder achtzehn. Vielleicht ist sie schon zwanzig.«

»Ach, Jasse!«

Am vierten Tag nach Beginn der Plankensetzung feilen die Kanubauer mit langsamer Sicherheit an der letzten. Gerade, als sie die Planke anheben, um sie zum Kanu zu tragen, ruft auf dem Inselpfad ein Mann. Vor sich hinredend, läuft er an uns vorbei in die Ebbe des Meeres; dort zieht er sich aus. Seine Sachen schleudert der Hochgewachsene schimpfend von sich. Die Kanubauer arbeiten weiter, gewohnt gleichmütig und ohne zu ihm hinzuschauen.

Tipol sagt: »Sein Geist ist wirr.«

Die Männer legen die Planke noch einmal auf den Boden, bearbeiten mit den kleinen Beilen die Kanten. Mitten aus seiner Achtsamkeit hebt plötzlich Tipol die Stimme. Was er sagt, richtet er, ohne ihn anzublicken, an den Mann im Meer, den er John nennt. Ich weiß nicht, ob John einer Anweisung Tipols oder seinem eigenen Wunsch folgt, aber er sucht nach Hemd und Hose und schlüpft in die triefenden Sachen. Wir sehen ihn mit fuchtelnden Armen auf dem Pfad, sehen ihn eine Latte aus Dindis Zaun brechen, sehen ihn brüllend auf uns zulaufen. Soso und Pawas Vater schreiten ihm entgegen, sie legen die Hände auf seine Arme, streichen ihm über die Schultern. Sie nehmen ihm das Brett aus der Hand und führen ihn zwischen die Kanubauer. Sie legen ihm ein Beil in die Hand. Gemeinsam mit den Gefährten arbeitet er an der Planke, hebt sie mit ihnen an und trägt sie zum Kanu. Er ist dabei, als Tipol entscheidet, dass sie passt.

Im späten Licht gehe ich hoch zum Pfad, um das Kanu an seinem Platz in der Landschaft vor dem Meer zu betrachten. Aus der »Frucht« ist ein Kanu geworden. Mir kommen die Tränen. Dann höre ich im Rund der Betelnuss kauenden Männer die Geschichte von John.

»Er war einmal sehr klug«, beginnt Tipol respektvoll und erzählt, John sei Lehrer und bester Rugbyspieler gewesen. Er lebte auf dem Festland. Bei einem wichtigen Spiel hatte er sich für Australien aufstellen lassen. Fans von »Papua-Neuguinea« überfielen ihn und schlugen ihm den Kopf ein. Zwei Tage lag er bewusstlos in einem Graben.

»Seitdem ist er so, seit ungefähr dreißig Jahren«, ergänzt Pawas Vater.

Zu Hause erwartet mich Pawa, unglücklich.

»Soso?«, frage ich.

Sie nickt, und ich erkundige mich: »Was ist passiert?«

Pawa sagt: »Er hat mich wieder geschlagen.«

Während ich Milch mit viel Zucker anrühre, erzählt sie. Soso vergisst sich, weil Pawa nicht aufgibt, ihn zu drängen, sie Korbball spielen zu lassen, und weil sie nicht mit ihm schläft.

»Warum spielst du nicht einfach Korbball?«, will ich wissen.

»Weil ich Angst vor seiner Wut habe. Ich wohne jetzt bei meinen Eltern«, sagt sie, und dass die nicht froh über ihren Entschluss seien. Zu ihnen will Pawa jetzt gehen; nur eine Sache ist da noch:

»Möchtest du Kautabak mit mir teilen?«, fragt sie, die Augen niedergeschlagen.

Durch das offene Fenster dringt der Geruch der Nacht.

Die Katze hellt meine Gedanken auf.

Dindis neuer Laden ist eine offene Konstruktion aus Bambus- und Holzstangen. Der einzige Arbeiter verlegt in anderthalb Höhenmetern Bodenbretter. Ich gehe nicht sofort zum Kanu. Ich betrachte es von oben. Es gefällt mir. Ich sehe in ihm den Kanubaum; kenne seine Verwandlung, die mit ihr verknüpften Gesichter, Gerüche, Geräusche, Geschichten; das Meer. Ich nehme die einfache Schönheit des Kanus wahr und weiß um die Mühe, die es den Kanubauern abverlangt hat. Aber auch mir, auf eine ganz andere Weise. Zum ersten Mal zweifle ich nicht daran, das Kanu segeln zu sehen.

Langsam gehe ich über raschelnde Blätter, Sand und dumpf nachgebende Späne bis dorthin, wo das Kanu steht. Hinter ihm sehe ich die aufkommende Flut über die Lianenkränze plätschern. Neben ihm liegen die geschälten Stämme für die Auslegerplattform bereit. Ihr Holz leuchtet in beinerner Glätte. Kanubauer und Zuschauer stehen mit gebeugten Köpfen auf beiden Seiten des Rumpfes und schauen auf den Grund der »Frucht«. Zwischen Tipols Lippen verglühen die lateinischen Vokabeln seiner Zigarette. Er nimmt einen Handbohrer aus seiner Unterarmtasche, wirft einen Blick auf das mit einer Handkurbel versehene Gerät und sagt mit einem Zwinkern: *»dimdim-made«.*

Mit gelassener Konzentration bohrt Tipol Löcher in Spanten und Planken. Dort, wo sie auf der »Frucht« aufliegen, und dort, wo die obere die untere Planke überlappt. In jedem Loch versenkt Tipol einen Kupfernagel. Die Augen der Gefährten kontrollieren das Gleichmaß. Zwei Tage arbeiten sie mit größter Präzision.

In der aufgehenden Sonne des folgenden Morgens hocken abwechselnd Pawas Vater und Dindis Bruder in dem nahezu fertigen Rumpf. Die Farbe ihrer Haut ist beinahe die Farbe der Planken. Sorgfältig ersetzen sie die provisorischen blauen Schnüre, mit denen die Spanten auf der »Frucht« befestigt sind, durch dauerhafte schwarze. Auch sie stammen vom gestrandeten Fischerboot. Bei rauem Wetter müssen die Verzurrungen großer Spannung standhalten. Mit jedem Zug an der Schnur wiederholen die Männer in Gedanken: Ihr müsst halten im Sturm! Ihr müsst fest sein für immer! Das Kanu verlässt sich auf euch! Ihr dürft nicht reißen!

Die Gang biegt ab vom Inselpfad und trägt schon wieder Stämme auf den Schultern: »*Ewali wali*«, lachen die Jungs und werfen eine dritte Art Holz zwischen Kanu und Schwein auf den sandigen Boden.

»Noch mehr Stämme?«, frage ich und lerne, die Plattform muss aus den Stämmen unterschiedlicher Bäume mit unterschiedlichen Eigenschaften bestehen.

Am Saum des Meeres trottet das nimmersatte Schwein.

Tipol wirft seine Zigarette weg und sagt:

»Wir sind bei der wichtigsten Arbeit am Kanu. Wir bestimmen den *waga wana.*«

»Den Mund des Kanus«, übersetzt Soso.

Tipol zeigt mir vier dünne Stämme; er hält sie beinahe feierlich, als er die Rinde schält; elfenbeinweißes Holz kommt hervor. Die fremden Namen müssen nicht erinnert werden, nur einmal gelesen, gehört und gefühlt; deshalb nenne ich auch diesen: *akidosi.* So heißen die vier Bäumchen, deren Stämme Tipol von der Rinde befreit. Sie sind ausgewählt »Mund des Kanus« zu sein.

Der Meister breitet die Arme aus, biegt die Fingerspitzen nach oben und spricht von zwei Regeln: dem Prinzip der Eidechse und dem Prinzip des Adlers.

Er erklärt: »Das Eidechsenprinzip macht das Kanu stark, aber nicht schnell. Das Adlerprinzip macht das Kanu stark *und* schnell. Ich habe mich für das Prinzip des Adlers entschieden.«

Soso sitzt neben dem Kanu. Vor ihm liegen die sauberen Teile einer Dose Solomon Blue; gestern haben wir ihren Inhalt zu Abend gegessen. In die Innenseite vom Blech stanzt Soso mit Hammer und Nagel Löcher. Zuerst in langen, regelmäßigen Reihen, dann wirr dazwischen. Um einen Stock gewickelt, wird der perforierte Blechstreifen zur Raspel.

»Zum Vergrößern von Bohrlöchern«, erläutert Soso.

Der Platz unter dem Baum mit dem Kanu darauf, mit Tipol und den Gefährten, mit mir und dem Meer dreht sich einmal, dreht sich zweimal um die Sonne – dann hat das Kanu einen Mund. Angefangen hat seine Gestaltung mit einem Provisorium. Anstelle der *akidosi*-Stämme hat Tipol zunächst Rindenbast entlang den oberen Planken im Kanu verlegt. Und markiert, wo der Handbohrer die Spanten löchern soll, damit *akidosi*-Stämmchen hindurchgeschoben werden können. Mit der Raspel aus dem Blech der Thunfischdose sind von Soso die Löcher erweitert worden. Als sich die *akidosi*-Stämmchen hell vom rotbraunen Holz abheben, bemerke ich, der Mund des Kanus ist schief.

Ich schweige verunsichert.

Tipol tritt neben mich:

»Deine Augen sehen nicht glücklich aus.«

»Ich bin nur nachdenklich«, versuche ich auszuweichen und spüre, das ist mir nicht gelungen. Deshalb bin ich ehrlich:

»Der Mund. Mir scheint, er ist nicht gerade. Es ist, als läge seine rechte Seite höher als die auf der linken Rumpfseite.«

»Ja«, nickt Tipol, »mit Absicht. Die höher liegende Hälfte des Mundes ist auf der Seite der Auslegerplattform. Der Mund bestimmt, in welchem Winkel die Plattform am Rumpf angebracht wird. Ich habe dir das Adlerprinzip gezeigt: Fingerspitzen nach oben. So, wie der Winkel jetzt angelegt ist, macht er das Kanu schnell und stabil und stark.«

Im Rücken Tipols bemerke ich einen Punkt auf dem Meer. Er wächst an zum Boot, dem weißen Versorgungsboot, das vom Festland nach Massim fährt. Obwohl kein Geräusch von ihm zu uns herüberdringt, höre ich es tuckern. Alle blicken dem hölzernen Gefährt im Westen entgegen, verfolgen es mit den Augen, bis es im Osten wieder zum Punkt wird.

Es ist seit drei Wochen überfällig.

Darüber reden die Männer, während Tipol mit dem Handbohrer acht Löcher in die Planke der Rumpfseite bohrt, an der die Auslegerplattform befestigt werden soll. Soso vergrößert sie mit der Thunfischdosen-Raspel. Spice Girl glättet acht Stämme mit dem Hobel.

Hinter dem Kanu hat die Ebbe das Meer vom Riff gezogen.

Als ich mich umdrehe, ist Watson da.

Der älteste Mann der Insel sitzt auf dem Steven des Kanus, seine Schulter lehnt am Bugbrett; ein dünnes Bein ist über das andere geschlagen. Wortlos, aber nicht sprachlos, lächeln wir uns an; in seinem Gesicht stoppelt ein grauer Bart, Falte liegt an Falte. Durch die Löcher in seinen Ohrläppchen kann ich das Bugbrett sehen. Auch heute trägt er die rote Mütze mit dem kleinen Schirm, und wieder verscheucht er Mücken mit dem Bündel Palmrippen. Unbemerkt von den das Kanu umringenden Zuschauern, gebe ich ihm ein Stück Pardise Twist. Zwei Augenblicke hält er meine Hand fest, dann lässt er den Kautabak in seiner Beteltasche verschwinden.

Ihn anzuschauen ist, wie eine Geschichte zu lesen, eine, die ich nicht verstehe, und die mich dennoch beeindruckt. Merkwürdig, ich werde das Gefühl nicht los, er kennt die Legende vom »Mund des Vogels«. Das Ornament leuchtet hinter seinem Kopf in der Sonne, geheimnisvoll.

Dindi erzählt beim Essen, die Vorfahren seiner Frau stammten aus Fidschi. Watson wurde auf Panyata geboren, seine Eltern möglicherweise noch auf der Insel im südwestlichen Pazifik. Gerade erwähnt Dindi, der letzte Mensch, der auf Panyata gegessen wurde, sei um 1880 eine Nonne aus Fidschi gewesen, da geschieht etwas Unvorhergesehenes.

Ein Mann mit einer Nachricht betritt die Hütte. Sie ist niederschmetternd: »Paradise Twist wird nicht mehr produziert!«

Zum ersten Mal sehe ich Unruhe in den Gesichtern der Männer; auch ich bin betroffen. Die Neuigkeit ist mit dem Versorgungsschiff in Massim eingetroffen. Der Hersteller in Port Moresby hat die Produktion eingestellt, weil sie nicht genügend Profit abwirft.

Ich rechne meinen Vorrat an Kautabak hoch und frage:

»Wie komme ich nach Massim?«

»Mit mir«, antwortet der Fremde und erklärt, er sei hier, um morgen früh die Lehrer Panyatas auf die Nachbarinsel zu bringen; einmal im Monat müssen sie sich dort ihr Gehalt abholen. Zu Hause sitzen sämtliche Bewohner der Lichtung auf dem Zementstück und schauen aufs Meer. Lilian sagt: »Unsere Gefühle sind traurig.«

Neun

Anders als bei der letzten Fahrt nach Massim ist das Meer von unglaublicher Glätte; breite, leuchtende Wolken spiegeln sich in ihr. Licht strahlt im Überfluss, tanzt in der schäumenden Heckwelle des offenen Bootes. Auf dem Boden, gegen die Wände gelehnt, sitzen vier Lehrer und ich. Der Fremde steuert, stehend. Kaum ein Wort wird gewechselt; ich staune über das Ausmaß der Bedrückung darüber, in Zukunft ohne Paradise Twist zu sein. Wir gelangen aus dem Schutz der Insel, gleiten ins offene Meer und fahren auch hier durch glatte, schimmernde Weite. Zwei Fliegende Fische schnellen aus dem Wasser. Ich sehe ihnen nach, bis sie weit vor uns wieder unter die Oberfläche tauchen. In der erträglichen Sonne des angebrochenen Morgens denke ich an Kautabak. Es muss mir einfach gelingen, so viel davon aufzutreiben, dass ich die Kanubauer bis zum Ende ihrer Arbeit bezahlen kann.

Massim erreichen wir bei Ebbe. Über glitschige Steine, angeschwemmtes Holz und Sand betreten wir Land. Auf den Stufen zum Laden des Chinesen hocken dieselben jungen Typen, die mir beim Tragen der Kartons auf Rothmans Boot behilflich waren. Wir begrüßen uns mit dem Neuesten:

»Sie stellen kein Paradise Twist mehr her!«

Im Regal stapeln sich andere Dinge. Der chinesische Ladenbesitzer erinnert sich an mich; ich bin die einzige Touristin und war eine gute Kundin.

»Wie viel brauchst du?«, fragt er.

»Wie viel hast du?«, frage ich.

Erschrocken nehme ich alle.

»Sie sind jetzt teurer«, sagt er und zieht die Schultern hoch.

Ich zeige ihm meine Einkaufsliste, rufe ihm meinen letzten Einkauf ins Gedächtnis, schicke mich an, zur Konkurrenz gegenüber zu gehen, und rede, als er mich zurückhält, so lange, bis er mir den alten Preis berechnet. Doch um zahlen zu können, muss ich erst zum Container, in dem sich die Bank befindet.

Hinter dem eisernen Schaltergitter lächelt dieselbe Dame wie bei meinem letzten Besuch. Sie begrüßt mich liebenswürdig, beinahe überschwänglich.

»Wie geht es dir auf Panyata? Was macht das Kanu?«, erkundigt sie sich und bedauert, mir kein Geld auszahlen zu können, weil ich meinen Pass nicht dabei habe.

Ich erinnere sie und ihren Chef daran, dass mein Pass vierfach kopiert in ihren Akten liegt. Doch der Chef besteht auf meinem Gang zum Bezirksamt in Begleitung einer Person, die schriftlich bestätigt, dass ich ich bin.

»Wo ist das Bezirksamt?«, erkundige ich mich.

»Etwa eine Stunde von hier.«

Es gibt weder Taxen noch Busse auf der Insel. Noch einmal versuche ich, ihn zu bewegen, den kopierten, von ihm selbst abgezeichneten Pass aus den Akten zu nehmen.

»Ich darf dir das Geld nur geben, wenn du nachweist, wer du bist. Das ist die Vorschrift.«

Stur rede ich weiter. Endlich hat er ein Einsehen:

»Es reicht aus, wenn du jemanden mitbringst, der bestätigt, dich zu kennen.«

Ich gehe zu Jim, doch sein Containerbüro ist verschlossen. Schräg gegenüber, im Gästehaus, hört Deli sich meinen Fall an und sagt:

»Ich komme mit.«

Wir schlendern am Bäcker vorbei die staubige Straße hinunter und die Rampe vor der Containerbank hinauf. Seite an Seite stehen wir vor dem vergitterten Schalter. Deli sieht in die vertrauten Gesichter der Bankangestellten, legt mir eine Hand auf die Schulter und sagt:

»Ich kenne sie.«

Über den schriftlichen Teil der Zeugnisablage wird nicht mehr gesprochen. Das Geld in der Tasche, klopfe ich noch einmal bei Jim. Die Tür wird von Mission geöffnet. Das Wiedersehen ist herzlich. Jim, so erfahre ich, sei gestern nach Brisbane geflogen und käme nach den üblichen vierzehn Tagen zurück.

»Was möchtest du trinken?«, erkundigt sich Mission und gewährt mir einen Blick in den Kühlschrank.

Ich sehe Milch.

Drei Literpackungen kalte Milch.

Die erste trinke ich aus, ohne dass es mir peinlich wäre. Auch die zweite. Ich habe immer noch Durst, spüre meinen ganzen Körper danach lechzen.

»Mission ...«, bringe ich heraus und verstumme.

Er stellt die dritte Tüte auf den Tisch; die Hände über dem Bauch verschränkt, sieht er zurückgelehnt zu, wie ich ein Glas nach dem anderen fülle. Er packt ein Sandwich aus, schiebt es mir hin.

»Nein, Mission, das ist dein Mittagessen.«

»Ich kann mir ein neues aus der Kantine holen«, sagt er; seine Augen zwinkern.

Ich beiße hinein, schmecke kaltes Huhn, Salatblatt, Tomate, Gurke, Mayonnaise, kaue Vertrautes. Ich muss keineswegs hungern auf Panyata, doch die nahrhaften Yamswurzeln, Taro und Tapioka schlucken sich schwer, wenn sie nicht Bestandteil einer Suppe sind.

»Du bist dünn geworden«, sagt Mission.

»Ich werde gut versorgt, trotzdem«, beruhige ich ihn.

»Weißt du«, erzählt er, »ich habe schon ein Jahr hier gearbeitet, bevor ich Geschmack daran fand, in ein Sandwich zu beißen.

Anfangs habe ich nur abends gegessen, zu Hause: Yams, Taro und Tapioka, das Gewohnte.«

Das Telefon klingelt. Mission wird ins Hauptquartier gerufen. Während er die Tür schließt, frage ich ihn, ob mein Eindruck richtig gewesen sei, dass er und Jim gewisse Bedenken hatten, damals, als sie hörten, ich wolle nach Panyata gehen.

Er zögert.

Ich ermutige ihn zu einer Antwort und höre, die Bewohner Panyatas seien bekannt für ihre Schlitzohrigkeit. Und dafür, Leute, die Kanus in Auftrag geben, zu übervorteilen, indem sie versuchen die Arbeit hinauszuzögern. Mission benutzt das Wort: auspressen, und fragt:

»Hast du das nicht bemerkt?«

»Es gibt da eine Person, ja. Ganz gewiss ist das nicht mein genereller Eindruck, das Gegenteil trifft zu«, entgegne ich.

»Pass auf dich auf. Einer von uns ist immer hier«, sagt Mission, steigt in seinen Geländewagen und schaukelt davon.

Das wellenlose Meer wirkt abstrakt. Wie eine Traumerscheinung. Mehr als die Hälfte der Strecke nach Panyata liegt schon hinter uns. Diesmal fahren wir unmittelbar an der Küste entlang. Ich sehe Felsplatten vor dem Regenwald, sehe plötzlich aus seinem Schatten bunt gekleidete Menschen treten, Menschen, die uns erwarten. Die Lehrer gehen so sicher über die glitschigen Steine, als wären sie trocken. Der Bootslenker trägt Kerosinkanister. Er nimmt ein paar zerknitterte Kina-Scheine entgegen, dann kehren wir um. Als ich zurückschaue, ist der Platz der Übergabe leer.

»Sie leben tief im Dschungel«, sagt der Bootslenker.

Wir haben keine bedeutende Strecke zurückgelegt, da steuert er unser Boot zwischen Felsen. Einer der Lehrer verlässt uns. »Er geht einen Verwandten besuchen«, sagen die anderen.

Der Bootslenker und ich stehen im schaukelnden Kahn; wir halten uns fest an Büschen, die aus dem Felsen wachsen, gleichzeitig drücken wir abwechselnd das Boot von der Wand. Zwischen den Felsen schwappt die Dünung. Irgendwann schlafe ich in einer Pause ein.

Aus dem Dösen reißt mich einer der Lehrer. Er braucht Unterstützung; er will auf den Felsen klettern. Irritiert sehe ich, wie weit er sich hochziehen muss. Über unser Warten ist Ebbe eingetreten.

Endlich lächeln er und der säumige Kollege zu uns herunter. Als wäre der Mann nur eine Minute fort gewesen, als hätten die auf ihn Wartenden nicht eine anstrengende Zeit hinter sich, wird das Boot kommentarlos in tieferes Wasser gestoßen. Sein Schatten verlängert sich bis zum Horizont und verschwindet im Anthrazit der beginnenden Nacht.

Am Steg in Panyata heben sich Lilian und Pawa meine Kartons auf den Kopf. Die Kinder knistern mit Bonbonpapier und flüstern.

Lilian fragt: »Wirst du die Kanubauer bis zum Schluss mit Kautabak bezahlen können?«

»Ich hoffe es, Lilian.«

Möglicherweise gehe ich schwierigen Zeiten entgegen. Was wird sein, wenn auf Panyata nur noch ich im Besitz von Kautabak bin?

Für heute bringt mich die Katze auf leichtere Gedanken.

Ich weiß nicht, wie früh am Morgen es ist, als Pawa in der Tür steht. Seit gestern schläft sie wieder in der gemeinsamen Hütte, doch getrennt von Soso neben der Feuerstelle. Sie geht mit Paradise Twist in der Tasche.

Weniger wegen der Hitze, als um den Duft der Blüten tief einzuatmen, gehe ich langsam und immer wieder stehen bleibend zum Kanuplatz. Tipol und seine Gefährten sind noch nicht eingetroffen. Sonderbar, mir scheint, als wäre ich länger als nur einen Tag fort gewesen. Doch über den Lianenkränzen im Meer brechen sich unverändert kleine Wellen. Vor dem Hintergrund des gleißenden Meeres offenbart sich, was neu ist, erst auf den zweiten Blick:

Aus einer Seite des Kanurumpfs ragen acht Stangen.

Sie stecken in den acht Löchern, die Soso vorgestern mit der Raspel aus Dosenblech in die Planke gebohrt hat. Im Rumpf werden die Stangen vom Mund des Kanus gehalten; leicht schräg, so wie Tipol es wollte, um die Schnelligkeit des Kanus zu erhöhen. Während ich in Massim war, haben die Männer mit dem Bau der Auslegerplattform begonnen.

Hinter mir höre ich ihre Schritte. Ich drehe mich um. Die Kanubauer hocken sich neben mich; ohne Eile kauen sie einen Betelpriem. Als ich ihnen Zigaretten und Kautabak gebe, fragt niemand, ob ich in Massim Paradise Twist auftreiben konnte. Vorhin, in Dindis Laden, hat eine Kundin den sechsfachen Preis für eine Stange Kautabak bezahlt.

Ich erkundige mich, ob die Würstchen aus Massim geschmeckt haben. Die Männer lächeln, nicken. Wieder huscht dieser heitere Ausdruck über ihr Gesicht, wie so oft bei sonderbaren *dimdim*-Fragen.

Den ganzen Morgen arbeiten die Männer an der Plattform.

Tipol erklärt: »Ein Kanu hat zwei Plattformen, eine große und eine kleine. Die kleine ist kürzer und liegt auf der großen. Wir bringen sie auf Höhe des Kanumundes an. Du weißt es schon, die Höhe ist wichtig für das Prinzip Adler.«

Soso fügt hinzu:

»Das Kanu würde ohne sie auch nicht gut aussehen.«

Durch das Gitterwerk der entstehenden großen Plattform sehe ich die Männer in einer Reihe darunter sitzen. Die Köpfe in den Nacken gelegt, verknüpfen sie die Stangen über sich mit schwarzer Schnur in speziellen Knoten.

Ich schaue zu den Lianenkränzen im Meer und frage:

»Braucht ihr die gar nicht?«

»Erst wenn wir einen Auslegerstamm gefunden haben. Den binden wir mit den Lianen an die Plattform«, antwortet Soso.

Einen Auslegerstamm *finden*? Wieder beginne ich zu zweifeln, das Kanu jemals segelnd zu erleben.

Plötzlich sehen alle zur Seite. An einen Stamm gelehnt, drückt der schmächtige Junge, den sie DonDon nennen, eine Hand auf sein blutendes Bein. Er hat sich mit der Machete den Unterschenkel verletzt. Soso reißt aus einem Busch eine Ranke und bindet das Bein ab. Jemand gibt dem etwa vierzehnjährigen DonDon einen Stock. Als ich mich anbiete, ihn zu stützen und zur Krankenstation zu begleiten, schüttelt er blass und lachend den Kopf. Er hüpft davon.

Stunde um Stunde sehe ich Tipol und die älteren Gefährten unter der Plattform beim Verzurren von Auslegerstangen. Einmal, als mir Missions Hinweis, die Kanubauer würden absichtlich die Zeit hinauszögern, in den Sinn kommt, verwerfe ich ihn wieder. Vielleicht weil diese Vorstellung nicht in mein Bild passt, das ich mir während meiner Weltumseglung von den Bewohnern Ozeaniens gemacht habe. Wie es auch sein mag, blicke ich zu den Kanubauern, spüre ich Zuneigung und Respekt.

DonDon kommt zurück, mit einem Verband.

»Hat das Nähen weh getan?« frage ich, wie nur ein *dimdim* fragen kann.

»Die Schwester hatte kein Garn. Sie hat die Wunde zusammengepresst.«

Seit heute arbeiten die Männer nicht mehr unter der Plattform. Sie hocken Schulter an Schulter zusammen mit der Gang oben auf dem Kanurand, vor sich auf der halb fertigen Plattform die aufgelösten Bündel dünner Stämme. Diese werden längs zum Kanu verlegt: dicke Enden nach außen, dünne zur Mitte gerichtet.

Die kleine Plattform entsteht.

Auf ihr werden einmal Schweine transportiert werden oder was sonst schwer ist und dem Tauschhandel dient.

In diesem Augenblick bemerke ich Watson.

Er sitzt auf dem Steven des Kanus, seinem Stammplatz, und damit genau dort, wo der »Mund des Vogels« sich befindet. Wieder streift mich der Gedanke (oder ist es nur mein Wunsch?): Watson kennt das Geheimnis der Legende.

Nie sprechen wir miteinander, wir haben ja keine gemeinsame Sprache. Außer dem Wohlwollen in unseren Blicken. Oder wenn ich seine Hand auf meiner spüre, wegen eines diskret in Empfang genommen Stückchens Kautabak.

Watson nimmt seinen Stab und steht auf. Ich schaue ihm nach und erinnere mich an andere alte Menschen, die mir auf ozeanischen Inseln begegnet sind. Ich sehe ihn oben auf dem Inselpfad, langsam, sehr langsam, die Schultern gebeugt. Mit würdiger Muße geht er dem Tod entgegen.

Beim Essen sagt Dindi zu mir, er wisse, wo der Stamm liege, der Ausleger für das Kanu werden könne. Damals, als er zum Zopfabschneiden auf der Insel Punu gewesen sei, habe man ihm den Platz beschrieben.

»Liegt? Muss er nicht gefällt werden?«, erkundige ich mich.

»Wir brauchen einen *viovan*-Baum als Ausleger, aber der wächst nicht auf Panyata. Er wächst auf Inseln im Norden«, antwortet Tipol und berichtet weiter, dass dort gelegentlich Stürme einen *viovan* entwurzeln und eine günstige Strömung ihn bis in unsere Gegend tragen kann.

»Wie weit ist es bis dorthin?«, möchte ich wissen.

Tipol antwortet: »Ich hörte einen *dimdim*-Segler hundert Meilen sagen.«

Dindi bemerkt: »Nicht weit von hier wurde ein *viovan* auf eine Sandbank geschwemmt.«

Ich frage, was sie machen, wenn ihnen Wind und Strom keinen Auslegerstamm schicken.

»Dann«, erwidert Tipol, »dann fällen wir einen Brotfruchtbaum, machen daraus einen provisorischen Ausleger und segeln mit ihm nach Norden. Dort tauschen wir ihn aus.«

Soso fügt hinzu:

»Aber zuerst müssen wir ihn *ein*tauschen. Wenn wir hier lossegeln, liegen viele Yamswurzeln und Betelnüsse im Kanu. Die nehmen wir mit für den Mann, der uns erlaubt, einen *viovan* zu schlagen.«

Der Vater Pawas ergänzt leise:

»Unsere Äxte nehmen wir mit.«

Es ist Dindi, der uns zurück in die Gegenwart führt:

»Der angeschwemmte Baum liegt näher an der Insel Punu als an Panyata. Deshalb werden wir ihn dorthin bringen und bearbeiten. Später transportieren wir ihn hierher.«

Zu Hause verwöhnt mich Lilian mit einer Suppe.

»Du bist dünn geworden«, wiederholt sie sich und wünscht, ich würde mehr von den stärkehaltigen Tarowurzeln essen. Mir schmeckt die Suppe. Mein Körper nimmt sie, das spüre ich, so gierig auf wie die Milch bei Mission.

»Schmeckt sehr gut! Wie hast du die gemacht?«

»Ich habe nur Wasser und Kokosmilch zum Kochen gebracht, halb gare Bohnen und Kürbisstückchen hineingerührt, kleine Stücke weißen Fisch dazu – fertig.«

»Und du isst wirklich lieber Dosenfisch?«, frage ich.

Sie nickt.

Durch die offene Tür sehe ich Kokomo auf der Leiter: in der einen Hand sein Englischheft, in der anderen eine Frangipani-Blüte für meine Vase, ehemals Dose für gezuckerte, dicke, klebrige Kondensmilch; Lieblingstropfenspeise aller Kinder. Kokomo liegt auf dem Bauch und schreibt und erzählt und wiederholt fremde Wörter der englischen Sprache, die ich ihm vorspreche. Plötzlich flüstert er:

»Moki.«

Auch mir ist das Schniefen nicht entgangen. Flüsternd berichtet Kokomo in kurzen Sätzen, Moki sei traurig; die Lehrerin stelle ihm keine Fragen mehr, weil er sie sowieso nicht beantworten könne. Kokomo wendet sich dem Freund in der Nische zu und winkt, er solle kommen. Der rührt sich nicht. Ich sage:

»Moki?«

»Yes.«

»Möchtest du heute einmal hier bei uns sitzen?«

»Yes.«

Doch er bleibt, wo er ist, und sein Körper schwingt in der gewohnten Unruhe. Sein Gesicht gerät aus der Schattenzone, und die sehr wachen, heiteren Augen sind im Licht. Das Klare und Heitere dieser Augen lässt mich plötzlich fragen: Sind nicht vielleicht wir es, die *seinen* Gedanken nicht folgen können? Möglicherweise macht er unvergleichliche Erfahrungen in einer Welt, die wir nur im Traum bereisen. Als wie beschränkt mag er uns erleben?

Kurz bevor ich einschlafe, zeigt das Mondlicht die eilige Katze in der Tür.

Während die Sonne aus den Palmen und den Kokosnüssen steigt und sie im Licht zurücklässt, beginnt der Morgen so, wie ich ihn kenne. Ich höre das Grunzen der Schweine; höre Lilian Kokosnüsse hacken. Lil weint, und Kokomo ist unmutig darüber, Töpfe abwaschen zu sollen. »Aah, Aah, Aah«, machen die Rabenvögel, und aus dem Regenwald dringen Töne: gleichzeitig vertraut und irgendwie geheim.

»Melaluga wai wai sana taliu«, Einen schönen guten Morgen, Schwester, begrüßen mich die Bewohner des ersten Dorfes, und in diesem Augenblick spüre ich, etwas hat sich verändert. Meine Schwestern und Brüder sehen mich anders an als auf die gewohnte Weise. Ich meine, eine Art zwingender Sehnsucht in ihren Blicken

auszumachen. Ihre lauteren Stimmen scheinen mich länger als sonst im Gespräch festhalten zu wollen. Sollte das an dem Kautabak in meiner Tasche liegen? Jeder weiß, dass ich niemals ohne Paradise Twist zum Kanu gehe. Haben meine Gastgeber Entzugserscheinugen?

Dindis neuer Laden entsteht aus Aluminiumblech. Der Mann, der die Bleche zu Wänden montiert, nimmt die matt glänzenden Bögen vom Stapel unter der Palme und trägt sie über dem Kopf zur Baustelle. In Dindis altem Laden kostet eine Stange Paradise Twist heute das Zehnfache des alten Preises. Vier Stangen sind noch zu haben.

Tipol und seine Gefährten sitzen auf der beinahe fertigen Plattform. Die Männer legen Lage für Lage schwarze Schnur um die letzten losen Stämmchen und verknoten sie. Vor ihnen auf dem Boden hockt adrett gekleidet ein Mann. Respektvoll und leise redet er auf Tipol ein. Tipol verzurrt Knoten und macht manchmal »Hm« oder »Ah«; sonst sagt er nichts.

Soso rückt näher zu mir heran. Seinem Bericht zufolge ist der Fremde, ein Beamter, nach Panyata gekommen, um einen etwa dreißig Jahre zurückliegenden Vorfall zu klären. Angeblich hat Tipol damals von einem Mann auf einer Nachbarinsel ein Schwein für eine Zeremonie gekauft und nicht bezahlt oder den Tauschwert nicht erbracht, oder beides.

Der Beamte spricht weiter, während er sich erhebt und Blätter und Späne von den langen Hosenbeinen klopft, um sich dann in aller Höflichkeit zu verabschieden. Soso bemerkt:

»Der kommt in ein paar Tagen wieder.«

Obwohl die Unterredung öffentlich war, stelle ich keine Fragen. Zu subtil sind in dieser Gesellschaft die Grenzen, wann wer über Geld reden darf. Außerdem – Soso bleibt mir gegenüber redselig und sagt, Tipol könne beweisen, bezahlt zu haben, und er, Soso, werde Tipol helfen.

Das stille Meer streckt sich in unermesslicher Weite. Tipols Züge und die Gesichter der Gefährten zeigen den gewohnten Gleichmut, die Ruhe, die mich jeden Tag aus Neue beeindruckt.

Wie bereit bin ich, mich täuschen zu lassen?

Wie bereit, zu idealisieren?

Wohnen hinter der Stille des Meeres nicht auch der Sturm und der Regen? Was machen die Menschen auf Panyata mit ärgerlichen und schamvollen Gefühlen? Was machen die Gefühle mit Menschen, die ihre Gefühle nicht zeigen?

Soso, der uns schon lange nicht mehr verlassen hat, um Pawa zu kontrollieren, sagt:

»Ich muss einen Stein zum Schärfen der kleinen Axt holen.«

Alle sind früh aufgestanden, um den angeschwemmten Baum für den Ausleger von der Sandbank zu holen. Dindi drosselt den Motor. Das glatte Meer kräuselt sich vor dem Bug seines Bootes. Vor uns liegt der *viovan*-Baum gestrandet im Sand. Einen Moment lang sehe ich wie im Traum einen Orkan den Baum entwurzeln, sehe Wellenberge ihn mit sich fortreißen und an diese Sandbank tragen. Heute, im windstillen Frieden eines jungen Tages, trennen Dindi und die Gang mit ihren Äxten Wurzeln und Äste vom Stamm.

Jetzt hängt er im Schlepptau hinter Dindis Boot, und wir steuern auf Punu zu. Die kleine Insel beginnt mit einem nassen Strand, der sich in einer großen, halbrunden Fläche losen Sandes verliert; sie endet vor Büschen und Regenwald. Inmitten des leeren Platzes erhebt sich ein Baum. Neben seinem alten Stamm stehen zwei Hütten unter einem dichten Schirm aus Ästen und Blättern. In seinem Schatten wartet wohl ein Dutzend Menschen; sie gehören zu Dindis Clan.

Über eine Leiter und fein geflochtene Matten trete ich in eine fast leere Hütte. Das Meer ist ein Bild im offenen Fenster der Bambuswand. Im Hintergrund des Ovals, in dem die Kanubauer, die Männer von Punu und ich auf dem Boden sitzen, sehe ich eine Frau vor einer Feuerstelle. Ich lege, wie es die Sitte fordert, Zigaretten und Kautabak für alle in die Mitte. Weil ich wusste, die Arbeit am Auslegerstamm wird uns den ganzen Tag in Punu festhalten, habe ich die Mahlzeit für die Kanubauer mitgebracht und ein paar zusätzliche Dosen für die Gastgeber. Dem Mann, der uns Reis bringt, gebe ich Solomon Blue. Ich sehe die Frau den Inhalt auf Teller leeren; es ist der Mann, der den kalten Fisch neben den dampfenden Reis stellt.

Einmal wollte ich Dindis Frau dazu bewegen, sich zu uns zu setzen, und habe damit bei allen Anwesenden verlegenes Schweigen hervorgerufen. Man ist so leicht versucht, eigene Werte auf andere zu übertragen. Und weil das in bester Absicht geschieht, bemerkt man die eigene Überheblichkeit und den mangelnden Respekt vor den Gastgebern nicht. Auf Panyata beschränkt mich niemand in meinem So-sein-wie-ich-bin. Ich glaube, dass ich den Menschen hier allein durch meine Anwesenheit von einem anderen Weltbild erzähle. Es liegt an ihnen, ob sie einen Gedanken davon in ihr Leben integrieren möchten. So wie mich Aspekte ihrer Haltung zum Nachdenken anregen.

Das Essen ist fast beendet, als Tipol mich fragt:

»Möchtest du wissen, warum auf Panyata keine *viovan*-Bäume wachsen?«

Und ob ich das wissen möchte.

In der offenen Tür drängeln sich die Kinder, als Tipol zu erzählen beginnt:

»Im Westen Panyatas lebte ein schönes Mädchen in dem Dorf Lemuyuwa. Ihr Name war Sinele Gusi SalaSala. Sie war außergewöhnlich schön. Der Name des schönsten Mannes auf Panyata war Mwalakoikoi.

Der Legende zufolge hatte Sinele einen Bruder. Sein Name war Mwanasikulikuli. Bruder und Schwester lebten zusammen. Von dem ungewöhnlich gut aussehenden Mann Mwalakoikoi hatte Sinele gehört, ihn aber nie getroffen.

Bei Ebbe sammelte Sinele Muscheln auf dem Riff vor ihrem Weiler. Dann begann sie, ihre Suche auszuweiten, und verließ den Westen Panyatas. Sie ging den ganzen langen Weg bis Lolou.

Das ist«, sagt Tipol, »ungefähr da, wo wir dein Kanu bauen.

Das Mädchen machte sich erst auf den Weg nach Hause, als sich die Sonne neigte. Und am nächsten Tag fing sie mit dem Sammeln in Lolou an und wanderte weiter nach Osten, bis nach Lebwalebwala. Als sie zu ihrem Weiler zurückkehrte, war es bereits dunkel.

Ihr Bruder sagte: ›Ich wusste nicht, wo du bist, und jetzt ist schon Nacht. Du entfernst dich zu weit von zu Hause.‹

Am nächsten Tag ging Sinele noch viel weiter, so weit nach Osten, bis sie dort ankam, wo die *viovan*-Bäume wuchsen. Sie blieb stehen vor dem größten von allen. Sie konnte nicht sehen, dass in diesem Baum der schönste Mann Panyatas lebte. Aber er sah sie und er sah ihre Schönheit, und es war um ihn geschehen.

Der Baum war der Mann, und der Mann war der Baum. Als Mwalakoikoi sich Sinele zu erkennen gab, verliebten sie sich und blieben bis spät in die Nacht zusammen.

Dann ging sie zurück zu ihrem Bruder.

Er sagte: ›Meine Schwester, du wolltest meinen Rat nicht annehmen. Jetzt bist du in Schwierigkeiten.‹

Der Bruder wusste vom Baum-Mann. Der Mann im Baum war verlobt mit einem Mädchen aus dem Osten der Insel, aber sie war nicht so schön wie das Mädchen aus dem Westen. Mwalakoikoi brach die Verlobung und wollte nur eins: sich mit Sinele verheiraten.

Sinele besuchte ihn jeden Tag. Der Bruder sagte:

›Du darfst ihn nicht mehr sehen. Alle wissen, was du tust.‹

Da nahm im Osten der Chief des Weilers Niala sein *patuna*, den Topf, in dem er Kalk für seinen Betelpriem aufbewahrte. Er schlug mit einem Stock dagegen, und der Lärm brachte die Dorfbewohner zu ihm. Er trug ihnen auf, den Baum, in dem Mwalakoikoi wohnte, zu fällen.

Am nächsten Tag schlugen die Männer ihre Äxte in den Stamm. Als die Klingen den Mann darin fast berührten, spuckte der aus, und im selben Moment war der Baum wieder ganz und richtete sich auf.

Der Chief sagte: ›Macht weiter!‹

Fast hätten sie es geschafft, ihn zu fällen, da spuckte der Mann im Baum erneut aus, und wieder wurde der Baum ganz und richtete sich auf. So geschah es ein drittes Mal; dann ging die Sonne unter, und die Männer lehnten ihre Äxte an den Baum und gingen nach Hause.

Noch in derselben Nacht hörte Sinele, was vorgefallen war, und machte sich auf den Weg zum Baum-Mann.«

Hier unterbricht Tipol sich und erklärt:

»Du musst wissen, Sineles Bruder, der hat niemals seine Hütte verlassen. Er hatte eine Hautkrankheit.«

Dann spricht er im alten Tonfall weiter:

»Der Mann im Baum und Sinele beschlossen, gemeinsam fortzugehen. Er wies sie an:

›Lauf zuerst nach Hause und säubere dein Dorf, so gut es geht. Dann spaltest du den Bananenbaum vor deiner Hütte und lässt deinen Bruder durch seine Mitte gehen. Wenn das alles getan ist, zeichnest du dir dein schönstes Tattoo auf die Schenkel, ziehst deinen schönsten Grasrock an und wartest zusammen mit deinem Bruder, bis ich komme.‹

Kaum war der Bruder durch den Bananenbaum gegangen, verschwand seine Krankheit.

Am nächsten Tag ließen die Männer im Osten ihre Äxte von allen Seiten gleichzeitig in den Baum krachen. Er fiel, und die Äste seiner riesigen Krone bohrten sich in den Boden. Da brach der Teil des Dorfes, auf dem *viovan*-Bäume wuchsen, von Panyata ab und trieb an der Küste entlang auf dem Meer. Sogleich kletterte der Baum-Mann aus dem Stamm und hielt Ausschau nach Sinele. Seine Widersacher rannten mit ihren Äxten auf Panyata nach Westen. Einmal, als die treibende Insel an einer Sandbank hängen blieb, bedrängten sie den Baum-Mann und versuchten, ihn zu töten, was nicht gelang. Eine starke Strömung riss die schwimmende Insel mit sich fort und trug sie schnell dorthin, wo Sinele auf Mwalakoikoi wartete. Sie sprang hinüber zu ihm. Während die beiden auf das offene Meer zutrieben, rief Sinele ihrem Bruder zu:

›Du bleibst, wo du bist.‹

Der Baum-Mann rief seinen Verfolgern zu:

›Für einen *viovan*-Baum werdet ihr in Zukunft weit nach Norden segeln müssen.‹

Und so ist es bis heute«, endet Tipol. »Weil der *viovan*-Baum nicht auf Panyata wächst, müssen wir ihn im Norden auf anderen Inseln suchen.«

Ich möchte wissen: »Was bedeuten die Krankheit des Bruders und der gespaltene Bananenbaum?«

Tipol entgegnet: »Die Bedeutung ist verloren gegangen.«

In der offenen Tür drücken sich die Kinder aneinander und flüstern. Durch das Fenster fällt mein Blick auf den sandigen Vorplatz und das leuchtende Meer und den *viovan*-Stamm am Strand. Dorthin schlendern jetzt alle.

Tipol, Pawas Vater, dessen Bruder Peli, Soso und Dindi, sie alle greifen zu ihren Äxten, schälen Reste der Rinde vom Stamm und trimmen ihn. Die beiden Enden sollen schmal, fast spitz auslaufen. Sehr helles Holz fällt auf den weichen Sand. Als die Form so ist, wie die Männer sie angestrebt haben, tragen sie heruntergefallene Palmwedel zusammen. Pawas Vater reißt ein Streichholz an und entzündet die trockenen Spitzen. Mit den schwelenden Lanzen streichen die Männer über den Stamm.

Soso sagt: »Das Holz muss trocknen und härten.«

Seit ich auf Panyata bin, habe ich nicht mehr als zwei oder drei segelnde Kanus gesehen. Jetzt kommt eins direkt auf uns zu. Hinten am Heck erkenne ich Dindis jüngeren Bruder. Vor dem Mast steht sein Neffe auf der Plattform. Wir können jetzt das weißblaue Segel flattern und die jungen Männer ins kniehohe Wasser springen sehen. Sie wollen den Ausleger nach Panyata transportieren.

Alle fassen an und bugsieren den Ausleger an den Rand des Meeres und weiter, bis er unter der Kanuplattform schwimmt. Mit Seilen halten ihn die Männer in der Mitte zwischen Rumpf und Ausleger. Jetzt pflügt der neue Ausleger zum ersten Mal durchs Wasser, heute nur als Frachtgut. Ich begleite ihn im Motorboot. Dindi steuert es mal dicht hinter, mal dicht neben dem Kanu, damit ich seinen jüngeren Bruder fotografieren kann, wie er lachend auf dem Steven in der Bugwelle steht und das Ruder hält. Er wünscht sich ein Foto, das er seiner Frau schenken kann. Gemächlich und gut gelaunt fahren wir in Richtung Panyata.

Während die Wellen an die Bordwände schwappen und die Insel Konturen bekommt, erinnert sich Dindi:

»Einmal ist auf Panyata ein Feuer ausgebrochen, gerade in dem Moment, als wir in Punu an Land gegangen waren.«

Die Männer nicken und behalten ihre ruhigen Mienen bei. Es ist Soso, der weitererzählt:

»Eine alte Frau hatte ihr Feuer aus den Augen gelassen. Damals standen die Hütten dichter beieinander als heute. Das ganze Dorf ist abgebrannt.«

Bei Ebbe und im letzten Licht erreichen wir Panyata. Durch das flache Meer gehen uns die Dorfbewohner entgegen und helfen, den Stamm an Land zu bringen. Pawas gefleckter Hund läuft bellend heran und will mit mir spielen. Ein Dutzend oder mehr Männer schultern den Ausleger. Den matten Glanz des beginnenden Nachthimmels im Rücken, lassen sie ihn vor dem Kanu fallen.

Die Hitze, die nicht nachgelassen hat, ist unerträglich. Müde erreiche ich meine Hütte. Im Licht der Sturmlampe, die wohl Lilian angezündet hat, sehe ich die Katze auf meinem Kissen sich strecken und gähnen. Hinter mir höre ich Schritte auf der Leiter. Es sind Lilian und Pawa. Dankbar und ein wenig hastig esse ich die Papaya, die sie mir mitgebracht haben. Wohlwollend sehen mir die beiden zu. Lilian sagt:

»Die Herzen der Leute auf Panyata fühlen sich nicht glücklich.«

Pawa sagt:

»Die Körper der Leute auf Panyata fühlen sich auch nicht glücklich.«

»Ist es so schlimm ohne Paradise Twist?«, frage ich

»Ja«, antwortet Lilian, »es ist schlimm.«

Wie komme ich klar mit diesem Dilemma? Ich fühle mich schon jetzt nicht wohl bei der Vorstellung, den Leuten auf dem Inselpfad begegnen zu müssen, wenn ihre Sehnsucht sich auf den Inhalt meiner Tasche konzentriert. Als könnte Lilian Gedanken lesen, sagt sie:

»Allen, die gefragt haben, habe ich geantwortet, sie sollen dich nicht auf Paradise Twist ansprechen, weil du damit die Kanubauer bezahlst.«

»Waren es viele?«

»Viele.«

In dieser Nacht träume ich, dass sich jede Stange Kautabak, die ich den Kanubauern gebe, verdoppelt. Die Bewohner Panyatas schwelgen im Glück.

Am Morgen mache ich mich mit gemischten Gefühlen auf den Weg zum Kanu. Die Sonne steht noch so tief in meinem Rücken, dass mein langer Schatten das Dorf erreicht, bevor ich es betrete. Doch seine Bewohner sind längst vor mir aufgestanden.

»*Melaluga wai wai sana taliu*«, Einen schönen guten Morgen Schwester, begrüßen mich die vertrauten Gesichter. Sie lächeln, und niemand fragt nach Paradise Twist; dennoch fühle ich mich eingekreist von ihrem Verlangen danach. Ich fühle mich vollkommen allein und gehe schneller, als ich es bei der beginnenden Hitze möchte.

Ich schaue in Dindis neuen Laden und finde den Arbeiter damit beschäftigt, die Theke zu errichten. Auf dem Kanuplatz ist alles noch still. Ich setze mich auf den Ausleger und schaue aufs Meer und die einlaufende Flut. Meinen Gedanken nachhängend, betrachte ich die Wellen, wie sie über die Lianenkränze fließen, sie einschließen, freigeben und erneut über die sie beschwerenden Korallenbrocken zischeln. Aus meiner Versunkenheit reißt mich Soso. Sein Hemd flattert im Wind, als er sich nach den Brocken bückt und sie ins Wasser fallen lässt. Die dünnen Lianenstränge prüfend zwischen den Fingern, sagt er:

»Sie sind bereit!«

Er trägt die Kränze dorthin, wo der Strand nass und fest ist, und schlägt sie mit Wucht auf den Boden. Kleine Fetzen grauer, verrotteter Rinde lösen sich, fliegen herum, kleben an Sosos nackten Beinen, Armen und stinken weithin. Allmählich wird hellgelb und elfenbeinglatt die eigentliche Liane sichtbar – *mamal*.

Unterdessen sind die Gefährten auf dem Kanuplatz eingetroffen. Spice Girl und die Gang – sie haben die Kränze einmal wie Trophäen aus dem Regenwald gebracht – greifen sie sich und hängen die Lianen über die Hölzer, die vorne am Steven das Kanu stützen.

Meinen Platz auf dem Auslegerstamm gebe ich auf, damit Dindi ihn mit dem Hobel bearbeiten kann. An beiden Enden sind die Gefährten dabei, die spitz auslaufende Form mit den kleinen Äxten zu vervollkommnen.

Gerade als die Männer den Ausleger unter die Plattform wuchten wollen, erscheint der in Sachen Tipol ermittelnde Beamte, und sie unterbrechen ihre Anstrengung. Doch schon bald klopft sich der Offizielle den Sand von der Hose und geht wieder. Tipol hat auf dessen höfliche und respektvolle Ansprache auch dieses Mal nur »Ah« und »Hm« erwidert. Soso bemerkt leise:

»Der kehrt noch mal zurück.«

Was die Kanubauer betrifft, die nehmen ihre Arbeit ohne Kommentar und ohne eine Miene verzogen zu haben wieder auf. Ächzend schieben und ziehen sie den Auslegerstamm an die vorgesehene Stelle unter der Plattform. Kaum haben sich die Männer wieder aufgerichtet, verabschiedet sich Soso:

»Ich habe den Stein zum Schärfen der Axt vergessen.«

Soweit ich weiß, brauchen die Kanubauer ihre Äxte nicht mehr. Um die Plattform mit dem Ausleger zu verbinden, benötigen sie nur ihre Hände. Und bevor sie damit beginnen können, müssen die Lianen vorbereitet werden. Das machen Tipol und Pawas Vater auf der Plattform sitzend in einer Weise, die mich zum Schmunzeln bringt. Von der Liane, die sie aus einem Kranz ziehen, legen sie einen Teil um den großen Zeh, halten die Liane auf Spannung und biegen, wickeln, drehen den langen Strang, bis er als handlicher Stab vor ihnen liegt.

Auf dem Weg zum Essen sind wir gerade neben Dindis Laden, da bremst Jasse vor uns sein Fahrrad ab. Über meine Bemerkung zum Staub, den er aufwirbelt, lacht er und rückt seine große Brille mit den schwarzen Rändern zurecht. Ohne Umschweife möchte er wissen:

»Wann willst du meine Freundin und mich besuchen?«

»Sobald der Ausleger mit der Plattform verbunden ist«, verspreche ich.

Er schaut hinunter zum Kanu, während er die Arme auf seinen Lenker stützt:

»Gott im Himmel, sieht das gut aus«, sagt er, und im gleichen Atemzug:

»Das Versorgungsboot ist ausgeblieben. Jetzt gibt es auch keine Zigaretten mehr. Keinen Kautabak. Keine Zigaretten. Das ist hart für die Menschen auf Panyata.«

Ich sage: »Dir sehe ich nicht an, dass du leidest.«

Er sagt: »Ich? Nein. Ich habe nie geraucht, nie gekaut, auch keine Betelnüsse. Meine Zähne sollen weiß sein.«

In diesem Augenblick hören wir jemanden rufen, und weiter westlich des Weges winkt ein Mann.

Jasse nimmt die aufgestützten Unterarme vom Lenker, dreht sein Fahrrad um und sagt über die Schulter zu mir:

»Im Westen schlagen sich zwei. Das muss ich sehen! Vergiss nicht, uns zu besuchen!«

Er legt einen Blitzstart hin. Es bleibt mir ein Rätsel, wie er es hinkriegt, die scharfkantigen Hindernisse auf dem Weg zu umfahren. Vielleicht bekommen ja hier selbst Gummiräder eine Hornhaut.

Beim Essen sagt Tipol:

»Wir brauchen Material für ein Segel.«

Dindi weiß von einem alten Segel, das ein Verwandter von einem australischen Segler ertauscht hat. Es ist durchaus üblich auf Panyata, ein altes Segel passend zu machen oder aus mehreren kleinen ein großes zu nähen. Selten haben Auftraggeber das Geld, um beim Chinesen in Massim das übliche Material für ein Segel, eine Plastikplane, zu kaufen. Doch als Dindi mir auf seine sanfte Art einen horrenden Preis nennt, bin ich nicht mehr bereit, die Dinge, so wie sie sind, anzunehmen, nur um sie auf das Konto Tradition und Erfahrung buchen zu können. Dieses Mal passe ich mich nicht an.

Ich sage: »Ich habe auf Massim noch etwas mit Jim zu besprechen. Eine gute Gelegenheit, im Lagerhaus der Mine nach einer brandneuen Plane zu fragen.«

Dindi nickt. Es trifft sich, dass auch er etwas in Massim zu tun hat. Übermorgen wollen wir fahren. Ich bin im Begriff aufzustehen, da presst er die Worte heraus:

»Ich habe keine Zahlungsmittel für das Kanu. Ich baue einen Laden.«

Ich werde nicht schlau aus ihm. Zwar finde ich Worte, aber keine Sätze, die dazu passen. Drum sage ich nichts.

Als ich auf dem Weg nach Hause bin, dringt langsam die Nacht vor. Geborgen in ihrem Schatten, bin ich froh, die meisten Leute beschäftigt in ihren Hütten zu wissen. Neben dem Kautabak sind jetzt auch die Zigaretten in meiner Tasche mehr als nur harmloses Rauchwerk. In diese trübe Stimmung hinein läuft mir auf der Lichtung die Katze entgegen.

Mit ihr auf dem Schoß sitze ich matt in meiner Hütte und fühle die Luft auf mir lasten und wie sie meinen Gedankenfluss lähmt. Zur selben Zeit bringt ihre Feuchte so viel üppige Schönheit hervor, so viel Überfluss und sinnliche Gelassenheit, dass meine blödsinnige Sorge, das Kanu könnte nicht rechtzeitig fertig werden, sich lächerlich steif darin ausnimmt.

Und das Kanu wächst. Auf seiner Plattform sitzen Tipol und Pawas Vater in ihrer unergründlichen Ruhe und drehen die letzten Lianen zu handlichen Stäben. Hinter ihnen, im gelben Licht der Sonne, liegt wie ein schlafender Wal die Insel Punu im Meer. Von Spice Girls Rücken lachen die »Spice Girls«, während er am Strand sitzt und Stöcke anspitzt. Stöcke, die Soso mithilfe eines Steins, doppelreihig und über Kreuz, in die Oberseite des Auslegers rammt. Wo die Stöcke sich gabeln, liegen die Stämmchen der Plattform auf. Das sind die Stellen, die mit den Lianen umwickelt und fest verbunden werden sollen.

Doch die Kanubauer werden abgelenkt von einem Kanu, das Panyata ansteuert. Nicht weit von uns flattert das Segel, und zwei Männer springen dicht vor dem Strand herunter in das kniehohe

Wasser. Leute laufen zusammen und helfen ihnen, das Kanu auf den Sand zu schieben. Auch wir schlendern hinüber. Die Haut der Eingetroffenen ist bedeckt mit Salzrändern. Sie waren für Wochen auf einer dieser unbewohnten Inseln, wie ich sie mit den Hamburger Freunden kennengelernt hatte, und haben Seegurken gesammelt.

Frauen kommen mit Eimern voll süßen Wassers auf dem Kopf zum Strand. Die Fischer können sich gar nicht oft genug damit überschütten. Sie berichten, dass dort, wo sie herwaren, kaum noch Seegurken und Muscheln zu finden sind.

»Gehen wir zurück zum Kanu«, sagt Tipol.

Dort gerate ich aus dem Staunen nicht mehr heraus. Und zwar darüber, wie er die in den Ausleger gerammten Stöcke mit den Stämmen der Plattform verbindet. Er umfasst den Stab aus gedrehter Liane, wickelt das lose Ende einmal um die zu verbindenden Hölzer und zieht an. Mit einem Stein, den er auf die Liane schlägt, spreizt er die Fasern, macht sie platt, bis sie sich unverrückbar eng an das Holz schmiegen. Erst dann wickelt er eine weitere Lage um den Stock.

Ich schaue in die Gesichter von Tipol, Soso und Pawas Vater. Sie sind es, die diese Erfahrung verlangende Arbeit ausführen, und ich weiß, dass sie jetzt die Lianen beschwören:

»Ihr müsst halten im Sturm! Im Sturm ist das Kanu allein. Ihr müsst halten im Sturm! Das Kanu muss sich auf euch verlassen können!«

Spice Girl stellt sich neben seinen Vater und verfolgt das Auf und Ab von dessen Händen. Was sich zwischen den beiden abspielt, geschieht ohne Worte. Allein ihre Mienen sprechen. Tipol legt seinem Sohn den Lianenstab in die eine Hand und den Stein in die andere. Sofort wird deutlich, wie schwierig diese Arbeit ist. Tipols sonst so gelassene Züge sind in extremer Achtsamkeit gespannt. Er greift nicht ein, auch nicht, als ich seine Konzentration steigen sehe. Der Meister nimmt sich einen anderen Stein, einen anderen

Lianenstab und arbeitet so nahe bei Spice Girl, dass der dem Vater direkt auf die Finger schauen und es ihm gleichtun kann.

Als ich zu Hause auf die Lichtung trete, bemerke ich Lilian mit hängenden Armen. Offensichtlich wartet sie auf mich. Weil ich sie so nicht kenne, frage ich besorgt:

»Ist etwas passiert?«

Sie antwortet: »Wenn dein Körper sich nicht zu müde fühlt, folge ich dir in deine Hütte.«

Kaum sind wir auf der Leiter, flüchtet die Katze. Als Erstes gebe ich Lilian Kautabak und eine Zigarette. Danach rühre ich – es ist zum Ritual geworden – Milch für uns beide an und warte, bis sie sich entschließt zu sprechen. Sie sieht traurig aus und irgendwie resigniert, als sie sagt:

»Der Hilfspriester fragt mich jetzt jeden Tag, warum ich nicht in die Kirche gehe. Er will wissen, wann ich endlich gehe. Er sagt, ich lebe in Sünde und dadurch auch meine Kinder. Bier trinken ist auch Sünde, sagt er.«

»Trinkst du Bier?«

»Ich habe noch nie Bier getrunken. Aber seit es kein Paradise Twist und keine Zigaretten mehr gibt, wollen die Leute Bier trinken.«

»Wie kann ich dir helfen, Lilian?«

»Glaubst du, dass meine Kinder in die Hölle kommen?«

»Ich glaube nicht, dass es eine Hölle gibt. Und ich weiß, dass du und deine Kinder, dass ihr liebenswerte Menschen seid. Lilian, ich fahre morgen nach Massim. Gibt es etwas, das du brauchst?«

»Kerosin«, antwortet sie spontan und nach einer Pause: »Und Seife?«

Wir sehen nach, was meine Vorräte noch hergeben, und finden nur Milchpulver und Hartkekse. Ohne uns gegenseitig zu unterbrechen, sagen wir gleichzeitig:

»Meine Augen wollen schlafen.«

Zehn

Am nächsten Morgen wartet Dindi am Steg auf mich. Außer mir steigen ein halbes Dutzend Frauen und Männer mit ins Boot. Jeder legt Dindi 10 Kina in die Hand. Um mein Entgelt hat er schon gestern gebeten: den siebenfachen Preis. Wenn wir allein sind, werde ich ihn darauf ansprechen und das Geld zurückverlangen.

Das Boot fliegt dahin. Ich lasse den Blick schweifen, erhole mich in der Weite des Horizonts; ich fühle mich befreit, so sehr befreit. Wieder spüre ich, wie anders ich das Meer erlebe, wenn ich es nicht von außerhalb betrachte, sondern auf ihm unterwegs sein kann. Dann spiegelt es nicht Sehnsucht, sondern erfüllte Gegenwart.

In Massim gehe ich über den heißen Erdweg zu Jims Bürocontainer. Dieses Mal finde ich ihn an seinem Schreibtisch und höre, ich habe Glück, denn am Nachmittag fliegt er nach Australien. Die Hände in die Hüften gestemmt sagt er:

»So wie du aussiehst, kann ich nicht glauben, dass du aus der Wildnis kommst.«

Ich wundere mich über seine Erwartung, mich halb verwahrlost wiederzutreffen, und muss lachen:

»Niemand auf Panyata ist verwahrlost.«

Ich setze mich auf den Stuhl, den Jim vor seinen Schreibtisch stellt. Ungefragt bringt er mir drei Tüten Milch. Ich schäme mich nicht, sie zügig auszutrinken, und stelle fest:

»Mission hat dir also von meinem letzten Besuch berichtet.«

»Das ganze Camp hat von deinem Durst gesprochen.«

Ich erzähle Jim, was mich hergeführt hat. Er schaut auf die Uhr und sagt: »Komm.«

In seinem Geländewagen fahren wir zum Lagerhaus. Drinnen, in den riesigen Hallen, weichen wir Hebebühnen und Gabelstaplern aus. Ich finde genau das Material, von dem Tipol mir gesagt hat, es sei das Beste, und zahle dafür weniger, als Dindi für die Überfahrt von mir wollte. Am Schlagbaum gebe ich dem Wachmann meinen Helm zurück und denke, Jim fährt mich direkt zu Dindis Boot. Doch er hält zuerst vor seinem Büro und steigt kurz aus. Durch die offene Tür sehe ich Missions gutmütiges Gesicht. Er grinst, öffnet den Kühlschrank und schüttelt die letzte Milchtüte wie einen Shaker. Jim legt den Telefonhörer auf, zeichnet ein Papier ab – wir können fahren.

»Ach«, sagt er beiläufig, »die Air Nuigini hat ab Mitte nächster Woche alle Flüge nach und von Massim gestrichen. Zu wenige Passagiere.«

Ich spüre, wie mein Kreislauf zusammensackt.

Das letzte Flugzeug verlässt Massim in vier Tagen, Wochen vor dem Tag, auf den mein Ticket datiert ist. In vier Tagen wird das Kanu nicht fertig sein.

Jim schlägt vor: »Du kannst auch das Versorgungsboot zum Festland nehmen.«

»Darauf ist kein Verlass. Es ist gerade wieder überfällig. Wenn ich meine Aufenthaltsdauer überziehe, bin ich in Schwierigkeiten«, entgegne ich ihm.

Er sagt: »Wenn ich dir einen Rat geben darf, nimm nächste Woche die letzte Maschine.«

Für einen Moment stelle ich mir vor, wie es gewesen wäre, hier mit einem vermeintlich gültigen Ticket den Rückflug antreten zu wollen. Wenigstens bleibt mir jetzt, etwas zu unternehmen. Nur was? Auf einmal fällt mir das Naheliegende ein.

Ich frage Jim: »Kann ich im Firmenjet der Mine mitfliegen?«

Er schüttelt den Kopf.

»Das ist unmöglich. Wie schwerwiegend die Gründe auch sein mögen, die Gesellschaft hält sich strikt an die Vorschriften. Nicht mal alle Firmenangehörigen dürfen in den Jet steigen.«

»Ich versuche es trotzdem, Jim. Ich fahre nicht zurück, ich übernachte im Gästehaus.«

»Es ist aussichtslos, glaube mir«, sagt er, und ganz plötzlich habe ich das Gefühl, er gehört zu den Menschen, die zu früh aufgeben.

Jim sieht erneut auf die Uhr; er muss zum Flugzeug. Einmal noch greift er zum Telefonhörer:

»Dave, kannst du für heute Abend einen Gast in der Kantine einschreiben und jemanden ausführen, der lange nichts Richtiges gegessen hat? Genau. Du findest sie im Gästehaus.«

Beim Abschied spüre ich, für Jim ist klar, dass wir uns nicht wiedersehen werden. Er umarmt mich herzlich. Ein wenig besorgt wünscht er mir Glück, winkt und fährt davon.

Ich informiere Dindi, dass ich ein oder zwei Tage in Massim bleiben werde, und gehe zurück zu Mission. Er sitzt still an seinem Schreibtisch. Sein schwarzes, rundes Gesicht, sonst so humorvoll, sieht ernst aus.

Ich frage: »An wen muss ich mich wenden, Mission?«

Er nennt einen Namen und wählt eine Nummer. Ich übernehme den Hörer und erkläre und bitte.

»Ausgeschlossen. Das ist unmöglich. Tut mir leid«, wiederholt die Stimme am anderen Ende der Leitung. Ich bleibe hartnäckig. Der Mann seufzt:

»Schreiben Sie einen Brief an den Manager.«

Mission gibt mir einen Bogen Papier. Er ist verstummt. Sein Ausdruck ein einziger Kummer.

Ich denke nach. Meine idealistischen Gründe werden den Manager einer Goldmine kaum bewegen, mir einen Platz im Firmenjet zu geben. Deshalb erzähle ich ihm (sozusagen von Mensch zu

Mensch) vom finanziellen Verlust, den eine erzwungene frühe Abreise für mein Projekt bedeutet, das nach vielen entbehrungsreichen Monaten unmittelbar vor dem Abschluss steht. Ich beende die Seite mit meiner herzlichen Bitte um seine Hilfe.

Mission fährt mich zum Verwaltungsgebäude der Gesellschaft. Die Sekretärin des Managers nimmt meinen Brief entgegen. Sie sagt:

»Er kehrt heute Abend zurück aus Australien. Wenn ich Ihnen raten darf«, lächelt sie freundlich, »nehmen Sie die letzte Maschine der Air Nuigini. Um einen Platz brauchen Sie sich nicht zu kümmern. Ich habe in Port Moresby nachgefragt. Außer Ihnen gibt es nur zwei weitere Passagiere.«

Am frühen Abend holt Dave mich im Gästehaus ab. Er schiebt seinen Hut in den Nacken:

»Ich habe gehört, du hast Hunger.«

Wir essen in der lichtlosen Kantine; wieder wundert mich, dass sie kein Ort zum Verweilen geworden ist. Bald schon gehen wir durch die ständig schwingenden Türflügel in die Bar. Ich weiß nicht, ob ich durch das Leben auf Panyata durchlässiger geworden bin oder empfänglicher für Atmosphärisches. Diese Bar, das spüre ich deutlich, ist die Kulisse eines Warteraumes. Nach Massim kommt man nur, um zu arbeiten, nicht um zu leben. Selbst die Biere werden halbherzig getrunken. Man ist hier, um Zeit abzuwarten: vierzehn Abende bis zum Abflug nach Australien, um endlich in der Zivilisation zu sein.

Dave erzählt seinen Kollegen von meinem Dilemma. Sie schütteln die Köpfe, entschieden.

»Mach dir keine Hoffnungen. Flieg am Mittwoch«, raten sie mir mit unmissverständlichen Mienen. Einer sagt: »Denk erst gar nicht darüber nach, das Versorgungsboot zu nehmen. Die hygienischen Verhältnisse sind so, dass du dich nach zwei Tagen zu Tode geekelt hast oder krank bist.«

Ich fühle mich wie in einem Vakuum. Wir sitzen in Clubsesseln aus Kunstleder. Die Männer trinken und rauchen. Ihr Wortführer nimmt mitten im Reden sein Gebiss aus dem Mund, hält es klappernd auf Armeslänge in den Raum und steckt es zurück; so schnell, dass ich es nicht richtig erkennen, nur erraten kann. Er muss es viele Male geübt haben.

Am nächsten Morgen kaufe ich ein, als hätte ich nie von der Streichung meines Fluges erfahren. Ich habe das Gefühl, immun zu sein gegen alles, was gegen mich sprechen könnte. Immer wenn fragende Gedanken angeflogen kommen, prallen sie von mir ab, und ich spüre die Antwort des Managers in meinen Zellen. Und die heißt: Ja. Ich suche Rothman und vereinbare die Rückfahrt nach Panyata mit ihm. Gegen Mittag gehe ich zu Mission. Er öffnet mir die Tür, stumm.

»Gibt es Neuigkeiten?«, frage ich irritiert.

»Welcher Art?«, fragt er zurück.

Durch diesen Satz und den leeren Ausdruck auf Missions Gesicht stürzt die gerade noch empfundene Sicherheit in mir zusammen.

Ich antworte müde und jetzt ohne Hoffnung:

»Oh, welcher Art auch immer.«

Mission reicht mir ein Fax, das für mich aus Deutschland geschickt worden ist. Sein rundes Gesicht schaut mich prüfend an, ohne den Anflug eines Lächelns. Er setzt sich hinter seinen Schreibtisch. Wortlos zieht er einen »Post it«-Block zu sich heran und schreibt mit schwarzer Tinte etwas auf den gelben Zettel. Er dreht ihn um. Ich lese:

»Extremely lucky!«

Ich begreife nicht, was er meint. Ich erinnere mich an das Fax in meiner Hand, überfliege es und lese unter anderem, dass ein Verlag anfragt, ob ich über meine Erfahrungen bei den Seenomaden in Indonesien ein Buch schreiben will.

»Verstehst du Deutsch?«, frage ich erstaunt.

»Nein«, sagt er und artikuliert leise die Worte auf dem Zettel: *»Extremely lucky!«*

Ich sehe ihn abwartend an.

Er sagt: »Ja. Das bist du. Weil du im Firmenjet nach Australien fliegst!«

Dann springt er auf, er hebt mich hoch und dreht sich mit mir durch den engen Bürocontainer. Ich sehe Tränen in seinen Augen und fühle die eigenen überlaufen.

»You are extremely lucky!«, ruft er und stellt mich wieder auf die Beine.

Langsam beginne ich mein Glück zu fassen.

Wie im Traum wandere ich durch die bürokratische Wirklichkeit einer australischen Goldmine. Mission fährt mich in das Verwaltungsgebäude. Unterschriften werden ausgetauscht: Ich erhalte eine für meinen Pass. Der fliegt nämlich ohne mich, eingeschlossen in eine Dokumentenmappe, mit der Abendmaschine in die Firmenzentrale nach Australien. Meine Unterschrift dagegen setze ich unter ein Schreiben, in dem ich versichere, alle Risiken meines Fluges selbst zu tragen. In dreieinhalb Wochen, wenn ich, um nach Deutschland abzureisen, aus Panyata hierher zurückkomme, werden Pass und Ticket für mich bereitliegen.

Das Meer. Rothmans Boot schnellt in seine Weite. Es ist neu; ein starkes Schlauchboot, ein Zodiak. Ich spüre eine große Erleichterung, ich spüre Dankbarkeit. Zusammen sind sie Glück. In meinem ganzen Leben waren mir Menschen wohlgesinnt; ein Geschenk, an das ich mich nicht gewöhnt habe. Als wir auf Panyata zusteuern, beleuchtet uns die halb versunkene Sonne.

Es ist dunkel, und der Südostwind dringt in meine Hütte, als Lilian die Sturmlampe anzündet. Das gelbe Licht fällt auf Gesichter, deren Ausdruck mich an Andacht erinnert. Wir packen die Einkäufe so um, dass jede der beiden Frauen einen Karton nach Hause tragen kann.

Lilian erfreut mich mit den Worten:

»*Ateu owa*«, Mein Herz zu dir.

Es ist die Art, wie sie die Worte ausspricht. Ihr ruhiger Ernst und ihre Bescheidenheit beeindrucken mich immer wieder neu. Zum ersten Mal spüre ich den Abschied nahen.

Gewöhnlich stehe ich früh auf, um so viel wie möglich vom Licht zu erleben. Heute halte ich mich nicht lange beim Teetrinken in der Hütte auf und gehe rasch los. Weil ich diese besondere Stunde der Luft und des Lichts schweigend erfahren will; aber auch, um möglichst wenigen Bewohnern im Dorf zu begegnen, was mit der Last zu tun hat, Zigaretten und Kautabak zu besitzen. Doch egal, wie früh ich mich auch aufmache, sie waren vor mir wach, wissend, dass ich Zigaretten und Kautabak bei mir habe. Ihre freundliche Melancholie durchdringt mich, als wäre mein Körper durchlässig. Ich fühle mich ungeschützt.

In Dindis neuem Laden ist die Theke fertig. Regalbretter stehen herum. Nicht mehr lange, und er wird umziehen können.

Der Anblick des Kanus hellt meine Stimmung auf. Es ruht unter dem ausladenden Baum, fast bereit, das Meer zu befahren, das hinter ihm wartet. Ich betrachte das Kanu mit Liebe. Ich habe es wachsen sehen, kenne seinen Kanubaum, seine verschiedenen Hölzer und die Plätze ihres Ursprungs im Regenwald. Ich kenne die Männer, die es gebaut haben, und auf einmal stelle ich mir vor, das Kanu kennt auch die Männer und mich. In diesem Augenblick bin ich mir sicher, ich werde es segeln sehen.

Doch als ich aufschaue und Tipol und die Gefährten vor mir stehen, künden die Äxte auf ihren Schultern von einer größeren Arbeit im Regenwald.

Tipol bestätigt meine Befürchtung: »Wir wollen den Baum für das Ruder fällen.«

Vielleicht denken auch die Männer daran, dass wir das letzte Mal gemeinsam, einer hinter dem anderen, über Trampelpfade durch die geräuschvolle Stille des Regenwaldes gehen. Nachdem wir den Pfad verlassen haben, müssen wir uns eine Weile durch Büsche und Zweige schlagen. Da, wo man durch die Baumkronen ein Stück vom Himmel sehen kann und Sonne auf uns fällt, halten wir an. Tipol zeigt auf einen Baum, der dreißig Meter hoch sein mag, und sagt:

»Im *buyehi* schläft das Ruder.«

Ich stehe da und staune.

»Ein ganzer Baum für ein kleines Ruder?«

»Ja«, antwortet Tipol, »es muss stark sein wie ein Baum.«

Jetzt liegt der *buyehi* vor uns auf dem Boden, und Tipol, Soso, Pawas Vater und sein Bruder klettern auf den Stamm und gehen langsam darüber. Die Gang lichtet mit Macheten das Unterholz und steht dabei bis zu den Hüften in Blättern und Zweigen. Und während ich sie fotografiere, fallen mir die unsichtbaren Blutsauger ein, und ich hoffe, dass sie auf einem *buyehi* nicht zu Hause sind, weil sie *buyehi*-Blätter nicht mögen.

Die Männer fangen immer gleich an: Zuerst schlagen sie in die Seiten des Stammes Kerben; dann hauen sie die zwischen den Kerben verbliebenen Flächen weg; und dann tragen sie mit Axthieben in kleinen Stücken das Holz ab. So lange, bis sie im Inneren des Stammes die Stelle freigelegt haben, die sie brauchen. Heute gleicht die Arbeit einem chirurgischen Eingriff. Drei Viertel des dunklen Stammes sind unversehrt. Ein Viertel liegt offen. Das Holz leuchtet cremig hell. Exakt aus der Mitte des *buyehi* trennen die Männer wie ein Filetstück das Brett für unser Ruder. Soso gibt mir ein Stückchen Holz:

»Riech mal«, sagt er.

Was ich atme, ist Parfüm, und es ist unvergleichlich betörend.

Das Brett, aus dem ein Ruder werden soll, ist etwa einen Meter achtzig lang und fünf Zentimeter dick. Ich bin beeindruckt und sage es den Männern. Sie schmunzeln, sie kramen gelassen in ihren Unterarmtaschen nach Betelnüssen, kauen, bis Mund und Zähne rot sind, speien den Brei aus und zünden sich eine Zigarette an.

Tipol fragt mich:

»Möchtest du wissen, wie es dazu kam, dass die Leute auf Panyata Betelnuss kauen?«

Er beginnt:

»Vor langer Zeit ging ein Mann in den Wald, um Schweine zu jagen. Ihm fielen die Blätter am Senfbusch ins Auge; er biss ein Stückchen ab und behielt den Geschmack in Erinnerung. Als er sich ein anderes Mal zum Jagen aufmachte, sah er die Betelnuss. Er probierte sie und merkte sich, wie sie schmeckte. Eines Tages, es war beim Muschelsammeln, brach er eine Koralle ab, legte sie ins Feuer und wartete, bis sie zu Kalkstaub verfiel. Er nahm den Kalk, pflückte im Wald Senfbuschblätter und Betelnüsse und brachte alles zu seinen Leuten. Er sagte: Ich kaue jetzt diese drei Dinge zusammen. Wenn ich nicht sterbe, können wir sie von nun an in Gemeinschaft kauen.«

Über uns, in den Wipfeln, schlagen zwei Adler mit den Flügeln. Auch wir brechen auf. Vor mir geht Pawas Vater, und manchmal verbirgt ihn kurz die raschelnde, grüne Üppigkeit; dann sehe ich ihn wieder, und auf seiner dunklen Schulter leuchtet das helle Ruder. Hin und wieder fallen Lichtstrahlen darauf, und ich denke: Er trägt das Herz des *buyehi*-Baumes davon.

An einer Stelle, bewachsen mit nur den gleichen, dünnen Bäumen, unterbricht Tipol unseren Heimweg. Er blickt auf die Bäume und sagt:

»Wir brauchen ihre Wurzeln.«

Soso erläutert: »Wir brauchen *ebal*, das ist die Haut der Wurzeln. Mit *ebal* dichten wir das Kanu ab.«

In der irrigen Vorstellung, die Männer würden Bäume fällen, setze ich mich auf einen heruntergefallenen Ast. Tatsächlich kappen sie nur einen Teil der Wurzel vom Stamm und ziehen sie aus dem lockeren Boden. Vielleicht sind sie einen Meter lang. Die Bäume dürfen stehen bleiben.

Mit dem Brett für das Ruder und zwei dicken Bündeln *ebal* erreichen wir das Kanu gerade, als die versinkende Sonne es in Bronze taucht. Der Frieden ist vollkommen, vielleicht trügerisch, und für einen Moment spüre ich mit Gewissheit, dass Zeit etwas ist, das nur in meinen Gedanken stattfindet.

Soso und der Bruder von Pawas Vater tragen das *ebal* ins flache Meer. Dorthin, wo bereits die »Frucht«, die Planken und die Lianenkränze in seinen Wellen lagen, wo sie, verändert vom Salz, zu Kanuteilen wurden. Das Kanu ist auf tiefe, umfassende Weise vom Meer durchdrungen, ja mitgeformt. Es ist eine gemeinsame Schöpfung der Erde, des Meeres und der Menschen.

Für eine Sekunde oder zwei ist mein Blick auf das Kanu neu. Für einen Augenblick vergesse ich alles, was das Wort Kanu beschreibt.

Ich spüre das Wesen des Kanus.

Ich spüre, dass auch Tipol und die Gefährten und die Bewohner Panyatas durchdrungen sind von dieser Erfahrung. Aber sie wissen noch etwas anderes als ich. Das wird uns für immer unterscheiden. Es ist ein Unterschied, ob ich etwas erfahre oder mir Wissen aus zweiter Hand aneigne. Ich habe das Kanu entstehen sehen, habe die Erklärungen der Männer aufgeschrieben, aber ich habe nie gefühlt, was sie fühlen, wenn sie mit ihren Geistern sprechen oder ihre Axt führen oder an das Kanu denken.

Soso begleitet Pawas Vater nach Hause, wohl um seine Frau zurückzuholen. Ich gehe allein auf dem Inselpfad parallel zum Meer, gedankenverloren, als ein junger Mann sich zu mir gesellt. Es ist nicht das erste Mal, wir begegnen uns häufig; immer wechseln wir dann ein paar Worte. Er spricht von den schönen Linien des Kanus, von seiner Stärke, und ist überzeugt von dessen Schnelligkeit. Unerwartet fragt er mich sanft:

»Wirst du die Kanubauer bezahlen?«

Ich schaue ihn verwundert an. Dann denke ich, er möchte wissen, ob noch genügend Kautabak und Zigaretten da sind, und antworte entsprechend.

In der Hütte schmiegt sich die Katze an meine Beine, schnurrend. Als ich auf Panyata eintraf, habe ich die Mücken verscheucht, weil ich einen tief innewohnenden Respekt vor jeder Art von Leben habe. Inzwischen erschlage ich sie in Notwehr. Und manchmal vergesse ich zu sagen: Tut mir leid. Schon bald lösche ich die Lampe und falle in einen schweren Schlaf.

»Oh dimdim«, lächelt anderntags ein Mann am Wegesrand freundlich, als ich an ihm vorüberkomme. Am liebsten würde ich ihm Kautabak und eine Zigarette geben. Befrachtet mit den Gründen, die dagegensprechen, grüße ich nur freundlich zurück. Bei einem überaus schweigsamen Dindi kaufe ich für die Mahlzeit der Kanubauer ein und für jeden eine Dose Cola; sie lieben das Getränk.

Ich schaue Dindi an, und es braucht eine lange Zeit, es zu sagen. Aber ich sage es:

»Als ich dir die Hälfte des Benzinpreises für die Fahrt nach Massim gab, wussten wir beide noch nicht, dass außer mir weitere Fahrgäste da sein würden. Ich bitte dich, den von mir zu viel gezahlten Betrag mit meinen Einkäufen zu verrechnen.«

Ich bin die Leiter schon ein paar Sprossen hinuntergegangen, da höre ich Dindi sagen:

»Ich kann mich nicht an der Zahlung für die Kanubauer beteiligen. Ich baue einen Laden.«

»Warum betonst du das immer wieder? Wir haben doch eine Vereinbarung, an die ich mich halte«, antworte ich ihm und zeige mit erzwungenem Lachen auf meine Einkäufe.

Er sagt: »Ich bin ein Mann, der nicht gern redet.«

Mehr sagt er nicht. Ich nehme mir vor, am Abend mit Lilian darüber zu sprechen.

Neben dem Kanu sitzend, warte ich vergeblich auf Tipol und die Gefährten. Irgendwann, ich weiß nicht, wie lange ich dort gesessen habe, höre ich Schritte und drehe mich um. Die Gang kommt. Schmunzelnd sehe ich, Spice Girl und seine Gefährten haben sich die Haare kurz geschoren, nur ganz vorn kringeln sich noch ein paar Locken. Sie fahren sich mit den Händen über die glatten Schöpfe, sie lachen:

»Wegen der Läuse.«

Die Jungs setzen sich neben mich.

»Wir haben das Segelmaterial auf den Grasplatz vor Dindis Hütte gebracht und wollen mit dem Zuschneiden beginnen«, informiert mich Spice Girl.

Ich frage: »Ist etwas passiert? Wir fangen spät an?«

Niemand antwortet mir.

Die Späne und die Blätter rascheln unter unseren Füßen, als wir aufstehen, um uns auf den Weg zu machen. Wir erreichen die Stelle vor dem leicht ansteigenden Platz, wo sich manchmal Leute niederlassen, um eine Bibellesung zu hören. Heute haben sich die Männer des Dorfes hier versammelt. Auch Watson ist da. Tipol und Soso markieren mit einem gespannten Bindfaden die Umrisse des Segels. Sie schneiden das Material zu. Die Gang bindet sich Reststücke um Stirn und Oberarme. Überall beugen sich Männer über das Segel und heften die Streifen zusammen. Ein plötzlicher Wind streut rosafarbene Frangipani-Blüten auf die Männer und das Segel. Seine Länge entspricht der des Kanus: acht Meter. Genauso hoch wird der Mast werden.

Zu viele Dinge liegen mir auf der Seele, als ich mit Lilian in meiner Hütte sitze und Süßkartoffeln esse. Zum Beispiel die Frage des Mannes, ob ich die Kanubauer bezahle. Und Dindi, der mich dauernd daran erinnert, dass er keine Mittel hat, die Arbeit am Kanu zu bezahlen.

»Verstehst du das?«, frage ich Lilian.

Lilian schaut mich nicht an. Bis gerade hat sie mir von Kokomo erzählt, der so unwillig ist, wenn es darum geht, ihr bei der Arbeit zu helfen. Und von Soso, dem die Art der jungen Männer, sich anzuziehen, nicht gefällt. Auch von den ungebrochenen Bemühungen des Hilfspriesters, sie für den Kirchgang zu gewinnen, hat sie gesprochen. Jetzt beantwortet sie meine Frage mit der Ankündigung:

»Meine Augen wollen schlafen.«

Nun bin ich sicher, etwas stimmt nicht. Morgen werde ich zu Jasse gehen. Neben Lilian ist er der zweite Bewohner Panyatas, den ich als weltoffen empfinde. Vor mir liegt die Katze und richtet ihren Blick auf mich. Ihre nächtlichen Gaben beseitige ich inzwischen ohne Schauder.

Kein Versorgungsboot. Keine Zigaretten. Lilian sagt:

»Ich erkläre meinen Schwestern und Brüdern immer wieder, dass du den Kanubauern verpflichtet bist.«

Alle wissen, alle verstehen es, und doch bleiben der Inhalt meiner Tasche und die vermuteten Vorräte in meiner Hütte das Thema auf der Insel. Ebenso die Hoffnung auf mein Einsehen, doch mit ihnen teilen zu wollen.

Mit diesen Gedanken im Kopf begegne ich am Morgen den Menschen im Dorf. Ein heftiger Südwind fährt durch die Bäume, salzig und schwül. Die Kanubauer kommen erst gegen Mittag. Kaum haben sie mit dem Nähen des Segels begonnen, gibt Dindi zu verstehen, das Essen sei fertig. Nach unserer Mahlzeit halte ich es nicht länger aus. Ich brauche Klarheit. Ich mache mich auf zu Jasse.

Seine Ladenhütte wirft einen kurzen Schatten auf den glutheißen Erdweg. Durch die angelehnte Vordertür kann ich Stimmen hören. Ich drücke sie auf. Im Halblicht des langgestreckten Raumes sehe ich am Ende der Theke Jasse im Gespräch mit einem Mann. Es riecht nach Hitze und Staub. Jasse geht sogleich auf mich zu und reicht mir die Hand wie ein Europäer. Lebhaft sagt er:

»Wir sprechen gerade über den Zustand, in dem sich unsere Brüder und Schwestern ohne Kautabak und Zigaretten befinden.«

»Und wie würdest du den beschreiben?«

»Melancholisch und lustlos. Alle leiden. Möchtest du etwas trinken?«, erkundigt er sich und handelt erneut westlich.

Der Kunde zahlt mit einem zerknitterten Schein eine Packung Streichhölzer. Dann sind wir allein. Ich erzähle ihm von meinem Eindruck, etwas Unausgesprochenes liege zwischen mir und den Kanubauern in der Luft, und bitte ihn um eine offene Antwort. Ich habe mich nicht in ihm getäuscht. Er rückt am schwarzen Rand seiner großen Brille und sagt:

»Die Kanubauer fürchten, dass du sie nicht bezahlst.«

»Wie meinst du das?«

Sprachlos höre ich Jasse zu. Dindi, so erklärt er, habe Tipol und den Gefährten berichtet, dass ich ihre Arbeit mit warmen Mahlzeiten und Rauchwerk bezahle, nicht aber an Geld denke. Geld sei jedoch Bestandteil der Vereinbarungen gewesen, die bei meiner Ankunft getroffen wurden.

Ich wende ein: »Von einer solchen Regelung weiß ich nichts.«

Jasse nickt und sagt: »Über Geld zu reden ist schamvoll.«

Er erklärt: »Wenn ich eine Zigarette verkaufe, kann ich sagen, die kostet so viel, weil die Zigarette ein Ding aus einer fremden Kultur ist, das ich selbst mit Geld einkaufen musste. Eine handwerkliche

Arbeit ist verbunden mit der Ehre des Handwerkers und mit dem Tauschen. Er würde sich wie ein Bettler fühlen, müsste er sagen, dass er Geld für seine Arbeit haben will und wie viel.«

»Und doch geht es jetzt genau darum.«

Jasse betrachtet mich lächelnd.

»Als ihr euch auf die Bedingungen für den Kanubau geeinigt habt, hat Soso Mahlzeiten und Rauchwerk als Bezahlung genannt und hinzugefügt: ›Und eine kleine Summe Geld‹. Bestimmt hat er so leise wie möglich gesprochen und ganz sicher keinen Betrag genannt, denn das hätte ihn zum Bettler gemacht. Und du allein bist es, die bestimmt, wie viel du zahlst.«

Das erklärt, warum Tipol und die Gefährten sich nicht an mich gewandt haben. Aber was veranlasst die sonst so offene, mir stets hilfreich zur Seite stehende Lilian, mir auszuweichen? Jasse antwortet:

»Sie ist selbst betroffen. Die erwähnte kleine Summe Geld erwartet auch sie.«

Ich denke an die verdoppelten Mahlzeiten und an die mit Lebensmitteln und anderem bedachte Lilian und sage laut:

»Mein Eindruck war, ihr seid vor allem eine Tauschgesellschaft.«

Jasse sagt: »Das sind wir auch. Aber während früher alles ertauscht wurde, müssen wir heute Schulgeld bezahlen und Medikamente. Deshalb ist es seit einigen Jahren üblich, den Kanubauern Geld zu geben. Für uns ist es äußerst schwierig, Bares aufzutreiben.«

»Dindi ist der Hauptnutznießer des Kanus. Müsste er sich nicht beteiligen?«

Jasse lacht:

»Er hat dir immer gesagt, dass er es nicht tut. Ohne die Teile, die er dir überlassen hat und die du angenommen hast, wäre das Kanu nicht so weit, wie es jetzt ist. Ich habe dir schon gesagt, wir kennen ihn als einen Mann, der an sich denkt. Er ist nicht beliebt, aber wir sind eine Gemeinschaft. Auch wenn du nicht mehr hier bist, müssen wir mit ihm weiterleben. Die meisten von uns sind nicht einverstanden mit seinem Verhalten, wir können uns aber nicht offen gegen ihn stellen.«

»Das würde die Sache auch nicht einfacher machen, Jasse.«

»Alle halten Dindi für den reichsten Mann auf Panyata. Er aber hält dich für vermögender und ist überzeugt, dass es ein Leichtes für dich ist, deine Bilder zu verkaufen und noch reicher zu werden. Jack sagt Dindi jeden Tag, du würdest unsere Kultur verkaufen, und dafür solltest du zahlen.«

Ich schaue Jasse an, der sich nicht scheut, die Dinge beim Namen zu nennen.

»Wie ist es möglich, dass du gleichzeitig ein Mann von Panyata und Europäer bist?«

Er schmunzelt: »Gott hat mich hierhin versetzt, weil er wusste, dass du kommst und Hilfe brauchst.«

Dann sagt er freundlich:

»In Port Moresby hatte ich mit Europäern zu tun. Ich habe von euch über euch gelernt, so wie du hier von uns über uns lernst.«

Nach einer Pause sage ich:

»Jasse, ich spreche jetzt den Europäer in dir an, sage mir bitte geradeheraus, wie viel Geld erwarten die Kanubauer und Lilian von mir?«

Wieder lacht Jasse:

»Du gibst, was du kannst. Was immer du gibst, sie sind einverstanden. So ist das hier. Aber ich gebe dir einen Anhaltspunkt.«

Jasse nennt einen Betrag, den er selbst jedem Kanubauer gezahlt hat, als sein Kanu kurz vor dem Stapellauf stand. Es handelt sich um etwa jene Summe, die ich für die extra Konserven und die zweite Mahlzeit ausgegeben habe. Mahlzeiten, die niemand verlangt hatte und die dazu führten, dass mehr Leute daran teilnahmen, als am

Kanu arbeiteten. Die ungünstige Position, in der ich jetzt bin, habe ich selbst zu verantworten.

Jasse fragt:

»Möchtest du jetzt meine zukünftige Frau kennenlernen?«

Für ein paar Minuten bin ich mit meinen Gedanken allein in dem Laden. Ich beschließe, die Sache auf das Konto Erfahrung zu buchen und daraus zu lernen.

Die Tür wird aufgedrückt, und Jasse erscheint mit einem Mädchen, das hübsch ist, kluge Augen hat und ozeanisch lächelt. Es ist das erste Mal, dass mir jemand auf Panyata eine andere Person vorstellt. Im Laufe unserer Unterhaltung sagt Jasse:

»Ich bin dafür, dass die Männer Panyatas ihre härter arbeitenden Frauen entlasten.«

»Habatana elana«, sagt Jasses zukünftige Frau, Wir werden dich besuchen.

»Ich freue mich auf euch«, antworte ich ehrlich.

Als ich die Tür öffne, macht die Hitze mich taumeln.

Auf dem Grasplatz sind die Männer dabei, das fertige Segel zusammenzurollen. Morgen ist Sonntag, da werden wir nicht arbeiten; aber am Montag, da ist *ebal*-Tag, und das Kanu wird abgedichtet werden mit der Haut von den Wurzeln, die noch im Meer liegen. Bevor ich gehe, wende ich mich an Tipol:

»Unsere Kulturen sind unterschiedlich. Ich bin es gewohnt, dass Dinge beim Namen genannt werden. Das führt zu weniger Missverständnissen. An dem Tag, an dem das Kanu zu Wasser gelassen wird, erhaltet ihr eine Summe.«

Tipol nickt.

Dindis jüngerer Bruder Doho erkundigt sich:

»Du hast nicht viel von Panyata gesehen. Möchtest du mich morgen zum westlichen Ende der Insel begleiten?«

Ich sage ja.

Und später zu Lilian, die am Bach war und dort auch meine Wäsche gewaschen hat:

»Mach dir keine Sorgen. Ich habe über alles Unaussprechliche mit Jasse gesprochen.«

Doho ist ein Mann mit klaren Zügen und vergnügten Augen. Er mag siebenundzwanzig sein, vielleicht dreißig, ich frage ihn nicht danach; ich erlebe ihn ja. Ist das nicht aufschlussreicher, als sein Alter zu kennen? Seite an Seite gehen wir über den Inselpfad in Richtung Westen. Das Meer, bis vor wenigen Tagen noch ruhig, rollt in schäumenden Wellen auf Panyatas Küste zu. Geblendet vom glitzernden Horizont, lassen wir erst die Krankenstation, dann Jasses Laden hinter uns; dann eine lange Strecke Weg ohne Menschen, bis erneut Hütten in Sicht kommen, acht oder zehn. Unter einer von ihnen ist eine »Frucht« gelagert, unter zwei anderen steht ein zusammengebundenes Plankenpaar. Am Strand gehen wir vorbei an einem halb fertigen Kanu unter Bäumen. Jemand hat es abgedeckt mit einer Plane und Palmblättern, die seit langem vertrocknet sein müssen. Je weiter wir nach Westen gelangen, desto flacher und zugänglicher wird die Küste. Noch einmal bleiben wir stehen vor einem unvollendeten Kanu.

Doho erzählt:

»Insgesamt sind auf Panyata sieben Kanus im Bau.«

Und er berichtet weiter, dass es im letzten Jahr noch neun Kanus waren und 1996, drei Jahre davor, sogar um die zwanzig.

Er sagt:

»Bis Anfang der Neunziger konnten wir entlang dem Inselpfad noch jedes Jahr um die vierzig Kanus zählen, an denen gebaut wurde. Fast mein ganzes Leben war das so.«

Die Auftraggeber sind von anderen Inseln nach Panyata gekommen. Dorthin eben, wo der Kanubaum wächst und Meister sind, die ein hochseetüchtiges Kanu bauen können. Doho weist auf zwei weitere Inseln im Norden hin, wo Kanus noch ganz in der alten Tradition gebaut werden, und sagt:

»Dort machen sie die Segel noch aus Pandanus-Blättern und geben ihren Kanus einen Anstrich aus Pflanzenfarbe.«

Vor uns verliert sich der Weg in einem immer breiter werdenden Bereich weichen Sandes; die Korallensteine sind verschwunden, der Regenwald ist in den Hintergrund getreten. Einzelne Brotfruchtbäume und Palmen spenden beweglichen Schatten.

Doho nennt mir als einen der Gründe für den rapiden Rückgang des Kanubaus die zunehmende Verbreitung von Motorbooten. Chinesische Exportfirmen auf dem Festland, die mit Seegurken, Schnecken und Muscheln handeln, bieten den Insulanern Kredite, die ihnen den Kauf solcher Boote ermöglichen. Mit ihnen können die Bewohner des Archipels auch bei Flaute zu Beutefahrten aufbrechen und in kürzerer Zeit größere Meeresräume abernten.

Doho lächelt: »Manch einer wird dabei reich, aber auch immer abhängiger davon, Geld zu verdienen. Benzin und Wartung der Boote sind teuer.«

Einen Augenblick schweigt Doho, dann betont er: »Wir spüren Druck. Jeder braucht jetzt Geld, um Schulgebühren und Medikamente zahlen zu können. Und wir haben Geschmack gefunden an Konserven, Reis und Tee, Zucker und Milchpulver.«

Unterdessen haben wir den äußersten Westen der Insel erreicht. Hier hat das Meer großzügig Sand abgelagert. Panyata ist flach und sanft und einladend.

»Lebt hier niemand?«, frage ich Doho verwundert.

»Doch«, antwortet er. »Hinter den Brotfruchtbäumen dort drüben. Ich bin hier aufgewachsen.«

Wir treten in den sauber gefegten Bereich zweier Hütten. Vor mir liegt ein Bild ruhiger Klarheit. Ein schattenumspieltes Idyll. Frieden geht von ihm aus, so stark, dass selbst das Ungewöhnliche darin mich zunächst nicht aus dem Gleichgewicht bringt. Auf dem Boden, gegen einen Pfahl gelehnt, sitzt eine Frau.

Sie säugt ein Ferkel an ihrer Brust.

Wir setzen uns zu ihr in den Sand; er fühlt sich an wie Seide. Im Rücken der Frau sehe ich durch die Stelzen der Hütte eine Sau, an deren Zitzen sich mindestens ein Dutzend Ferkel drängen. Alle haben sie die gleiche schmutziggraue Farbe und trinken ebenso ungestüm wie das Ferkel am Busen der Frau. Um von meiner Befremdung abzulenken, lege ich Kautabak und Zigaretten zur Begrüßung in unsere Mitte und tue so, als wäre eine Frau, die ein Ferkel säugt, ganz alltäglich für mich. Doho teilt seine Betelnüsse.

Die Frau setzt das Ferkel auf den Boden und gibt ihm einen Klaps. Doch das Ferkel will bleiben; es kuschelt sich in ihre Rockfalten. Mit einem großen Lächeln, in dem sich vielleicht ein Schmunzeln über mich *dimdim* spiegelt, sagt sie:

»Seine starken Geschwister lassen es verhungern.«

Doho sagt: »Schweine gehören zur Familie.«

Ich erinnere mich, davon schon einmal gehört zu haben, und weiß, dass Schweine kostbar und unentbehrlich bei Ritualen sind. Ich versuche, etwas zu finden, das ich vom Leben schon weiß, das mir helfen könnte, die Sache gelassen zu betrachten. Zu Hilfe kommen mir Bilder von zu Hause. Sicher würden sich Doho und seine Verwandte nicht wenig wundern, könnten sie Menschen sehen, die ihre Wohnungen mit Hunden, Katzen oder anderen Haustieren teilen, ihnen Spielzeug kaufen oder mit ihnen zum Friseur gehen.

»Die da«, sagt die Frau und zeigt auf vier ausgewachsene Schweine hinter einem Zaun, »die gehören Nachbarn aus dem Weiler, durch den du zuletzt gegangen bist. Sie füttern dort vier von meinen Schweinen.«

Sie erzählt, dass Nachbarn bis weit in den Osten der Insel Schweine von ihr verwahrten. Die wiederum hielten das eigene Borstenvieh über die Insel verteilt.

»Und warum?«

Sie hebt den Blick vom Ferkel in ihrem Schoß. Für ein paar Augenblicke höre ich nur zufriedenes Schnaufen und Grunzen, dann antwortet die Frau:

»Stell dir vor, es brennt. Sind dann auf einen Schlag alle meine Schweine verloren? Nein, sind sie nicht.«

Zwei Kinder gesellen sich zu uns. Obwohl *dimdims* hier nicht gerade zum Alltag gehören, ist ihr Anblick den Menschen auf Panyata doch nicht fremd. Trotzdem weint das kleinste der Mädchen, als es mich sieht. Das ältere dagegen sucht meine Nähe; berührt meinen Arm mit einer Fingerspitze und zieht sie kichernd zurück.

Doho hinterlässt eine Nachricht für die Schwiegereltern der Frau, die sich im Yamsgarten befinden, und für ihren Ehemann. Der ist mit dem Motorboot in seine nassen Weidegründe gesegelt, um Seegurken zu sammeln.

Vor die weiße Sonne des Mittags haben sich tief hängende Wolken geschoben. Auch der Blick zum Meer ist ein anderer. Wo zuvor Wellen brandeten, ist im Dahinfließen des Tages und der Gezeiten ein ausgedehntes Riff sichtbar geworden.

In dieser einsamen Weite landet ein Reiher.

Wie im Traum zieht am Horizont ein Segel vorbei.

Langsam gehen wir nach Osten zurück. Doho erzählt. Ich höre zu. Und während ich ihm zuhöre, wird die ungeheuere Ausdehnung von Himmel und Meer zu einer Projektionsfläche, auf der seine Worte zu bewegten Bildern werden.

Bilder aus der Vergangenheit des Archipels.

Kriegerische Szenen.

Doho zeigt mir die »Zeit der Finsternis«. Ich sehe Kanus mit Segeln aus geflochtenen Matten, voll besetzt mit pfeil-, speer- und axtbewehrten Männern. Sie landen in dunklen Nächten auf den Inseln von Nachbarn. Aggressive Kämpfer holen sich, was die eigene Insel nicht oder nicht ausreichend hergibt: Yamswurzeln, Früchte, Schweine, Sago und Betelnuss. Und Dinge, die sie selbst nicht herstellen: Tontöpfe, Muschelgeld, Steinäxte und Kanus.

Mitten hinein in die wirren Szenen der Kriege und Fehden fällt eine Zahl: 1881.

»Das ist das Jahr«, sagt Doho, »in dem die Missionare in unsere Region kamen. Silovaia, ein Missionar aus Fidschi, begann mit ihrer Befriedung. Diese Befriedung nannte er die Zeit des Lichts im Gegensatz zur Zeit der Finsternis, in der wir vor dem Eintreffen der Missionare lebten.«

Jetzt segelten die Bewohner des Archipels ohne Angst vor Überfällen zwischen den nahen und zu entfernten Inseln. Sie raubten sich nicht mehr, was ihnen fehlte. Sie intensivierten den Tauschhandel. Dazu brauchten sie Kanus.

Doho sagt: »Von den Vorfahren ist überliefert, dass der Kanubaum während der Zeit der Finsternis auch auf Massim gewachsen sein soll und auch dort Kanus gebaut wurden. Aber aus irgendeinem Grund verschwand *malauwi* von der Insel.«

Über glühenden Sand entfernen wir uns vom sanften Westen. Die Ebbe hat ihren tiefsten Stand erreicht. Alles ist weit und still. Über das freigelegte Riff geht in der Ferne eine Frau. Sie bückt sich nach Muscheln; ihr Rock flattert im Wind. Der Reiher (ist es der von vorhin oder ein anderer?) schlägt mit den Flügeln. Vor der Tiefe des Horizonts schwebt er davon.

Wir erreichen Hütten, und weil wir gerade schweigen, entgeht mir nicht: Panyata hat keinen Flecken, der einem anderen gliche. Wo wir gerade herkommen, waren die Bambusstäbe der Hüttenwände (ähnlich denen auf meiner Lichtung) in schmückenden Ornamenten angeordnet. Der Platz war gefegt, Töpfe und Teller trockneten in einem Regal an der äußeren Küchenwand. Klarheit und Schönheit erzählten etwas vom Wesen der Bewohner.

Hier scheinen Nachlässigkeit und Chaos die Menschen zu verbinden.

Der Eindruck liegt schon hinter uns, als Doho sagt: »Meine Brüder und ich sind nicht einverstanden mit Dindi. Auch wir leiden unter ihm, aber machen können wir nichts. Er ist der Älteste und hat das Sagen.«

Ich gehe an Dohos Seite und höre zu. Er erzählt von Dindis altem Laden, davon, dass er, Doho, es war, der ihn eröffnet hat. Es sei der erste Laden auf Panyata gewesen. Dindi habe ihn übernommen, als er sah, wie gut er lief.

»Einfach so«, bemerkt Doho und wischt mit der Hand durch die Luft.

Eine Weile gehen wir, jeder in seine Gedanken versunken, nebeneinander her. Dann verblüfft Doho mich mit einer Aussage, die ich, als Jim und Mission sie mir gegenüber machten, nicht glauben wollte:

»Weißt du, in unserer Gesellschaft ist es üblich, sich zu betrügen, sich gegenseitig auszutricksen und zu belügen.«

Ich sehe ihn an, vermutlich fassungslos.

Er lächelt: »Gerade habe ich die Wahrheit gesagt.«

Ich möchte nur eins: das Thema wechseln. Und ohne eine Ahnung zu haben, wie am besten, frage ich:

»Gibt es etwas, wovon du träumst?«

Doho antwortet: »Wenn kein Fisch in der Hütte ist, gehe ich und fange einen.«

Ich frage weiter: »Stellst du dir manchmal vor, in ein anderes Land zu reisen?«

»Nein. Dafür braucht man Geld.«

Trotz seiner Offenbarung über das Wesen der Menschen auf Panyata bleibt mir Doho sympathisch. Und all die anderen auch. Der eine mehr, der andere weniger. Ich lasse Doho zurück unter Palmen, bei seiner hübschen, liebenswerten Frau, und gehe allein weiter. Auf Höhe des Kanus bleibe ich stehen. Gerade noch sehe ich, wie hinter ihm Wellen über die Bündel *ebal*-Wurzeln laufen. Ich überlasse mich der Ruhe, die darin liegt. Es dunkelt schon. Bald ragen in der Ferne die Klohäuschen stumpfsilbern in das Anthrazit von Himmel und Meer, und der kräftige Südostwind weht mir Lachen und Singen entgegen. Ich spüre mich unwillkürlich lächeln. Dort vorne, auf dem Stück Zement im Gras, so vermute ich, sitzen Lilian und die Großfamilie. Ihre Stimmen, ihre Hingabe an die Freude und an den Augenblick vertreiben jeden Rest von Vorbehalt. Wozu den Stachel misstrauischer Gedanken hegen? Mit offenem Herzen setze ich mich zu ihnen, lasse mich tragen von ihrem ozeanischen Rhythmus. Ich vergesse das Grübeln und bin Kind. Und dann, wie auf ein geheimes Zeichen, unterbrechen die wirklichen Kinder ihr Singen und schlagen sich alle gleichzeitig mit der Hand auf den Mund und rufen:

»Uuuuh! Uuuuh!«

Ihre ausgestreckten Finger zeigen zum Himmel; dort tritt zwischen aufgerissenen Wolken der neue Mond auf. Ich denke an den Kanubaum und an Tipols Worte:

»Wenn wir die ›Frucht‹ aus dem Stamm herausarbeiten, müssen wir den Linien des neuen Mondes folgen.«

Über den gerade willkommen geheißenen jungen Mond schieben sich erneut Wolken. Als ihr Schatten auf uns fällt, streift mich ein Gedanke: Mondwechsel bringen Wetterwechsel. Das weiß ich aus meiner Zeit auf dem Meer. Um mir selbst und dem Wetter Mut zu machen, sage ich beim Nachhausegehen zu Lilian:

»Morgen wird das Kanu abgedichtet. In werde das Kanu sicher segeln sehen.«

Lilian antwortet nicht. Sie schenkt mir in Kokosöl ausgebackene Yamswurzelscheiben und Bananen und macht Teewasser heiß. Kokomo zeichnet mir eine aufgehende Sonne. Ihr freundliches

Gesicht strahlt über einem ruhigen Meer. Moki schnieft in der Nische neben der Leiter.

In dieser Nacht weckt mich das ruhige Gleichmaß eines insgeheim befürchteten Ereignisses. Es ist das emsige Rauschen von Regen. Im zerstreuten Licht der kühlen Dämmerung denke ich: Heute wird niemand am Kanu arbeiten.

Mir ist kalt. Mit dem Sinken der Temperatur fühle ich mich zum ersten Mal, seit ich auf Panyata bin, so, wie ich mich kenne. Ich bewege mich, wie ich es in Deutschland gewohnt bin, mich zu bewegen. Die Gedanken fließen ohne Anstrengung. Doch weil wir nicht am Kanu arbeiten können, nun klarer als je zuvor in die Sorge. Und dann, langsam, kriecht erneut feuchte Hitze heran, legt sich schwer auf die Haut, auf das Wollen, und ganz besonders auf die Zuversicht. Durch das Fenster sehe ich die Palmen im Dampf glänzen und tropfen. Nach dem Abdichten des Kanus mit *ebal* braucht die Dichtmasse zum Trocknen Zeit – drei Tage und drei Nächte. Ohne Regen. Ich werde also tatsächlich abreisen, ohne mit dem Kanu gesegelt zu sein.

Auf meinem Schoß rollt sich die Katze zusammen. Während meine Hand über das weißgraue Fell streicht, tröstet mich ihr Schnurren. Sie sorgt sich nicht um die nächste Ratte, nicht darum, ob ich ihre Schale mit Milch auffülle. Anders als ich lebt das magische Tier in der ewigen Gegenwart.

Draußen höre ich den dumpfen Aufprall zweier Kokosnüsse.

Elf

Tipol und seine Gefährten und die Menschen auf Panyata arbeiten auf ein Ziel hin, doch verknüpfen sie es nicht mit einem Datum. Ihre Zeit ist eine natürliche, obwohl sie sich der künstlichen Zeit bewusst sind. Auch sie leben im 21. Jahrhundert. Doch sie liefern sich der Zeit nicht aus, ordnen sich ihr nicht unter. Soweit ich es beurteilen kann, setzen sie sich nicht unter Druck. Sie zwingen das Leben nicht in einen Kalender. Angst haben sie vor Geistern und vor dem Höllenszenario, das ihnen Missionare vor Augen halten. Aber die Angst, eine Aufgabe scheitern zu sehen, weil ihnen Zeit fehlt, die habe ich nicht an ihnen bemerkt. Mir scheint, hier entfalten sich Menschen und Dinge und alles, was ist, nicht separat, sondern durchdringen und bedingen einander. Noch. Mit akzeptierten Krediten für motorisierte Boote und der zunehmenden Abhängigkeit vom Geld hat die Veränderung bereits begonnen.

Vor der Hütte beugen sich die Palmen dem Wind. Das Geräusch durchs Wasser rennender Füße und das Lachen von Kokomo dringen zu mir. Ich denke an Soso, der von mir wissen wollte:

»Warum haben *dimdims* Flugzeuge erfunden, und wir nicht?«

Ich kenne die Antwort nicht. Vielleicht liegt es tatsächlich daran, dass wir unterschiedliche Träume haben. Oder sollte ich sagen: weil *dimdims* Träume haben, nicht aber meine Gastgeber. Fehlte nicht allen von mir nach ihren Träumen Befragten die Vorstellung, die wir mit diesem Begriff verbinden? Während wir uns nach Dingen oder einer reichen Zukunft sehnen, denken sie an das Nächstliegende: »Wenn kein Fisch in der Hütte ist, fangen wir einen.«

Warum sollten sie Flugzeuge erfinden?

Auf meinem Schoß streckt sich vertrauensvoll die magische Katze. Immer noch regnet es mit gemächlicher Wucht. Der Tag, der ereignislos dahinkriecht, er wird nicht hell.

Ich denke an die Vorfahren der Vorfahren Panyatas. Vor etwa fünftausend Jahren verließen sie Taiwan und gelangten über die Philippinen und Indonesien bis in die Inselwelt, in der ich mich befinde. Sie haben weder das Rad noch Maschinen erfunden. Aber sie bauten Großkanus mit Ausleger und nannten sie *waga*. So heißt bis heute die Frucht meines Kanus *waga enona*.

Ob die Archipele Papua-Neuguineas um 2000 vor Christus aussahen, wie sie sich jetzt darbieten? Damals verließen die Vorfahren Panyatas die Strände der Region und segelten zu weiter östlich gelegenen Inseln. Dort blieben sie fünfhundert bis achthundert Jahre, und wahrscheinlich erprobten und verbesserten sie ihre *wagas*. Für das Navigieren mussten sie nicht die Uhr erfinden, sie ließen sich leiten von der natürlichen Zeit und ihren Erscheinungen: dem Stand der Sterne, der Sonne und des Mondes, von Wolken und Strömungen, Gerüchen und Farben. Ihre »Messungen« waren äußerst präzise, lange vor denen europäischer Seefahrer.

Dann brachen die Vorfahren der Vorfahren Panyatas erneut auf. Sie beluden zwanzig Meter lange, hochseetüchtige Kanus mit Töpferwaren und Handwerkszeug, mit Speeren, Tieren und Pflanzensamen und segelten über den offenen Ozean zunächst bis nach Fidschi. Von hier aus besiedelten sie ohne Eile die menschenleere Inselwelt im Pazifik, und hier wurden aus ihren *wagas* Katamarane, die größten über dreißig Meter lang. An einem Tag konnten sie zweihundert Kilometer zurücklegen, und damit waren sie schneller als James Cook mit seinem Schiff *Resolution*. Jahrtausende genügte ihnen die Kultur, die sie kannten, und sie bewahrten sie.

Als die Europäer eintrafen, gaben sie der ihnen fremden Welt einen griechischen Namen: Polynesien – das bedeutet Viel-Insel-land. Die Ankömmlinge glaubten sich im Paradies und nahmen es in Besitz für ihre Krone; in den Bewohnern sahen sie »edle Wilde«, nicht aber autarke, gleichberechtigte Menschen. Unter europäischem Einfluss wurde die polynesische Kultur im 19. Jahrhundert gründlich zerstört, und die Polynesier ließen es zu. Altes ist Neuem gewichen. Dessen ungeachtet bereisen wir Polynesien und andere pazifische Regionen noch immer als Traum vom Paradies.

Es ist nie eins gewesen.

Wie auch Panyata keines ist.

Die Luft, die ich atme und in jeder Pore spüre, wird immer feuchter. Über dem Meer ist der Himmel von Blitzen gefurcht und gezeichnet. Die Katze hält ihre Augen geöffnet.

Warum ist die Zeit für mich ein Problem, ein drückendes und drängendes Problem?

»Warum haben *dimdims* das Flugzeug erfunden, und nicht wir?«, fragen sich Soso und viele andere auf der Insel.

Warum mache ich mich abhängig von einer tickenden, ablaufenden Zeit, und die Bewohner Panyatas nicht? Sind wir die unruhigen, nie mit sich zufriedenen Veränderer und Erneuerer, und Menschen wie die auf Panyata in sich ruhende Bewahrer? Vielleicht braucht die Vielfalt des Seins beides. Und den Wechsel.

Welche unbewusste Absicht ließ mich hierherkommen, um das Entstehen eines magischen Kanus zu beobachten? Nicht die Sehnsucht nach Abenteuer, das weiß ich; etwas Tieferes. Ich habe diesem geheimen Drang, der sicherer als die Vernunft ist, nachgegeben, um mich berühren zu lassen. Von einem anderen Denken. Vielleicht um wahrzunehmen, dass es ein vergessener Teil meiner Selbst ist; einer, der mir mehr und mehr fehlt.

Bemerkenswert ist, während die Menschen auf Panyata mir das zu Bewusstsein bringen, hat der eine oder andere von ihnen begonnen zu träumen – *dimdim*-Träume. Wir sehen uns an und entdecken im anderen, wonach wir uns sehnen. Vielleicht muss in unfassbaren Zeitläufen jeder alles erfahren. Doch niemand weiß mit Sicherheit, ob es sie gibt.

Aus diesen Gedanken reißt mich ein Donnerschlag. Gleichzeitig fliegt die Tür auf. Lilian, Lil und Kokomo betreten den Raum, klatschnass und bibbernd. Pawa und Rosa drängen nach. Lilian sagt:

»Wir haben Angst.«

Ich verstehe, sie meint vor dem Gewitter, aber nachdem sie sich abgetrocknet hat, spricht Lilian weiter.

»Wir fühlen uns hier sicherer, weil du nicht dran glaubst.«

»Woran glaube ich nicht?«, frage ich.

»An das Jüngste Gericht. Da soll es so schrecklich blitzen und donnern wie jetzt. Gestern noch hat mir der Hilfspriester die Stelle aus der Bibel vorgelesen und gesagt, dass wer nicht in die Kirche geht, ins Höllenfeuer muss.«

»Daran glaube ich wirklich nicht.«

Lilian sagt: »Ein Prediger aus Amerika ist vorhin eingetroffen.«

Ich frage: »Bei dem Wetter?«

»Er sagt, Gott schützt die, die nicht in Sünde leben. Er ist ein *New Believer*, so heißt seine Sekte.«

Ich sehe die Unruhe in ihrem Gesicht. Pawa berichtet, kein Mensch habe von seiner Ankunft gewusst; er bleibe eine Woche und wohne drüben in der Hütte des Hilfspriesters.

Plötzlich wird die Tür erneut aufgestoßen. Mokis Mutter schiebt den schmächtigen Jungen vor sich her, der sein Gesicht versteckt. Klatschnass vom Regen und vor Kälte oder Angst schlotternd, sagt seine Mutter:

»Gott will uns arme Sünder strafen. Das ist der Weltuntergang.«

Die Flamme in der Kerosinlampe flackert, gibt aber nicht viel Licht. Ich denke, es wird das Beste für alle sein, wenn ich Milchpulver anrühre und mit reichlich Zucker süße. In diesem Augenblick erhellen Blitze die Nacht und den Raum, und ein Donnerschlag betäubt uns. Jäh ziehen wir die Köpfe ein. Als ich wieder hochschaue, sehe ich die nackte Angst in den Gesichtern vor mir. Um abzulenken oder zu zeigen, das Leben geht weiter, rühre ich demonstrativ die Milch um und sage:

»Ich erschrecke mich auch, aber nicht vor einem Weltuntergang. Gewitter sind einfach nur Wetter. Erinnert euch an die vielen, die ihr schon habt vorüberziehen sehen. Vertraut eurer Erfahrung.«

Ich weiß nicht mehr, wie lange es dauerte, bis das Toben sich beruhigt hat. Irgendwann sind wir eingeschlafen. Beim Aufwachen finde ich uns dicht beisammen auf dem Boden liegend, die Köpfe auf der Matratze. Draußen rauscht der Regen, unverändert.

Gegen Mittag tröpfelt es nur noch. Ich gehe zum Kanu. Jemand hat eine Plane darübergedeckt. Unter den Rändern leuchtet das nasse Holz wieder rot. Anders rot als das frisch geschlagene, aber sehr lebendig. Bei Dindi kaufe ich Solomon Blue für Lilian und Pawa. Vielleicht liegt es am mangelnden Schlaf und an einer allgemeinen Entkräftung. Oder am schwelenden Unmut über das Druckmittel Hölle. Aber nachdem ich bezahlt und Dindi verlassen habe, lasse ich zum ersten Mal meine lange verdrängte Enttäuschung zu. Ich fühle mich ausgenutzt und weiß, dass ich dafür selbst verantwortlich bin. Es ist mir nicht gelungen, die eigenen Interessen und meine Überzeugung, sich als Fremde und Gast anpassen zu müssen, miteinander zu vereinbaren.

In diesen Grübeleien stecke ich, als sich plötzlich die Wolken öffnen. Nicht Regen, Wassermassen fallen mit solcher Wucht, dass sie mir den Atem nehmen. Eben konnte ich schon die Klohäuschen am Ende der Grasfläche sehen; jetzt sind sie unsichtbar. Die kleine Ansammlung von Hütten liegt unmittelbar hinter mir. Und auf einmal umringen mich Kinder; sie fassen nach meinen Händen, Armen, meiner Bluse und ziehen mich zurück. Geduckt rennen wir zur nächsten Hütte. Unter der hocken wir jetzt im Trocknen. Die Kinder scheinen vor Aufregung und Freude zu platzen. Sie schaffen es nicht nur, mich aufzuheitern, ihre liebenswerte, ungestüme Unschuld versöhnt mich mit mir selbst.

Als ich endlich zu Hause eintreffe, wartet Lilian mit einer heißen Suppe. Während ich löffle, sage ich:

»Ich werde abreisen müssen, ohne das Kanu segeln gesehen zu haben.«

Sie antwortet mir: »Denk nicht an morgen.«

Ein Leuchten zieht uns ans Fenster. Im Süden furchen erneut Blitze den Himmel, entfernte Donner grollen. Überall im nassen Gras liegen Frangipani-Blüten; die Luft ist schwer von ihrem Duft. Wir sehen Lilians Bruder Loth und seine Frau aus dem tropfenden Palmenhain zu uns streben. Loth ist der Zweitgeborene, und anders als bei seinem älteren Bruder Soso sind seine Locken an den Schläfen und in den Spitzen schon grau. Lilian sagt betrübt:

»Sie wollen rauchen.«

Die Leute auf Panyata leiden. Zusätzlich zum Wissen, nie wieder Kautabak genießen zu können, herrscht nun auch seit Wochen Mangel an Zigaretten. Das leck geschlagene Versorgungsboot wird überholt. Kein Mensch weiß, wann es wieder fahren wird. Loth und seine Frau fragen mich nicht nach Rauchwerk; sie kramen wie Gäste Betelzutaten aus ihren Unterarmtaschen. Ich lege Zigaretten und ein Stückchen Paradise Twist in unsere Mitte. Erst mit den letzten Schwaden, die aus dem Fenster ziehen, frage ich, ob sie aufgrund des Mangels tagsüber davon träumen, wie es wäre, Tabak und Zigaretten zu haben.

»Nein«, antwortet Loth, »die sind ja nicht zu haben.«

Und nach einer Weile erzählt er:

»Neulich habe ich geträumt, ich war fischen und habe einen sehr guten Fang gemacht. Als ich wach wurde, sagte ich zu meiner Missis, ich würde fischen gehen, wegen des Traums. Ich paddelte aufs Meer und fing sehr viele Fische.«

Ich spreche vom Kanu und dann vom Wetter, und Loth sagt:

»Das Wetter kommt und geht.«

Als Loth beiläufig von Dindi spricht, frage ich ihn:

»Was für ein Mensch ist Dindi?«

Loth antwortet ohne Emotion:

»Sehr hart. Sehr geizig. Ein Mann, der nicht gern spricht.«

Kaum sind Lilian und ich wieder allein, äußert sie sich leise und bekümmert über Loths Frau:

»Elisabeth hat noch nie für dich gekocht oder dir sonst geholfen. Auch mir hilft sie nie. Im Gegenteil, ich muss ihr zur Hand gehen, weil ich nicht verheiratet bin und obwohl sie Gelegenheit hat, ihre Arbeit selbst zu tun. Trotzdem hat sie Kautabak von dir bekommen.«

Ich schaue sie an und antworte:

»Ich habe dich früher oft deinen Tabak mit ihr teilen sehen.«

»Früher, ja. Heute, wo es nichts mehr zu rauchen gibt, da muss jeder zuerst an sich denken.«

Sie sieht mich traurig an.

Mitten in der Nacht werde ich wach. Ich bin mir undeutlich eines störenden Lärms bewusst geworden, der schon seit einiger Zeit anhält. Durch das Rauschen des Regens dringt eine Männerstimme:

»Kinder!«, höre ich sie auf Englisch rufen, dann steigt ein Schrei, ein gellender Schrei in die Nacht. Ich höre Trommeln und Gebrüll und später Gelalle.

Ist Soso betrunken?, frage ich mich. Jäh bricht das Drama ab.

Am Morgen gibt Lilian Auskunft. Sie ist ebenso irritiert wie ich. Und sie weiß zu berichten, es war nicht Soso, der randaliert hat; es war der Prediger aus Amerika. Er hat bemerkt, dass der Teufel um die Hütten streicht und an Türen klopft. Lilian sagt: »Mit seinem Gebet hat er den Teufel getadelt und verjagt.«

Sie schüttet heißes Wasser auf unsere Teebeutel. Wir trinken ermattet und schweigend, bis sie ankündigt:

»Und jetzt werden wir deine heimlichen Besucher vertreiben.«

Ich sage: »Du weißt, ich glaube nicht an Dämonen, auch nicht an unsichtbare.«

Sie lacht: »Ich zeige sie dir.«

Sie beginnt den Raum zu fegen. Ich stelle die Matratze hoch, schiebe die Kartons mit Vorräten auseinander, wir sehen in jede Ecke.

Ein Schauder packt mich.

Spinnen, Tausendfüßler und kleine Skorpione sind auf der Flucht vor Lilians Palmrippenbesen. Wir scheuchen sie über die Leiter ins Freie, zurück in die Regennässe, der sie entflohen sind. Ich wundere mich, nicht längst gebissen worden zu sein. Lilian lacht über meine verzogene Miene.

»Wir sind an sie gewöhnt wie an den Regen.«

Den treibt der Wind in Böen über die Palmen, die Frangipani-Bäume und gegen die Hütten. Darunter liegen zwischen den Stelzen – alle viere von sich gestreckt – die Schweine und Hunde im Trockenen. Soso und Kokomo rennen durch die Fluten. Loth geht gemessenen Schrittes zum Klohäuschen. Lilian und Lil stehen im Gras und seifen sich ein; sie juchzen unter der natürlich strömenden Dusche. Ich kann die Seife riechen. Schnurrend streicht die Katze um meine Beine. Und dann, auf einmal, bin ich nicht mehr nur Zuschauerin.

Die Leichte des Seins überträgt sich auf mich.

Ich spüre mich mit dem Augenblick verschmelzen und ihm vertrauen, fühle mich unbefangen lebendig.

Bis mir der Gedanke an die verrinnende Zeit zurück ins Bewusstsein springt. Es ist, als trennte mich von der Gegenwart eine Wand aus Glas – ich lebe schon wieder im Morgen.

Aus Rissen in der violetten Wolkendecke fallen Lichtstreifen durch das tropfnasse Fenster. Kokomo und andere Kinder liegen vor mir auf dem Bauch und zeichnen: Rattenschweine und Löwenmäuse, segelnde Kanus, lachende Sonnenaufgänge, Männer mit Fußschmuck. Lilian und Pawa kehren nass und verdreckt zurück aus ihren Yamsgärten. Soso bringt mir eine Papaya, ich gebe ihm Kautabak und Zigaretten. Er hat eine Neuigkeit:

»Dindi und Tipol haben die *ebal*-Wurzeln aus dem Meer gezogen. Die liegen jetzt im Kanu, bis wir ihre Haut zum Abdichten brauchen. Das wird nicht morgen sein. Vielleicht übermorgen.«

Dunkel und still spannt sich die Nacht über der Lichtung. Träumend sehe ich das Kanu unter Segeln, sehe mich und die Kanubauer darin sitzen. Und als die übermütige Gang das Kanu in eine extreme Schräglage bringt, hält Spice Girl mich am Arm fest. Seine Hand zieht und zieht, und als ich herausfalle aus der Traumerfüllung, ist es nicht Spice Girl, sondern die Hand von Lilian, die an mir zieht.

»Die Schweine sind ausgebrochen. Wir brauchen deine Taschenlampe.«

Die Kinder haben damit gespielt, und wir müssen ein bisschen suchen. Dann hat Lilian sie in der Hand und verlässt eilig meine Hütte. Durch das Fenster sehe ich, wie sich in mondloser Schwärze zwei Sturmlampen und ein Lichtkegel entfernen. Zusammen mit Soso und Halfa rennt Lilian in den Regenwald, den Schweinen nach, die nur ein Ziel kennen: Yamsgärten.

Am Morgen repariert Soso Zäune, missmutig. Die wieder eingefangenen Tiere wühlen an anderer Stelle die Erde auf und verbeißen sich in den freigelegten Stäben, kauen sie mürbe; bis irgendwann ein Loch entsteht, durch das sie erneut in ihr Paradies flüchten können.

Eine Woche vergeht wie ein Jahrzehnt. Tropische Regengüsse und der kräftige Wind aus Südost wehen unablässig über die Insel. An einem dieser ereignislosen Morgen erwache ich tief traurig. Unfähig, aufzustehen, liege ich auf dem Rücken, als eine plötzlich wahrgenommene Wärme mich die Augen öffnen lässt. In meiner Achselhöhle liegt die Katze und sieht mich an. Mehrmals streckt sie ihre Pfote aus nach meinem Gesicht und berührt es behutsam. Tatsächlich kann ich mir nichts anderes vorstellen, als dass sie mich trösten will. Mir laufen die Tränen über.

Am Samstag versammelt sich die Großfamilie in meiner Hütte. Die vertrauten Menschen singen für mich und amüsieren sich über beiderseits missglückte Sprachübungen. Immer kullert und rollt ihr Lachen, ist so biegsam in den Tiefen, in den Höhen, in den Juchzern. Und immer kommt es ganz tief aus dem Bauch. Außer sie lachen, wenn ihnen etwas peinlich ist, dann ist es leblos und flach. Als Lilian die Petroleumlampe anzündet, tauchen aus dem Nichts Fliegen auf und umschwirren das Licht. Lilian lächelt.

»Wenn die Fliegen die Lampe umschwärmen, zeigen sie schönes Wetter an.«

Lilian und die Fliegen behalten Recht. Am Morgen schimmert die Luft gelb und golden über den Palmen und Hütten, über den Frangipani-Bäumen, dem Gras. Die Atmosphäre ist durchsichtig.

»Heute können wir das Kanu abdichten«, denke ich, doch dann erinnere ich mich des Wochentags, es ist Sonntag. Das Nächste, was ich denke, ist: Wenn ich nicht für ein paar Stunden das Meer sehe, werde ich bald keinen Verstand mehr haben.«

Jetzt sitze ich auf dem flachen Zementstück im Gras. Ich weiß nicht, woher die Gedanken kommen. Auch nicht, warum ich gerade in diesem Moment denke: Der Weg ist das Ziel. Wäre es wirklich so tragisch, wenn ich abreisen müsste, ohne das Kanu segeln gesehen zu haben? Sitze ich nicht schon, seit ich hier bin, in ihm drin?

Plötzlich ist die Luft erfüllt von einem Kreischen. Als ich mich umdrehe, fliegt ein Schwarm Papageien so nah an meinem Kopf vorbei, dass ich staunen kann über das Sirren ihrer grünen Flügel. Einen Moment lang scheinen die Vögel über dem Ozean verschwunden; im nächsten schießen sie in die Sichtbarkeit zurück, pfeilschnell. Ihr Geschwader landet in einer Palme und lässt die Krone beben. Vom Horizont rollt eine mächtige Dünung auf mich zu, brandet an die schroffe Küste.

Das Meer verändert sich unentwegt und bleibt doch das gleiche.

Auf einmal steht Lilian neben mir. Sie hat sich umgezogen, trägt jetzt ein weißes, weites T-Shirt und einen in Glocken fallenden Rock. Sie sieht aus, als hätte sie jemand überzeugt, es sei besser in die Kirche zu gehen, als in der Hölle zu schmoren. Die Augen auf die grünweißen Wogen gerichtet, sagt sie:

»Ich bin auf dem Weg in die Kirche.«

Wir schauen auf das unergründliche Meer.

»Was denkst du?«, will sie wissen.

»Ich denke, wenn du in die Kirche gehen möchtest, ist es gut, wenn du gehst.«

Immer noch schauen wir auf das Meer, bis sie sagt:

»Ich darf vor der Gemeinde sprechen. Wir beten heute für alle armen Seelen, die nicht in die Kirche kommen, und für die Armen, die das Wort Gottes nicht kennen.«

»Hm«, mache ich.

Lilian sagt: »Ab morgen kümmere ich mich einmal in der Woche zusammen mit meinen christlichen Schwestern um Alte und Kranke.«

»Gibt es auf Panyata Menschen, die ohne Angehörige leben?«

»Nein. Aber wir sollen zeigen, was christliche Nächstenliebe ist. Wir spenden Trost und lesen unseren Schwestern und Brüdern, die nicht zum Gottesdienst erscheinen können, aus der Bibel vor.«

Nachdenklich sehe ich ihr nach. In der Ferne schwingt Lilians Rock über dem von Steinen gespickten Pfad der Kirche entgegen. Vor mir bewegt sich das Meer, das nie irgendwann irgendwo sein muss.

Am nächsten Morgen erwache ich allmählich und in der Gewissheit, dass heute *ebal*-Tag ist. Die Laute unsichtbar bleibender Vögel dringen aus dem Regenwald zu mir. Sie steigen nicht wie die Lieder unserer Singvögel auf zum Himmel. Die Töne scheinen große runde Öffnungen in die warme Luft zu dehnen, um dann selbst darin zu verschwinden. Unten, zwischen den Hütten, entfernen sich kichernde Kinderstimmen. Am *ebal*-Tag, so hat Jasse gesagt, sei den Kanubauern »eine kleine Summe Geld« zu geben. Um jede mögliche Beschämung auszuschließen, bitte ich Lilian, es zu überbringen. Nach ihrer Rückkehr mache ich mich auf den Weg zum Kanu, beflügelt.

Als Erstes bemerke ich, Dindis neuer Laden ist fertig, aber noch nicht bezogen. Dann betrachte ich den von Männern belebten Kanuplatz. Und da, wo das Kanu steht, sehe ich durch die Blätter darüber einen einzigen Sonnenstrahl auf das hintere *tumwi-tumwi*-Brett fallen. Er trifft genau die Stelle, die der »Mund des Vogels« ziert.

Ein Omen?

Irgendwo tief in mir spüre ich die ruhige Gewissheit, die Bedeutung des Seeadlers noch zu erfahren. Ich könnte nicht sagen, warum, nur dass ich, wenn ich an die offene Frage denke, nichts endgültig Verschlossenes fühle.

Tipol, die Gefährten und ein halbes Dutzend andere, nicht mehr junge Männer sitzen ein paar Schritte vom Kanu entfernt auf dem Boden. In ihrer Mitte haben sie Bananenblätter ausgebreitet. Gerade als zwei Männer die *ebal*-Wurzeln darauf ablegen wollen, ruft uns oben vom Weg ein Mann etwas zu.

Einen Moment lang scheinen mir Menschen und Blätter, das trottende Schwein und der Hund und selbst das Meer mitten in der Bewegung zu erstarren. Als das Leben weitergeht, tragen die Männer die Wurzeln zurück ins flache Meer.

Tipol sagt zu mir: »Im Westen ist jemand gestorben. Solange er nicht beerdigt ist, dürfen wir nicht arbeiten, sonst wird einer der Unsrigen sterben.«

Ich schaue hinaus auf das Meer, dorthin, wo es sich mit dem Himmel vereint. Plötzlich ist mir kalt.

Ich frage Tipol: »Wann wird die Beerdigung sein?«

»Morgen, am Nachmittag.«

Sprachlos und wie im Traum setze ich mich auf ein im Sand steckendes Stück Holz. Tipol, Spice Girl, die Gefährten, sie hocken sich nach und nach um mich herum. Etwas in der schweigenden Gegenwart der Männer sagt mir, dass sie vielleicht zum ersten Mal ahnen, welch andere Bedeutung Zeit für mich hat. Ihre stillen Gesichter sind ernst, vielleicht betroffen. Ich weiß nicht, wie lange wir so dasitzen. Als die Kanubauer aufstehen und gehen, fällt das Wort »übermorgen«.

Ich rühre mich nicht; ich überlasse mich der alles relativierenden Ruhe des unerreichbaren Horizonts, versinke im Atmen des Meeres und der verbleibenden Zeit.

Zeit?

Ginge es nur nach mir, ich würde mich auf alle unvorhersehbaren Ereignisse einlassen und bleiben, bis das Kanu in seinen Abschluss findet. Aber ich unterliege globalen Gesetzen von Einreisebehörden, die Stunden zählen und Tage benennen.

Doch bin nicht ich es, die bestimmt, was für mich in Kummer oder Stress ausartet? Das Meer und ich, wir werden weiteratmen, auch wenn das Kanu vorerst unvollendet bleibt. Habe ich denn versagt, wenn ich »ohne« Kanu heimkehre? Und vor wem?

Nicht vor mir, sagt das Meer.

Irgendwann sitzt ein Mann neben mir, den ich nicht kenne.

»Ich heiße Thomas«, sagt er, als ich ihn bemerke, und dann: »Von mir aus könnte Tipol an deinem Kanu weiterarbeiten. Ich bin der Schwiegersohn des Verstorbenen und stamme nicht aus dieser Region. Und ich bin nicht der Einzige, der sich eine Änderung des Totenkults wünscht.«

Er rauft sich die Haare.

»Das ganze Dorf muss ich füttern. Schweine, Konserven, Betelnüsse, alles muss ich kaufen. Gut, dass es gerade keine Zigaretten gibt. Die Sitten ruinieren mich.«

Zwei Tage vergehen mit meinen bangenden Blicken zum Himmel. Wolken ziehen, der Wind nimmt zu.

Lilian sagt: »Du denkst zu viel«, und kocht uns eine Suppe aus frischen Fischen, die Soso gefangen hat. Ich beiße in Limonenscheiben.

Lilian schüttelt sich.

Die Katze wird jeden Tag anhänglicher, zärtlicher, verspielter. Der Gedanke, ihr nicht erklären zu können, warum ich sie von heute auf morgen in ihrer früheren, rauen Wirklichkeit zurücklassen muss, schmerzt mich.

Zwölf

Obwohl meine Augen noch geschlossen sind, weiß ich: Heute ist *ebal*-Tag. Ich weiß es, weil das Licht so hell ist, dass ich es unter den Lidern als strahlend wahrnehme. Bestimmt ist keine Regenwolke am Himmel. Für diesen Fall habe ich mit Lilian und Loth vereinbart, dass sie ein Schwein, einen Ast Betelnüsse und Yamswurzeln besorgen. Meinen Beitrag zu einem Festessen, das Dindi und ich gemeinsam ausrichten, sobald das Kanu abgedichtet ist. Lilian und ihre Familie schenken mir Yams und Betel.

Ich erreiche die Stelle des Pfades, von der aus ich das Kanu sehen kann. Kaum haben mich die Kanubauer bemerkt, breiten sie Bananenblätter auf dem Boden aus. Als ich bei ihnen angelangt bin, sitzen sie schon Schulter an Schulter mit einem halben Dutzend weiterer Männer um die glänzende grüne Fläche, und in der Mitte darauf liegen die *ebal*-Wurzeln.

Auf einmal ist eine veränderte Atmosphäre wie greifbar. Sie geht aus von der Konzentration, der Intensität, mit der die Männer die Haut von den Wurzeln schaben. Sie benutzen scharfkantige Steine dazu. Vor jedem von ihnen wächst ein kleiner Haufen rot leuchtender Fetzen. Soso schiebt sie auf den Blättern zusammen. Mit der Machete hackt er sie feiner und feiner. Und so geschwind, wie Tipol die Rinde anschließend in einem Topf durchknetet, habe ich von allen Kanuarbeitern nur gerade zuvor Soso eine Arbeit verrichten sehen. Das Liegen im Salzwasser hat in der Haut der Wurzeln einen Klebstoff freigesetzt. Was Tipol sich jetzt von den Händen klopft, ist eine dicke, feuchte, klebrige Masse.

Es ist nicht schwer zu erraten, warum alle es eilig haben, zum Kanu zu kommen; das Dichtmittel darf nicht trocknen. Als Erster rollt Tipol eine Portion zwischen den Händen und drückt sie in die Nahtstelle zwischen Einbaum und Planke. Die übrigen Männer tun es ihm nach. Einer hockt sich neben den anderen; vor das Kanu und in das Kanu hinein. Von zwei Seiten pressen sie das *ebal* zwischen die Planken. Roter Kitt aus Pflanzenhaut.

Hinter dem Kanu glitzert das Meer. Und wo die Ebbe weite Flächen Sand und Riff fast freigelegt hat, stehen ein Dutzend oder mehr Frauen im knöcheltiefen Wasser. Sie schälen und waschen Yams- und Taroknollen. Ihre Röcke flattern vor dem Blau des Himmels, dem Weiß der fliegenden Wolken und der Tiefe des Horizonts.

Als ich mich umdrehe, sehe ich oben auf dem Weg Lilian und sämtliche Bewohner unserer Lichtung. Auf den Köpfen der Frauen türmen sich Yamsknollen und Kochtöpfe; die Männer tragen Beteläste über den Schultern und ein Schwein, das mit zusammengebundenen Füßen an einem Stock hängt. Noch bevor die Prozession Dindis alten Laden erreicht hat, biegt sie ab, bewegt sich den leichten Hang hinunter und teilt sich am Strand. Dort, wo die Frauen Yams und Taro waschen, flattern jetzt noch mehr Röcke im Wind.

Ich begleite die jungen Männer über die nasse Ebene bis fast dorthin, wohin sich der Saum des Meeres zurückgezogen hat. Hier legen sie das Schwein mit den langen, grauen Borsten auf Sand und Seetang ab.

Einer der Männer lässt einen Knüppel auf seinen Kopf sausen. Und weil der Stock, an den die Beine des Tieres gebunden sind, beim Töten stört, löst Halfa die hinteren Läufe. DonDon streckt sie und dreht den Stock weg vom Kopf.

Ich bringe heraus: »Könnt ihr nicht ein Messer nehmen? Es müsste nicht so leiden.«

Da lachen die jungen Männer nachsichtig.

Und das Schwein, das noch nicht tot ist, sieht die Männer an und den Knüppel sausen. Wehrt es sich nicht, quiekt es deshalb nicht, weil es durch eine uns unbekannte Gnade schon irgendwie tot ist? Und wieso stehe ich hier, hinter dieser undurchdringlichen Mauer aus Luft, und sehe mir das an?

Auf den Gesichtern der jungen Männer liegt ein erwartungsvolles Lachen. Um es verstehen und bewerten zu können, müsste ich eine der Ihren sein.

Als das Schwein tot ist, drehen sie es auf den Bauch, die Vorderbeine unter die Schnauze, die hinteren nach hinten gestreckt. Halfa und Mokis älterer Bruder setzen die Spitzen trockener Palmblätter in Brand, die langsam glimmend die Borsten absengen.

Weil ich Stimmen höre, drehe ich mich um. Über das Riff sind Männer, Kinder und Hunde unterwegs zu uns. Einige ziehen vertrocknete Palmwedel hinter sich her, und sobald sie bei uns angekommen sind, heben sie das Schwein darauf. Henry, Präsident des Fußballteams und der längste Mann der Insel, zückt sein Messer.

Als ich wieder hinschaue, sehe ich drei große blutige Teile, dazwischen Gedärm.

Eines der Kinder hält das Herz in der Hand.

Henry schneidet mit rot verschmierten Händen die Fettschicht vom Fleisch. Die Hunde schauen zu. Mit heraushängender Zunge. Und zu meiner Verwunderung ohne dass jemand sie zurückhalten müsste, sich darauf zu stürzen.

Im Hintergrund stößt ein mächtigeres Schwein, als meines es war, seine Schnauze in Schlick. In aller Ruhe ist es dabei, sein letztes Mahl zu fressen. Das Tier gehört Dindi. Und bevor es noch jemand packen und erschlagen kann, drehe ich mich um und will zurück zum Kanu gehen.

Etwa in dem Augenblick bemerke ich oben auf dem Pfad eine zweite Prozession. Durch Büsche und Bäume hindurch kann ich ab und zu einen Blick auf Dindis Schwiegerfamilie erhaschen. Beladen mit Kultobjekten streben sie dem Kanu zu. Vier Männern führen den Zug an, schleppen schwer an einem Schwein, das quer zu ihnen von einem Stock herabhängt und dessen Rücken fast den Boden berührt. Dicht neben und hinter diesen Männern gehen andere, die Steinäxte und *bagi*-Ketten tragen, und Frauen mit großen Tontöpfen und Yamsknollen auf dem Kopf. Als ich nahe genug bin, sehe ich einen hageren Mann mit zerknitterten Geldscheinen winken.

So rückt der Clan heran. Die Muskeln der Männer glänzen in der Sonne; die Augen der Frauen leuchten, und alle, alle kauen sie Betelnüsse; bis auf die Kinder.

Als das Kanu erreicht ist, stellen sie sich vor Dindis Brautpreis auf. Wer leichtere Dinge wie Steinäxte in Händen hält, klettert auf die Auslegerplattform und präsentiert sie. Einer der Männer hängt *bagi*-Ketten über das *tumwi-tumwi*-Brett, wo sie den »Mund des Vogels« berühren.

Meinen Verzicht auf die Klappmuschelketten bedaure ich nicht. Ihr Platz ist hier. In den Tropen und im Halbdunkel der Hütten. Bei diesen Menschen, die *bagi* eine tiefe Bedeutung geben, von der ich wissen, die ich aber niemals nachempfinden kann. Ich werde die Ketten so, wie ich sie jetzt über dem »Mund des Vogels« hängen sehe, in Erinnerung behalten und den vergilbten Zettel aus Baumrinde daran, auf dem der Name von Dindis Schwiegervater steht. Obwohl sie heute in den Besitz von Dindi übergehen, werden sie wahrscheinlich eine Reise zu anderen Inseln machen und andere Besitzer oder besser: Verwalter haben. Eines Tages, vielleicht in zehn Jahren, könnten sie wieder zu Dindi gelangen.

Jetzt rückt der Alte den Anhänger der Kette in mein Blickfeld.

Dindis Schwiegerfamilie wünscht sich ein Foto.

Als jeder von uns sein Bestes gegeben hat, heben die Männer das lebende Schwein an, das sie vor ihren Füßen abgelegt hatten. Der Clan formiert sich neu und bringt sämtliche Gegengaben für Dindis Brautpreis über den Wiesenpfad zu dessen Hütte. Die Tontöpfe und die Steinäxte sind keine Gebrauchsgegenstände; dafür sind sie zu unhandlich und zu groß. Aber sie sind auch keine Dekoration. Sie mehren Dindis Ansehen und werden ihm eines Tages als zeremonielle Tauschobjekte dienlich sein, so wie heute seiner Schwiegerfamilie.

Ich fühle keine Missgunst, und jetzt, wo das Kanu fertig ist, bin ich nicht einmal mehr verärgert über Dindi. Denn ohne die Teile, die er beisteuern konnte, wäre mein Wunsch, ein Kanu entstehen zu sehen, unerfüllbar geblieben.

Die Hitze ist so groß, dass ich zögere weiterzugehen. Unter den Bäumen neben Dindis Hütte sehe ich Feuer flackern. Aus Eisenkesseln darüber wabert Dampf. Hier kochen in Stücke geschnitten die Schweine und Yamsknollen. Nahe den Kesseln hocken oder liegen junge Männer im Gras und wachen über das Garen der Speisen. Bis die Zeit da ist, sie in Schüsseln zu füllen und zum Kanu zu bringen. Auf dessen Auslegerplattform warten nicht nur Tipol und die Gefährten, sondern alle, die je am Kanu gearbeitet haben, auf ihre Mahlzeit.

Unter der Plattform lauern die Hunde auf Knochen.

Während ich fotografiere, höre ich hinter mir meinen Namen. Es ist Dindi, der mich ruft. Er bittet mich zum Essen in seine Hütte. Zwischen seiner und den Hütten seiner Brüder stehen reihenweise Töpfe mit heißen Yamswurzeln und Fleisch. Frauen bedecken die dampfenden Oberflächen mit wunderbar grünen, Wasser abweisenden Blättern. Dindi sagt, dass die Töpfe bereitstehen für die Kanubauer. Einer für jeden. Später wird jeder seinen nach Hause tragen.

Oben in der Hütte sind die Männer versammelt. Die von Dindis Clan und die vom Clan seiner Frau. Ich kenne sie alle, erfahre aber erst jetzt von ihrer Verwandtschaft. Nachdem das Essen beendet ist und die Männer Betelpriem zubereiten, packe ich aus einer zweiten Kameratasche Kartons mit Zigaretten und stelle sie in die Mitte.

Ich habe oft den Gleichmut der Menschen auf Panyata hervorgehoben. Nun sehe ich zum ersten Mal etwas gebremst Fieberhaftes auf ihren Gesichtern. Rasch und wortlos verschwinden die Zigaretten hinter ihren Ohren und in den gekringelten Haaren. Bis auf die Kanubauer haben sie alle seit Wochen nicht geraucht. Nun füllen weiße Schwaden den Raum. Und Gespräche, die sich um das Kanu drehen. Um seine gelungene Form, die Geschwindigkeit verspricht, die Schönheit, mit der Tipol und Soso den »Mund des Vogels« geschnitzt haben, und das Wetter, das kommt und geht, aber wohl drei Tage keinen Regen bringen wird, sodass das Kanu sicher durchtrocknen kann.

Zu Hause bin ich erschöpft. Und glücklich. Die Katze drückt ihr Köpfchen in meine Handfläche, dann sitzt sie neben mir und putzt sich. Später bringt eine Böe die Sturmlampe zum Flackern. Beim Einschlafen spüre ich in den schweren Gliedern Sonne und Wind und diese vielen, vielen Bilder, in die ich heute hinein- und wieder herausgegangen bin. Das Letzte, was ich sehe, ist die Katze unter meinem Moskitonetz und ihren unergründlichen Blick.

Am nächsten Tag bekomme ich Besuch, der mich überrascht. Dindis Schwiegervater Keke und Doho betreten meine Hütte. Ein paar Mal hat der alte Mann am Kanu mitgearbeitet, und gestern, beim Essen, saß er neben mir auf dem Boden. Er gehört zu den Menschen auf Panyata, die ich gern aus den Augenwinkeln betrachte, weil ich dann länger unbemerkt hinschauen kann. Der Grund dafür ist seine stille, bescheidene Art. Er muss eine Menge vom Leben wissen.

Als Betelnüsse, Zigaretten und Kautabak zwischen uns dreien liegen, hebt er den Kopf. Seine Stimme fließt leise:

»Ich habe gehört, dass du kein *bagi* mit nach Deutschland nehmen möchtest. Auch hat Dindi mir gestern erzählt, dass er dir die Legende vom Mund des Vogels nicht übersetzt hat.«

Dindis Bruder nickt. Keke spricht weiter:

»Ich komme von Watson, der mein Vater ist. Ich habe mir die Legende von ihm erzählen lassen. Er ist schon alt; er kann den weiten Weg bis zu deiner Hütte nicht mehr gehen. Deshalb will ich für dich wiederholen, was mein Vater vom Mund des Vogels in Erinnerung hat.«

Ich sage: *»Ateu owa«*, Mein Herz zu dir, und fühle, es gibt keine treffenderen Worte, um von Herzen danke zu sagen.

In die Ruhe, die uns verbindet, dringt Flüstern. Wir sind nicht länger zu dritt. Kekes Frau nimmt neben uns auf dem Boden Platz. Lilian, Pawa und ihre Kinder folgen.

Der alte Mann legt seine Hände ineinander. Er beginnt so:

»Das Kanu ist wie ein Vogel. Ein Kanu wie ein Vogel kann jedes Ziel erreichen, das es erreichen möchte. Das Segel symbolisiert die Flügel des Vogels. Ein Kanu wie ein Vogel kann Menschen und Dinge transportieren. Der Vogel symbolisiert das Kanu. Früher haben die Menschen die Natur angeschaut und sie nachgebildet, heute gelangen westliche Motoren zu uns.«

Der Sohn des ältesten Mannes auf Panyata scheint einen Moment lang in sich hineinzublicken, dann sagt er:

»Ich erzähle dir jetzt die Legende vom Mund des Vogels so, wie sich Watson an sie erinnern konnte. Einmal kam eine große Flut, sie wurde durch Regenfälle verursacht. Eine Frau war in ihren Garten gegangen. Als sie auf dem Weg zurück in ihre Hütte war, riss die Flut die Frau mit sich fort. Die Wasser trugen sie zu einer der Inseln. Es gab keine Transportmöglichkeit für sie zurück nach Massim. Die Frau war schwanger und gebar einen Seeadler.«

Keke hält inne, bevor er weiterredet:

»Die Frau blieb auf der Insel und sprach mit dem Vogel in ihrer Massim-Sprache. Der Vogel wuchs heran, und die Mutter sagte zu ihm, er solle zu den anderen Inseln fliegen und darauf achten, ob er irgendwo die Massim-Sprache hören kann. Sie sagte: ›Flieg herum und halte Ausschau nach einer Insel mit Hütten. Dann setze dich auf die Dächer und lausche, ob drinnen unsere Sprache gesprochen wird.‹«

Der alte Mann erzählt, und seine Hände und Arme fließen so weich wie seine Stimme. Sein Gesicht leuchtet, und ich meine, vor Freude. Er fährt fort:

»Der Vogel flog über die Inseln, und dort, wo er Hütten fand, setzte er sich auf die Dächer. Eine Weile hörte er zu, dann flog er zurück zu seiner Mutter, berichtete ihr und sagte: ›Es könnten unsere Verwandten sein.‹ Die Mutter und der Vogel hatten keine Hütte. Sie lebten in Höhlen und unter Bäumen. Die Mutter sagte: ›Flieg zurück zu der Insel, greife dir irgendeine der Hütten und bring sie zu mir.‹ Das tat der Vogel.«

Keke unterbricht sich und erklärt:

»Der Seeadler ist das Symbol dafür, dass Güter und Menschen von einem Ort zu einem anderen transportiert werden.«

Dann erzählt er weiter:

»Als die Hütte vermisst wurde, machten die Massim-Leute sich auf die Suche nach ihr und ihren Bewohnern und kamen zu anderen Inseln. Sie hatten Kanus, die gepaddelt wurden, und die hatten sie voll gepackt mit Proviant. Von da an begann der Transport von Menschen und Dingen zwischen den Inseln. Der Name der Insel, auf der die Frau mit dem Seeadler lebte, ist Nagobi.«

Keke legt seine Hände ineinander und sieht mich freundlich an. In der entstandenen Stille rutschen die Kinder näher zusammen und singen, was mir als Abschiedslied bekannt ist. Keke und Doho gehen zurück zu ihren Hütten.

Als nur noch Lilian bei mir sitzt, sagt sie:

»Du möchtest kein *bagi*. Jetzt besitzt du die Legende und kannst sie mitnehmen, weil sie für dich wertvoll ist.«

Staunend höre ich ihr weiter zu. Und das ist, was ich verstehe: Ich werde abreisen und keine Gelegenheit haben, einen Vorteil aus dem Kanu zu ziehen.

Und da ich kein *bagi* nehme, teilt die Familie mit mir, wovon sie glaubt, es habe für mich einen Wert: die Legende.

Ich denke an Dindi und muss lächeln. Wie immer sein Verhalten mir gegenüber auch gewesen sein mag, am Ende zeigt er sich als ehrenhaft.

Am nächsten Morgen, beim Aufwachen, gilt mein erster Gedanke dem Wetter. Mit geschlossenen Augen lausche ich den Geräuschen und weiß: viel Wind, kein Regen. Das Kanu ist sicher. Das *ebal* trocknet. Ich verbringe den Tag damit, meine Sachen zu sortieren. Nachmittags setzen sich Lilian und Pawa zu mir. Ich habe ein paar Blusen und T-Shirts, die ihnen gefallen könnten, in unsere Mitte gelegt. Die beiden halten sich die Kleidung vor die Brust, und eine ist der anderen ein lachender Spiegel. Auf einmal sagt Lilian leise:

»Meine Augen brennen.«

Sofort zieht Pawa mit einer raschen Bewegung ihren verrutschten Rock über die Knie. Den beiden Frauen ist nicht entgangen, dass mir das nicht entgangen ist.

Lilian grinst: »Wir müssen unsere Schenkel bedecken. Die Jungs könnten in Versuchung geraten. Wenn jemand nicht richtig sitzt, wenn der Unterrock rausguckt oder der Slip, dann sagt man: ›Oh komm, setz dich anders hin, meine Augen brennen.‹«

Pawa, die längst keine Scheu mehr hat, in Gegenwart anderer Englisch zu sprechen, sagt:

»Viele Mädchen ohne Ehemann haben Kinder.«

Lilian lacht:

»Wenn wir noch keine Kinder haben, dann stehen unsere Brüste, und wir müssen sie verbergen. Jetzt sind wir verbraucht. Keiner interessiert sich mehr für uns. Wir könnten auch ohne Bluse herumlaufen.«

Lilian und Pawa gehen mit Blusen und Vorräten nach Hause. Pawa wohnt schon seit ein paar Wochen wieder auf der Lichtung. Sie hat Soso die Erlaubnis, Korbball zu spielen, doch noch abgetrotzt.

Die Katze. Was mache ich nur mit der Katze? Ich spüre ihr glattes Fell, den Druck, mit dem sie mir um die Knöchel streicht; ich höre ihr Schnurren, sehe sie sich vertrauensvoll auf meinem Schoß zusammenrollen und kopflose Ratten in die Tür legen. In wenigen Tagen wird sie sich in ihrem alten wilden Leben wiederfinden, ohne Milch, Hartkekse und Solomon Blue. Ohne meine Zuneigung. Und ich kann ihr nicht mal erklären, warum.

Dreizehn

Am dritten und letzten Tag, an dem das *ebal* trocknen muss, hat der Wind noch einmal an Stärke zugenommen. Über dem heranschäumenden Meer fliegen weiße Wolkenschlösser vor einem Himmel so blau, so blau. Zum ersten Mal, seit ich auf Panyata bin, setze ich mich hinter der Hütte ins Gras und fühle mich, als wäre ich im Urlaub.

Niemand, der auf dem nahem Pfad in den Regenwald geht, versäumt es, eine neckende Bemerkung zu machen. Am Vormittag untätig im Gras sitzen, das würde hier niemandem einfallen.

Ich muss wohl für eine Weile die Augen geschlossen haben und ganz vertieft gewesen sein. Denn plötzlich sehe ich im Gras vor mir zuerst vier Füße, dann vier Beine. Sie gehören zwei jungen Männern, die mir oft mit ihren Babys auf dem Inselpfad begegnet sind. Ich fordere sie auf, sich zu setzen, aber sie bleiben stehen, der Ältere zwei Schritte vor dem wahrscheinlich Jüngeren. Irgendwie sehen sie ein bisschen feierlich aus.

Nach den Begrüßungsfloskeln sagt der Ältere in dem auf der Insel üblichen sanften Umgangston:

»Wir wissen, in Europa, da gehen die Männer direkt zu den Frauen, die sie mögen, und sagen es ihnen. Bei uns ist das anders.«

Beide lächeln. Die schräg einfallende Sonne modelliert ihre sympathischen Gesichter. Ich frage: »Und wie ist es bei euch?«

Derselbe Mann antwortet: »Bei uns schickt der, der eine Frau erwählt hat, seinen besten Freund zu ihr.«

Ich frage: »Und dann?«

»Dann sagt er ihr, dass sein bester Freund sie mag. Er sagt ihr, dass er sich für seinen besten Freund erkundigen möchte, ob sie einverstanden ist, wenn der beste Freund sie nachts in ihrer Hütte weckt.«

Ich weiß, wie dicht zusammen Familien schlafen, und frage:

»Und wie findet er seine Auserwählte im Stockdunklen, ohne jemand anderen zu wecken?«

»Er weckt sie mit einem Stöckchen, das er durch die Bodenbretter steckt. Es kann sein, dass er ein paar Füße prüfen muss.«

»Und davon wird niemand wach?«

»Meistens nicht. Das könnte Ärger geben.«

Ich frage: »Und was passiert, wenn der Freund die richtige Frau gefunden hat?«

Der Mann lächelt: »Dann schläft er mit ihr.«

»Und davon wird niemand wach?«

»Nein, das geschieht ja ganz still.«

Erst jetzt bringt sich auch der Jüngere ein. Wir plaudern. Ein Weilchen nur, dann sehe ich den beiden nach, die sicher nur halb so alt sind, wie ich es bin. Geschmeidig und deshalb schön anzusehen, gehen sie auf die Lichtung zu.

Ich rieche das Gras, in dem ich immer noch sitze. Ich spüre die Wärme und das Licht und betrachte die Menschen. Lilian schreitet mit einer Schüssel Kokosbast auf dem Kopf in Richtung Klohäuschen. Sicher will sie das pazifische Toilettenpapier auffüllen. Ihr langer Schatten wandert neben dem Pfad zwischen den Palmen. Ein Palmwedel fällt zu Boden. Soso repariert den Zaun, hinter dem die Schweine grunzen. Auf der anderen Seite der Lichtung schnitzt sein Bruder an einem Ruderblatt. Der Wind fährt durch die Blätter. Die Kinder spielen.

Diese Stille, trotz der Stimmen.

Ich mache mir klar, wo ich bin. Die Natur ist so außerordentlich präsent. Sie bewegt sich im Wind und glänzt in der Sonne und lacht in den Menschen. Und je länger ich zuschaue, desto klarer spüre ich, wie gut die Menschen und die Bäume und die Luft und das Licht zusammenpassen; wie sie eins im anderen aufgehen.

Was ich wirklich möchte, ist, das Geheimnis begreifen; das Geheimnis, durch das sich die Männer und Frauen so natürlich bewegen. Es ist, als wären sich ihre Körper einer angeborenen Sicherheit oder Geborgenheit gewiss.

Ich verlasse meinen Platz im Gras und gehe in meine Hütte. Vom Meer weht eine Böe herein, so stark, dass ich mich frage, ob Rothman mich überhaupt abholen kann. Die Wellen haben sich aufgebaut. Lässt das Wehen nicht nach, werden sie noch höher. Mit diesen Gedanken trage ich mich, als Kokomo und fünf oder sechs weitere Kinder die Leiter hinaufschnaufen und flüstern. Zwar kennen sie jedes Ding in diesem Raum genau, doch heute noch nehmen sie alles so behutsam in die Hand wie am ersten Tag. Ich liebe es, wenn sie vor mir auf dem Bauch liegen und, den Kopf in die Hände gestützt, darauf warten, Geschichten von mir zu hören. Vielleicht, weil das Prinzip von Geben und Nehmen ihnen so früh und so tief innewohnt, springen sie, kaum habe ich geendet, auf und singen. Und tanzen. Oder beides.

Heute gebärden sie sich wild. Weil ihre Arme und Beine fliegen und stoßen, ihre Augen starren und rollen und sie häufig auf dem Boden landen, denke ich mir:

Das muss ein Kriegstanz sein.

Nach solch einem Fall rappelt sich Kokomo hoch und strahlt:

»Möchtest du jetzt ein Drama sehen?«

Ich nicke.

Jetzt stürzen sich alle auf einen Jungen. Sie ringen ihn auf die Matte, beißen ihm in die Hüfte und schieben ihn mit den Füßen in eine Ecke des Raumes. Dort bleibt er liegen und rührt sich nicht mehr.

Kokomo und seine Freunde drehen sich zu mir um. Ihre Augen sprühen und sind erwartungsvoll.

Ich frage: »Was habt ihr mit eurem Freund gemacht?«

Kokomos feines Gesicht leuchtet. Er reibt sich die Hände:

»Wir haben ihn besiegt. Wir haben ihn aufgegessen. Wir haben seine Knochen an die Seite geschoben.«

Heute Morgen habe ich diese Kinder vor der Schule exerzieren und strammstehen sehen, während der Paradiesvogel auf Papua-Neuguineas Flagge in den Himmel stieg. Jetzt packt mich eine unbekannte Freude, und ich bedanke mich für die Aufführung. Der »aufgefressene« Junge leckt sich die süße Milch, die ich angerührt habe, von den lachenden Lippen.

Später genieße ich die Kürbisblattspitzensuppe, die Lilian gebracht hat. Natürlich erzähle ich ihr von dem eben aufgeführten Drama, und dann reden wir von ihren Vorfahren, den Kannibalen. Hier auf den Inseln wird der Brauch, sich die Macht eines mutigen Feindes einzuverleiben, schon seit Ende des 19. Jahrhunderts nicht mehr praktiziert. Offiziell verboten wurde er in Papua-Neuguinea erst in den Fünfzigerjahren des 20. Jahrhunderts. Heimlich wurden verstorbene Angehörige weiterhin verspeist. Wegen ihrer guten und ehrenvollen Eigenschaften, denn die Hinterbliebenen wollten, dass die in ihnen weiter wirken.

Dann bringt Lilian einen überraschenden Gedanken in unser Gespräch:

»Jesus hat beim letzten Abendmahl gesagt, das ist mein Leib, das ist mein Blut, und die Jünger haben gegessen und getrunken. Wir essen das Fleisch Jesu und trinken sein Blut in der Kirche, damit seine Güte in uns einzieht und dort bleibt.«

Es ist Abend geworden. Wenn es dunkelt, wird die Ruhe auf der Insel noch einmal größer. Die Stimmen der Frauen, Männer, der Kinder, der Papageien und der Grillen bekommen einen abschließenden Ton; den vom Ende des Tages. Ich gehe noch einmal hinaus und lege mich ins Gras. Über mir stehen die Sterne. Dass einmal jemand den nächtlichen Himmel als Sternenzelt bezeichnet hat, ist leicht zu verstehen. Tatsächlich empfinde ich Geborgenheit unter dem funkelnden Dach mit den vertrauten Bildern vom Orion und seinem rot flackernden Alphastern, dem Beteigeuze, mehr als vierhundert Lichtjahre von mir entfernt. Und da ist das Kreuz des Südens, da sind die vielen, vielen Sternbilder, die ich kenne, nicht aber benennen kann.

Und diese Sternschnuppen!

Wie sie fallen!

Meine Gedanken schweifen, und ich frage mich:

Warum beeindrucken mich die Bewohner Ozeaniens?

Woher kommt die Bereitschaft, sie zu romantisieren? Könnte es sein, dass ich meine Gastgeber bewundere, vielleicht idealisiere, weil Höflichkeit und Respekt auf einer Insel ohne Wasser und Strom den Alltag bestimmen? Weil ich das nicht vorausgesetzt habe? Es nicht voraussetze bei Menschen, die barfuß gehen, in Hütten leben und Ketten aus Zähnen von Fregattvögeln tragen? Bei ihnen habe ich an jedem Tag die Weisheit und Größe gespürt, die darin liegt, anderen zuzuhören, sie nicht zurechtzuweisen oder zu belehren.

Am Himmel verglüht wieder eine Sternschnuppe.

Noch eine.

Natürlich weiß ich nicht, wie die Menschen, in deren Mitte ich lebe, sich verhalten, wenn sie allein in ihren Hütten sind. Und natürlich entgeht mir nicht, dass ihr komplexes soziales Gefüge so viele Zwänge hat, dass ich niemals mit ihnen leben wollte.

Trotzdem sind meine Gastgeber mir ein Vorbild.

Ich bin nicht auf Panyata, um laienhaft ethnologische Studien zu betreiben. Ich fühle mich als fehlbarer Mensch unter fehlbaren Menschen. Meine Gastgeber sind mir nicht Objekt zur Forschung. Ich verbringe hier Lebenszeit. Mir entspricht das subjektive Erfahren, aus dem ich lernen kann.

Und beruht nicht jede Beschreibung eines anderen Menschen auf subjektivem Betrachten?

Auch Wissenschaftler fühlen sich berührt. Vor vielen Jahren hat mir ein Ethnologe den Weg zu Menschen gewiesen, die er jahrzehntelang erforschte. Zur Einstimmung auf die Umgebung, in die ich kommen würde, hatte er mir ein Buch von Joseph Conrad gegeben. Und von den Menschen hatte er mir so liebevoll berichtet, so voller Zuneigung für sie, dass es allein seine respektvolle, ja sehnsüchtige Bewunderung war, die mich direkt im Herzen erreichte und dazu brachte, diese Menschen aufzusuchen. Seine wissenschaftlichen Veröffentlichungen, die ich später las, hätten das nicht bewirken können.

Was also ist es, das die Bewohner Ozeaniens in mir anrühren?

Es ist die Sehnsucht, gut zu sein.

Liebevoll und weise.

Friedlich.

Nicht weit von mir fällt eine Kokosnuss ins Gras.

Wenn ich jetzt meine Assoziationen im Widerspruch zu meinen Erfahrungen mit den Menschen Ozeaniens sehe, so brauche ich mir das nicht zu verheimlichen. Ich weiß, dass es eine oder zwei ihrer vielen Facetten sind, die mein scheinbar idealisierendes Nachdenken auslösen. Ich weiß, dass ich möglicherweise sehe, was so gar nicht ist.

Doch Rationalisieren kann die Gefühle nicht ungültig machen.

Sie sind.

Sie hinterlassen Spuren, sie geben Impulse, und sie erinnern mich an ein ideales Potenzial in mir.

Drei Tage sind vergangen, drei Tage, in denen das *ebal* trocknen konnte. Endlich habe ich Gewissheit, das Kanu segeln zu sehen, ja, mit ihm zu segeln. Ich gehe beflügelt durch den Morgen, der sanft ist und keine Wolke hat. Vom Weg aus sehe ich das Kanu, das noch ohne Mast ist, umringt von Zuschauern. Kaum bin ich da, entfernen die Kanubauer seine Stützen. Die Gang und andere junge Männer stemmen sich einer hinter dem anderen gegen seine Seiten und schieben es an.

Und das Kanu bewegt sich.

Ganz vorne laufen Henry und Spice Girl und legen Rundhölzer unter Kiel und Auslegerstamm. Über sie rutscht das Kanu dem Saum des Meeres entgegen. Die Männer schieben es, so schnell sie können, durch flaches, aufspritzendes Wasser über dem Riff, bis dorthin, wo das Meer tief genug ist.

Das Kanu schwimmt.

Die Männer gehen zurück an Land, bis auf Doho und Henry. Sie klettern auf das Kanu. Doho greift nach einer langen Bambusstange und drückt sie mit all seiner Kraft in das Riff, um das Kanu in der Strömung zu halten. Auf der Plattform richtet sich Henry auf, und sein schöner Körper hebt sich ab vor einem Himmel von makellosem Blau. Seine rechte Hand hält einen Stock wie einen Speer, und während er Kraft für den Wurf sammelt und Schultern und Arm nach hinten biegt, ruft er aus:

»Nur wer hart arbeitet, bringt es zu einem Kanu. Wer faul ist, wird niemals Reichtum und Ansehen erlangen!«

Dann wirft er.

Und der Stock fliegt nach Osten in die Richtung der emporsteigenden Sonne und versinkt im Meer. Und Henry dreht sich um die eigene Achse nach Westen mit einem zweiten Stock in der Hand, wiederholt die zuvor gesprochenen Sätze und wirft den symbolischen Speer in den Himmel der erlöschenden Sonne.

Doho stößt die Bambusstange ins Riff, dass sie sich biegt. Langsam stakt er das Kanu in flacheres Wasser, bis dorthin, wo es nur noch knöcheltief ist. Am Strand winken die versammelten Dorfbewohner. Zu ihnen geht Doho, und als er zurückkommt, schwingt ein Grasrock um seine Hüften. Für das zweite Einweihungsritual übernimmt er die Rolle eines Mädchens, denn diese fühlen sich zu scheu für das, was folgen soll.

Der verkleidete Mann steigt zierlich auf die Kanuplattform, auf der er sich ausstreckt, wobei er den Grasrock sittsam über dem Gesäß anordnet.

Henry tritt auf. In der blauen Weite, die ihn umgibt, entrollt er eine geflochtene Matte und bedeckt mit ihr das falsche Mädchen. Dann versteckt er sich hinter dem Kanu.

In diesem Augenblick löst sich an Land ein Mann aus der Menge. Sein pinkfarbener, mit Glanzfäden durchwirkter Sarong schimmert in der Sonne. Er nähert sich dem Kanu vorsichtig geduckt, die Beteltasche klemmt unter seinem Arm. Es ist Loth, Sosos Bruder, der um das Kanu schleicht. Er schaut hierhin, schaut dorthin, bevor er den entscheidenden Schritt macht und sich unter die Plattform bückt. Loth macht Halt, wo das Mädchen schläft. Die flachen Wellen umspielen seine Füße. Er entnimmt seiner Unterarmtasche ein Stöckchen, steckt es durch die Ritzen der Plattform, und jeder kann sehen, wie er damit das Mädchen Doho piekt. Ganz so, wie die Jungen Panyatas ihre Auserwählte in der Hütte der Eltern wecken würden.

Das Mädchen erwacht. Loth schwingt sich auf die Plattform und in seine weit geöffneten Arme. Vom Inselrand dringt Lachen herüber und steigert sich zu einem Kreischen, als überraschend Henry auf der Plattform steht und das sich wild gebärdende Paar ertappt.

Die hohe Sonne, die das Meer bestrahlt, fällt senkrecht auf die Kanubauer, die jetzt mit Schüsseln und Töpfen dem Kanu zustreben. Ein letztes Mal essen sie gemeinsam auf seiner Plattform.

Und dann setzen, ungewohnt eilig, die Männer den Mast in den Mastfuß. Sie befestigen das Segel – plötzlich, nach der Zeit banger

Zweifel, ist das Kanu bereit für seine erste Fahrt. Vom Strand aus sehen die älteren und verheirateten Kanubauer zu, wie die Gang und Lilians jüngster Bruder Halfa das Segel hochziehen und mit mir dem Meer zufliegen.

Diesmal erschreckt es mich nicht, das Gefühl, auf einem lebendigen Kanu zu sitzen. Ich bewundere das elastische Spiel von Plattform und Planken, das mich einst so irritiert hat und fürchten ließ, ich könnte dem Kanu keine Meile weit übers Meer trauen. Aber heute wird mir auch bewusst, wie unbequem dieses Gefährt auf langen Strecken für jemanden sein muss, der nicht aufgewachsen ist, mit gekreuzten Beinen auf dem Boden zu sitzen. Während ich mich festhalte oder beim Fotografieren mein Gleichgewicht suche, bewegt sich die Gang mit ihrem Vertrauen in das Vermögen des eigenen Körpers. Die Zigarette im Mundwinkel, spielen sie mit Wind und Segel; auf ihren konzentrierten Gesichtern spielen Neugier und Vergnügen. Lachend justieren sie den Mast mit einem Knüppel. Als sich von den Holzstreben, die Plattform und Auslegerstamm zusammenhalten, einige lockern, treibt Spice Girl sie mit demselben Knüppel tiefer zurück in den Stamm.

Ich denke an die Metamorphose des Kanubaumes, der jetzt unsichtbar für meine Augen als »Frucht des Kanus« unter dem Meeresspiegel durch das Wasser gleitet. Nur seine Enden, die Steven mit dem »Mund des Vogels«, sehe ich aus den sprühenden Wellen auftauchen, dessen Geheimnis zu kennen mich mit Freude erfüllt.

Jetzt steht Halfa auf der Bootskante. Er hängt sich mit seinem ganzen Gewicht an die vordere Spitze des Segels und läuft damit zum anderen Ende des Kanus. Von da ist Pawas Bruder, mit dem Ruder in der Hand, unterwegs in die entgegengesetzte Richtung und nimmt seinen neuen Platz zum Steuern ein. Was gerade noch Heck war, wird zum Bug. Und umgekehrt.

Wir segeln zurück. Die Crew wechselt, und wieder taucht der »Mund des Vogels« aus den Wogen, und das Kanu fliegt dem Horizont entgegen.

Tipol sagt zu mir: »Wir haben keine Angst, wenn wir segeln, weil das Kanu eine Seele hat. Das Kanu beschützt die Menschen.«

Und als wir über ein Riff segeln:

»Manchmal, wenn Riffe oder Hindernisse nicht gesehen werden, dann weicht das Kanu aus und der Steuermann weiß, das Kanu passt auf.«

An diesem Abend streichle ich, erschöpft von Luft, Salzwasser und Glück, die Katze auf meinem Schoß und betrachte die blauen Flecke, die ich davongetragen habe. Mit dem letzten Licht dringt das Brummen eines Außenbordmotors an meine Ohren. Die Sturmlampe ist schon angezündet, da tritt Rothman in meine Hütte. Jetzt kann ich sicher sein, dass der Fährmann meiner Wahl mich nach Massim bringt. Übermorgen.

Den ganzen nächsten Tag packe ich, bekomme Abschiedsbesuche und eine Menge gebackene Bananen. Ich fühle mich zwischen zwei Welten. Und am Abend, als Lilians und Sosos Familie unter meiner Hütte ein Festessen ausgerichtet haben, ich ein letztes Mal zusammen mit allen Kanubauern köstliches Schwein in Kokosmilch esse und Tipol eine Rede auf Massim hält, die ich nicht verstehe, schlucke ich meine Tränen hinunter.

Morgens, als Rothman meine Taschen nimmt, weiß ich nicht, wie ich die Katze ansehen soll, fühle nur Schmerz.

Lilian sagt:

»Ich werde diese Hütte zwei Wochen nicht betreten.«

Begleitet von Lilians Familie erreichen wir den Platz, auf dem die Fußball- und Korbballspiele ausgetragen werden, und hier erwartet mich eine Überraschung, die mich zutiefst berührt. Auf einer Seite des Weges hocken einer neben dem anderen die Dorfbewohner im

Gras. Sie säumen stumm die verbliebenen dreihundert Meter bis dorthin, wo Rothmans Boot am Steg vertäut liegt. Die Frauen zeigen ihre Gefühle. Die Männer nicht. Sie haben unnatürlich starre Gesichter, in denen nur die Augen leben.

Und dann geht alles zu schnell. Ich stehe im Boot, und als Henry die Leinen löst, ist der Abstand zum Steg so schnell so groß, dass ich es nicht mehr schaffe, Kokomos Hände zu ergreifen.

Der verpasste Händedruck, er tut bis heute weh.

Ich winke den Zurückbleibenden zu, gemeinsam mit Lilian und Pawa, die mich nach Massim begleiten. Ich winke und winke, bis niemand mehr zu erkennen ist und ich bemerke, dass Lilian und Pawa die Angst ins Gesicht geschrieben steht. Es stimmt, Rothmans Zodiak, sein neues, sehr starkes Schlauchboot, versinkt zwischen Wellenbergen. Wenn sie sich wie eine Wand hinter Rothman aufbauen, kann ich nicht anders, als fasziniert hinzusehen. Gleichzeitig drücke ich die Köpfe der jungen Frauen an meine Schultern und rufe: »Schaut nicht hin. Schaut einfach nicht hin.«

Weil die Faszination mich so sehr erfüllt, komme ich nicht dazu, Angst zu haben. Und als wir den Windschutz Panyatas verlassen und das offene Meer erreichen, gehen die Wellen höher. Ich bin mir der Gefahr bewusst, doch ein Blick in Rothmans konzentriertes Gesicht festigt das Vertrauen in unseren Fährmann. Auch spüre ich im eigenen, äußerst wachsamen Inneren keinen Alarm. Ich bin sicher, wir werden ankommen.

Am Kap von Massim ist das Meer wild.

Lilian und Pawa geht es nicht gut. Rothman ruft meinen Namen und sagt, ohne den Blick von den Wellen zu nehmen:

»Ich werde die Bucht dort ansteuern und euch absetzen.«

Er fährt das Boot bis zu einer trockenen Flussmündung. Gemeinsam ziehen wir es auf schwarzen Sand und so weit an Land, dass die Flut es nicht erreichen kann.

Wir sind umfangen von Stille und spüren den Halt der Erde. Vom Regenwald hallen unsere leisen Stimmen wider. Ich verteile trockene Blusen, und nachdem wir ein wenig geruht und Bananen gegessen haben, nehmen wir meine Taschen und folgen Rothman bis zu einer Straße. Eine Weile müssen wir warten, dann dröhnt ein Lastwagen heran. Während ich im Scheinwerferlicht die Erdstraße und Bäume vorbeihuschen sehe, mache ich mir Sorgen um Rothman. Er wird sein Boot allein über das dunkle Meer steuern. Nachdem Lilian und Pawa bei Verwandten untergekommen sind, gehe ich zum Anlegerplatz und suche Rothman. Er kommt mir klatschnass entgegen.

Er sagt: »Ich konnte die Verantwortung nicht übernehmen.«

»Ich weiß.«

Am Morgen bremst Jim seinen Wagen vor Delis Gästehaus. Drinnen sitzen, Hand in Hand mit mir, Lilian und Pawa auf meinem Bett.

Lilian sagt: »Meine Augen wollen weinen.«

»Meine auch, Lilian. Meine auch.«

Dann schaukeln wir in Jims Wagen zum Flughafen. Plötzlich sehen wir im Staub der Straße Rothman gehen und nehmen ihn mit. Auf der Rollbahn wartet der Jet der Minengesellschaft. Außer mir stehen fünf weitere Passagiere am Rand. Jim nimmt mich in die Arme:

»Ich wünsche dir, dass du *extremely lucky* bleibst.«

Ich umarme Lilian und Pawa und gebe Rothman die Hand:

»Atewau komiu«, Mein Herz zu euch.

Lilian sagt: »Es ist besser, mit dem Kanu wegzusegeln. Da kann man länger winken.«

Anhang

Meine Erzählung beschreibt persönliche Verhältnisse der Menschen, denen ich begegnet bin. Aus diesem Grund habe ich ihre und geografische Namen durch fiktive ersetzt. Ich habe mir die Freiheit genommen, Einzelheiten zu betonen, hinzuzufügen oder wegzulassen. Einige der Gedanken stammen nicht von den Personen, die sie aussprechen, sondern von den Bewohnern benachbarter Inseln. Meine Erzählung ist so wahr, wie ich sie wahr machen konnte.

Dank

meinen Eltern
Sabine Reimann
Sabine Crasemann
Wladimir Glushak
Sonja Hoffmann
Ingrid und Andreas Schwarz